무인정권 · 몽골,
그리고 바다로의 역사

삼 별 초

이 저서는 2010년 정부(교육부)의 재원으로 한국연구재단의 지원을 받아 수행된 연구임.
(NRF-2010-812-A00011)

무인정권·몽골,
그리고 바다로의 역사

삼 별 초

윤용혁 지음

혜안

삼별초를 한 역사적 인물로 생각한다면, 그는 참으로 파란만장한 44년의 삶을 살다 간 인물이다. 세상에 태어나자 바로 폭풍같은 전란의 파도가 밀어닥치고, 처한 역사적 상황은 미천한 출신의 그를 군인으로, 다시 힘깨나 쓰는 정치 군인으로 변신시켰다. 그에게는 세상을 새로 만들어가고, 그리고 지키고 있다는 자긍심이 있었다. 그러나 어느 날 세상이 바뀌자 일거에 파산의 선고를 받고 진도와 제주도로 내몰려 끝내는 운명의 끝, 한라산 기슭에서 최후를 맞은 것이 삼별초인 것이다.

삼별초는 자료 자체가 매우 빈약하다. 거기에 사실의 진면보다 왕조에 대한 반란 집단이다, 민족항전의 수호자다, 무인정권의 하수인이라는 등 종종의 엇갈린 '평가'에 시달려왔다. 사람에 대한 평가도 선악의 이분법적 평가가 이루어지면 어느 쪽이든 그 진면이 왜곡된다. 삼별초의 경우가 그러했다.

이 책에서 나는 삼별초에 대하여 '무인정권 · 몽골, 그리고 바다로의 역사'라는 부제를 달았다. 여기에는 평가적 시점보다는 사실의 진면에 보다 초점을 맞춘다는 의도가 반영되어 있다. 삼별초가 활동하던 시기, 이 기간 바다와 섬은 몽골에 대항하는 중요한 방어의 공간으로서 부각되었다. 삼별초의 거점이었던 강화도, 진도, 제주도는 이 시기 역사의 중심 무대를 바다와 섬으로 옮겼다. 이 시기 내내 바닷길은 붐볐고, '바다'는 삼별초의 또 다른 외연이었다. 그러면서 삼별초는 몽골과의 항전으로 점철된 13세기, 무인정권 후반기의 44년(1230~1273) 역사의 키워드였던 것이다.

삼별초는 13세기의 다양한 요소를 함축하고 있다. 무인정권, 몽골과의 대외관계와 전쟁, 해양, 신분 문제 등이 그것이다. 삼별초의 실패는 따지고 보면 무인정권의 실패에 의하여 예정된 것이었다. 그럼에도 불구하고 삼별초의 행위는 다분히 '생존'이라는 자기방어적 측면을 많이 포함하고 있다. 그것은 세계국가를 지향하는 몽골이라는 거대한 파고를 직접 몸으로 막는 무모한 도전이지 않으면 안 되었다. 21세기에 있어서 삼별초는 민족주의적 틀을 넘어서는 새로운 역사적 가치를 발견해야 하는 시점이다. 삼별초는 고려의 역사를 넘어, 13세기 동아시아 역사의 흥미 있는 소재이기도 하다. 따라서 삼별초에 대한 정치적 측면의 평가 이전에, 그 실제에 대한 객관적 사실의 파악과 정리가 무엇보다 중요하다는 생각이다. 이 같은 생각의 틀이 '삼별초'를 정리하는 기본적인 가이드라인이 되었다.

이 책은 한국연구재단으로부터 연구비를 받아 이루어졌다. 이 과제를 선정하고 평가해준 분들과 연구재단 관계자 여러분께 지면을 통하여 감사를 드린다. 또 연구 인력이 많지 않은 열악한 연구 여건에서 여전히 고려시대 연구에 매진하고 있는 선, 후배 동학 여러분께 감사한다.

삼별초 관련 자료는 지금도 수륙에 걸친 고고학 조사에 의하여 생산되고 있다. 국립해양문화재연구소, 목포대학교 박물관, 중원문화재연구원, 제주고고학연구소, 제주문화유산연구원 등에서 어렵게 생산된 조사 자료들이 사용되어 이 책이 이루어질 수 있었다. 특별히 감사드린다. 이 책은 원고의 편집 이외에 삽도로 사용된 그림을 정리하는 데 많은 손질이 필요했는데, 이 모든 일을 흡족하게 완성해 준 혜안의 여러분께도 깊이 감사한다.

2014년 8월 신관동 연구실에서   윤 용 혁

목 차

———

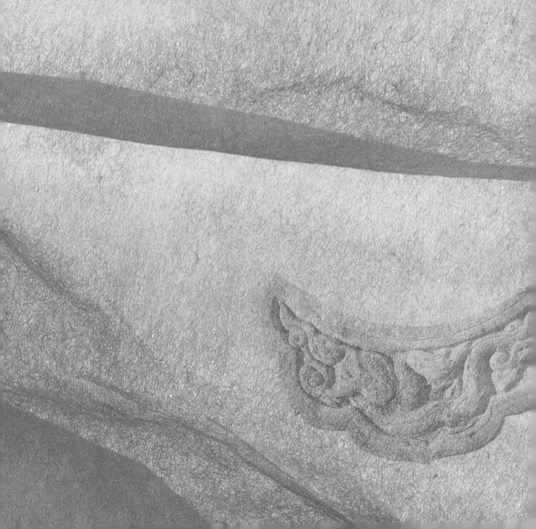

제1장
13세기 동아시아사와 삼별초

1. 역사적 존재로서의 삼별초

1) 삼별초가 태어나다

2011년 가을, 국립해양문화재연구소 발굴 팀은 충남 태안 안흥항 앞 마도 해역에서 고려 선박의 선체 일부와 유물들을 인양하였다. 유물의 일부인 목간(죽찰)에는 '우삼번별초', 즉 삼별초의 한 부대인 '우별초'의 실체가 묵서墨書로 적혀 있었다. 역사적 존재로서의 삼별초가 750년 세월을 뛰어 넘어 그 모습의 일단을 드러낸 것이었다.

삼별초는 13세기, 40여 년 고려의 몽골에 대한 항전 역사의 키워드이다. 그것은 몽골 침입 직전 1230년경에 조직되어, 항전의 중심 동력으로 기능하다, 역사의 변전에 의하여 1270년 해체의 명을 받는다. 개경으로 돌아간 고려정부에 맞서 고려 영토의 남쪽 대양의 섬 제주도에까지 내려가 1273년 '산화'하는 44년의 극적 생애를 담고 있다. 대몽항전의 전체 역사를 고스란히 포함하고 있는 것이다.

삼별초의 실체에 대해서는 모든 기록이 입을 모아 '정예병'임을 강조하고 있다. '용력이 있는 자' '효용驍勇의 군대' '효군예졸驍軍銳卒' 등의 표현이 그것이다. '별초'에 관한 최초의 기사는 무인정권 초기인 1174년(명종 4) 조위총의 난 진압 과정에서 최충헌이 '별초 도령'에 발탁되었다는 기록인데, 원래 '별초別抄'라는 의미 자체가 '특별히 가려뽑은 자' 즉 '정예'를 의미하는 것이기도 하다.[1] 이후에도 지방에 '별초'군이 운영되고 있었던 사실이 기록에 의하여 확인된다. 1202년(신종 5)의 '경주 별초', 혹은 몽골 전란이 개시된 1231년 북계에서의 '도호都護 별초' '위주渭州 별초' '태주泰州 별초' 등 지역별 별초가 그것이다.[2] 이들은 상비조직이

---

[1] 『고려사』 81, 병지 1 ; 『역옹패설』 前集 2 ; 『증보 문헌비고』 109, 兵考 1, 충선왕 3년.

[2] 신안식, 「무인정권의 대민강화책」, 『고려 무인정권과 지방사회』, 경인문화사, 2002, pp.133~153.

之財而給之故權臣顧指氣使爭先効力金浚松禮之誅惟茂皆
以爲爪牙厚其俸祿或施私惠又籍罪人之
還者爲一部號神義是爲三別抄權臣執柄
其軍甚衆遂分爲左右又以國人自蒙古逃
因名夜別抄及盜起諸道分遣別抄以捕之
初崔瑀憂國中多盜聚勇士每夜巡行禁暴
戰于甲串江 元宗十一年五月罷三別抄
人白丁充補各領軍隊 四十年八月習水
高麗史卷八十一 十五

삼별초에 대한 『고려사』(병지)의 기록

라기보다는 상황 발생시 필요에 의하여 조직된 임시조직의 성격을 가지고 있지만, 1230년경 중앙에 야별초(삼별초)가 상비군 조직으로 등장하는 전 단계였다고 할 수 있다.

삼별초의 처음 이름은 야별초였다. '삼별초'라는 명칭이 기록에 처음 등장하는 것은 고종 45년(1258) 3월 김준의 정변 때이다. 삼별초는 야별초에서 비롯된 것이며, 야별초의 확충에 의하여 좌, 우별초로 개편되고,

여기에 몽골과의 전쟁과정에서 포로로 잡혔다가 귀환한 자를 중심으로 설치한 신의군(신의군 별초)을 합하여 삼별초로 칭하게 되었다는 것이 삼별초에 대한 일반적 이해이다.[3] 삼별초가 처음부터 '삼별초'라는 이름으로 출발한 것이 아니라 몽골 전란이라는 특수 상황의 전개에 의하여 몇 차례의 변전을 거쳐 '삼별초'의 성격 혹은 조직, 명칭이 만들어져 갔던 것이다. 이 같은 조직과 성격의 변화가 바로 삼별초의 중요한 특징이다.

야별초의 등장은 바로 삼별초의 출생을 의미한다. 야별초의 설치 시기는 최우 집권기(1219~1249)의 일인데, 최초 기록은 강화 천도 직전 고종 19년(1232) 6월의 일이다.[4]

---

3) "初 崔瑀憂國中多盜 聚勇士 每夜巡行禁暴 因名夜別抄 及盜起諸道 分遣別抄以捕之 其軍甚衆 遂分爲左右 又以國人 自蒙古逃還者 爲一部號神義 是爲三別抄"(『고려사』 81, 병지 1, 5군). 「상서도관첩」에서는 신의군을 '신의군별초'로 기재함으로써 신의군이 '신의군별초'의 약칭이었음을 말해주고 있다.

4) 『고려사』 57, 지리지 2, 경상도 경주 항에 "神宗五年 東京夜別抄作亂 攻劫州郡

14

따라서 야별초의 설치 시기는 최우가 집권한 1219년(고종 6)으로부터 1232년(고종 19) 사이가 되는 셈이다. 김당택은 야별초의 성립에 대해, 1230년(고종 17)을 전후한 시기에 '도둑盜'이 위협적 존재로 부각되고 최향崔珦의 난으로 정권의 위기가 고조된 점에 착안하여, '고종 17년(1230) 이후'를 그 설치 상한으로 비정하였다.5) 야별초의 성립 연대를 1230~1231년으로 설정한 것이다. 그런데 야별초 설치의 계기가 된 일련의 사건들은 1230년의 정월부터 7월에 걸치고 있다. 이로써 볼 때 야별초의 설치는 이 해의 후반기, 즉 1230년(고종 17) 후반이 가장 유력한 시점이라고 할 수 있다.6)

1230년경에 성립한 야별초는 바로 이듬해(1231) 개시된 몽골 침입으로 인하여 그 존재감이 부각되었고 이후 그 규모가 계속 확대되었다. 이에 의하여 야별초는 좌, 우별초로 재편하게 된 것이지만, 그 정확한 시기는 기록되어 있지 않다. 이렇게 하여 고종 39년(1252) 5차 침입을 앞두고 병력을 크게 증원한 사실에 근거하여,7) 좌, 우별초로의 분반 편성이 이 시기에 이루어진 것으로 보는 견해가 있다.8) 좌, 우별초의 내부 조직 체계에 대해서는 잘 알 수 없지만, 무인집권 말기인 김준

遣師討平之"라 하여 '야별초'의 조직이 1202년(신종 5) 이미 경주에 있었던 것처럼 되어 있다. 그러나 세가 등의 '동경 별초' 자료를 참고하면, 이 기록은 '야별초'와 '별초'를 혼동한 데서 온 착오이다.

5) 김당택, 「최씨 정권과 그 군사적 기반」,『고려의 무인정권』, 국학자료원, 1999, pp.308~311.

6) 한편 야별초의 성립과 관련, 기존 마별초의 일부를 분리하여 야별초에 편성하였을 것이라는 견해가 있다. 야별초의 기동성을 높이기 위하여 마별초 기병의 일부를 야별초에 편성한 것으로 보는 근거는, 야별초 성립 이후에도 "마별초의 명칭이 독립적으로 혹은 야별초와 병립해서 그 이름이 계속 나타나고 있기 때문"이라는 것이다(김윤곤, 「삼별초의 대몽항전과 지방군현민」,『동양문화』 20·21합집, 영남대 동양문화연구소, 1981, p.150).

7) "設充實都監 點閱閑人白丁 充補各領軍隊"(『고려사』81, 병지 1, 고종 39년 8월).

8) 김상기, 「삼별초와 그의 란에 대하여」,『동방문화교류사논고』, 을유문화사, 1948, pp.105~106.

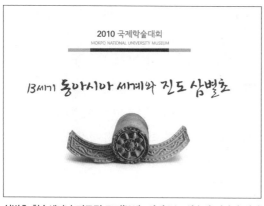

시대에 '우삼번별초'라는 목간 기록에 의하여, 우별초가 '삼번' 혹은 그 이상의 조직으로 편성되어 있었음을 짐작할 수 있다. 도방의 경우 규모의 확대에 의하여 최충헌대 6번도방, 최우대에 내외도방으로

삼별초 학술세미나 자료집 표지(2010) 삼별초는 최우에 의하여 설치되었다.

발전하고, 최항 때에는 분번제分番制를 확대하여 36번으로 편제되었다. 서방書房의 경우 3번으로 운영하였는데, 이로써 보면 삼별초의 경우도 좌우 각 3번 혹은 6번과 같은 분번제 조직을 갖추었을 가능성이 있다.9)

한편 야별초 이후 15년 뒤인 1255년(고종 42)경에 성립한 신의군에 대해서는, 고종 44년(윤 4월, 1257) 최항 사망시의 기록에 보인다. 이에 의하여 신의군이 대략 최항 집권기에 만들어진 것임을 알 수 있다. 신의군은 "몽골에서 도망해온 자로서" 조직됨으로써, 순수한 '군사적 필요'에 의한 것이라는 점에서 야별초와는 성격에 차이가 있었다. 김당택은 몽골에 의한 포로가 1253년(고종 40) 이후 대거 발생하였던 사실에 착안하여, 신의군의 설치를 구체적으로 1254~1257년(고종 41~44) 사이의 일로 추정하였다.

그 기간 중 고려 사람의 포로 문제가 가장 심각했던 것은 1254년(고종 41) 쟈릴타이車羅大의 첫 침입 때였다. 한 해 동안 몽고에 잡혀간 자가 '20만 6천 8백여 명'이었고, 이듬해(1255) 정월 5일에는 포로가 되었다 도망한 대구 사람들이 적에 대한 정보를 제공하고 있다.10) 이로써

---

9) 임경희, 「마도 3호선과 여수」, 『제3회 전국 해양문화학자 회의(자료집 2)』, 목포대 도서문화연구원, 2012, p.60.

생각하면 신의군 설치의 아이디어는 바로 1254년(고종 41)에 제기되었을 가능성이 많고, 따라서 고종 42년(1255)이야말로 조직의 설치 가능성이 가장 높았던 시점이다.[11] 최항이 사망하기 2년 전의 일이다. 신의군에는 몽골로부터 도망한 자 이외에도 최항정권의 충성심 많은 자들이 뽑혔을 것이라는 견해도 타당성이 있어 보인다.[12]

이상의 내용을 정리하면 삼별초의 전신이라 할 야별초는 1230년(고종 17)경 최우 집권기에 성립하여, 1252년경 좌, 우별초로 분리되고, 여기에 최항대인 1255년(고종 42)경 설치된 신의군이 더해져 삼별초라는 명칭이 이루어진 셈이다. 즉 삼별초(야별초)는 몽골 전란의 직전에 성립하여 몽골의 침입에 저항한 가장 중추적 집단으로 존재하였다가 몽골의 고려 지배가 실현되면서 소멸된 운명적 존재였던 것이다. 1273년까지 삼별초의 수명은 44년, 그것은 고려의 항몽전쟁 43년 세월과 사실상 그대로 일치하고 있는 셈이다. 즉 삼별초가 조직되자마자 몽골 침입에 의한 전란이 시작되었고, 이 전란은 삼별초의 진몰盡沒로써 마감되었던 것이다.

삼별초의 구성 문제와 관련하여, 삼별초를 '신의군, 마별초, 야별초'의 통합 개념이라 한 이제현(1287~1367)의 견해가 있다.[13] 마별초의 병력 일부가 야별초 성립시에 이에 합류했을 가능성이 언급된 바 있기는 하지만,[14] 국가의 공병인 삼별초에 사병인 마별초를 포함하는 것은

---

10) 『고려사』 24, 고종세가 41년 및 42년 정월.
11) 김상기는 몽고의 침입이 심하였던 고종 40, 41년경을 신의군 설치의 유력한 시점으로 이미 추정한 바 있고(김상기, 앞의 『동방문화교류사논고』, p.105), 강재광은 아주 구체적으로 고종 42년(1255) 4월에서 8월 사이를 신의군 창설의 가장 유력한 시점으로 추정하였다(강재광, 「1250~1270년대 신의군의 대몽항전과 정치활동」, 『한국중세사연구』 23, 2007, pp.236~239).
12) 강재광은 신의군의 규모를 대략 600~1400 정도로 추정하였다. 강재광, 위 논문, pp.239~241, pp.242~243 참조.
13) 『역옹패설』 전집 2.
14) 김윤곤, 「삼별초의 대몽항전과 지방군현민」, 『동양문화』 20·21합집, 영남대

있을 수 없는 일이라는 김상기의 삼별초에 대한 정리 이후, 삼별초를 '신의군, 마별초, 야별초'로 본 것은 이제현의 착오로 간주되었다. 삼별초가 좌우별초의 야별초와 신의군을 합칭한 것이라는 점을 부정하기는 어렵지만, '삼별초'라는 용어 자체가 야별초에 마별초와 신의군을 포함하는 의미로서 사용되었을 가능성도 배제할 수는 없다.

삼별초는 처음부터 공적公的 용어로서가 아니라 여러 조직을 합하여 부르는 편의적 용어에서 출발한 것으로 보인다. 좌, 우별초의 분리 이후에도 이를 합칭한 야별초라는 용어가 여전히 사용되었으며, 이 시기 마별초가 여전히 운영되고 있었기 때문에 '삼별초'라는 용어는 처음에는 좌, 우별초에 마별초를 넣어 부르는 비공식 용어였을 가능성이 있다. 그 삼별초의 용어가 신의군 설치 이후에는 좌, 우별초와 신의군을 합칭하는 이름으로 사용되었다는 것이다. 즉 '삼별초'의 개념 자체가 시기에 따라 달라졌을 가능성도 배제할 수 없다는 것이다.[15] 이와는 또 다른 문제이기는 하지만 삼별초(야별초)가 마별초와 같이 최우의 도방 휘하에 속했다고 보는 경우이다. 그 근거는 야별초 설립 초기인 1235년(고종 22)의 기록에 '야별초 도령 이유정'의 야별초가 '도방 야별초'로 되어 있는 점이다. 그리하여 "원래 도방 자체가 삼별초의 전신과 같은 조직이었지만, 점차 삼별초가 도방보다 우위에 서게 된 것 같다"는 것이다.[16] 그러나 이러한 견해를 수용하기에는 걸리는 점이 많다.

동양문화연구소, 1981, pp.149~151.
15) 정인경(1241~1305)의 인사기록인 政案에 의하면, 고종 43년(1256) '마별초'에 속하여 아산만 지역의 전투에 투입된 사실이 기록되어 있다. 이것이 혹 '야별초'의 오류인지도 모르지만, 국가의 인사 기록자료라는 점에서 오자라고 쉽게 단정하기도 어렵다(윤용혁, 「정인경가의 고려 정착과 서산」, 『충청 역사문화 연구』, 서경문화사, 2009, pp.206~211). 처음 '삼별초'라는 용어의 출발은 마별초를 포함하는 것이었을 가능성을 암시한다. 이점에서 이제현의 삼별초에 대한 언급이 반드시 착오라고 단정할 수만은 없다.
16) 김인호, 「무신정변과 군제의 변화」, 『한국 군사사』 4, 육군군사연구소, 2012, pp.70~71.

2) 벗어날 수 없었던 정치적 굴레

몽골의 고려 침입기, 고려는 무인정권하에 있었다. 무인정권이라는 조건은 몽골의 침략에 대한 고려의 대응 방식을 상당 부분 규정하는 측면을 가지고 있었으며, 고려의 대몽항전이 강경하고 경직된 방향으로 전개되는 가장 중요한 이유였다. 금의 압력을 수용하였던 12세기 인종대의 사정을 생각하더라도, 13세기 몽골에 대한 대응은 그와 달랐던 것이다. 그것은 여진과 몽골이라는 상대의 차이도 있지만, 인종대의 고려정부와 무인정권하 13세기 고려정부와의 차이가 그 배경이 된다.

무인정권이라는 독특한 체제가 성립한 것은 의종 24년(1170) 무신란의 성공에서 비롯된다. 그것이 독재권력의 확립에 이른 것은 1198년 최충헌 집권 이후의 일이었다. 그리고 삼별초의 전신 야별초가 성립한 바로 이듬해 1231년 몽골의 침입이 개시되었고, 1232년에는 고려정부가 강화로 천도하는 데까지 사태가 진전되었다. 그리고 몽골 전란은 이후 40여 년을 지속하였다. 삼별초 설치 직후 국가가 전시 상황에 돌입함으로써 군사적 요구가 크게 증대된 것이다. 이러한 점에서 삼별초는 몽골 전란기 국가의 핵심 전력이었다. 야별초 조직시에 그 기본 조건이 '용사勇士'였고, 공민왕대 왜구의 침입이 극성하였을 때는 "삼별초와 같이 정예한 군사력"이 결여되어 있는 현실에 대한 한탄이 있었던 것을 보더라도[17] 삼별초가 갖는 정예 군사력으로서의 의미는 분명한 것이었다.

삼별초의 성격에 관련한 오래된 논쟁 가운데 하나는 '공, 사병 논쟁'이다. 야별초가 최우에 의하여 설치되었다는 점은 그 성격이 왜곡될 수 있는 개연성을 포함하는 것이었다. 그럼에도 불구하고 그것은 무인정권에 의하여 직접 운용되었던 사병과는 구별되었다. 야별초 성립 초기인 1232년(고종 19) 강화 천도가 최우에 의하여 확정될 무렵, 회의장에

---

17) 『고려사』 81, 병지 1.

개성 만월대 건물지 삼별초는 1230년경 개경에서 설치되었다.

뛰어들어 천도의 불가를 주장하다 처형된 김세충의 예가 이점을 암시한
다. 그 때 김세충은 야별초의 장교였다. 최우를 면전에서 공박한 김세충
의 예는 야별초의 초기 성격이 다른 무인정권의 사병집단과는 확연히
구별되는 것임을 보여주는 것이다.

　강화 천도 직후 경기 지방의 초적과 승도들이 개성에서 유수병마사를
축출하고 점거하자 견룡행수인 별장 이보李甫·정복수鄭福綏 등은 야별초
를 이끌고 개경에 투입되어 난을 진압하였다.[18] 견룡행수 별장이 야별초
를 지휘하였다는 것은 이들 야별초 군이 국가의 공병의 성격을 가지고
있음을 입증하는 것이다.[19] 이 때문에 야별초 혹은 지방의 별초에게는

---

18) 『고려사절요』 16, 고종 19년 7월 을유.
19) 야별초(삼별초)가 그 성격에 있어서 국가 공병의 성격을 가진 것임은 일찍이
　　김상기에 의하여 적절히 논증된 바 있다. 야별초 군이 외적 방어에 종종 투입된
　　점, '도령', '지유', '교위' 등 국가 관제에 의한 직급자가 배치된 점 등이 그
　　예이다(김상기, 「삼별초와 그의 란에 대하여」, 『동방문화교류사논고』, 을유문
　　화사, 1948, pp.115~118). 그럼에도 불구하고 종종 삼별초를 무인정권의 사병과
　　본질에 있어서 동일시하는 견해가 나오는 것은 적절한 의견이라 할 수 없다.

삼별초 기념비 강화도 외포항

토지가 지급되었다. 탐라 삼별초 공격 때 별초(경외별초)들의 도망자가 많아서 그 징계로 전정田丁을 환수토록 하였다는데, 이것은 원래 삼별초의 경우 역시 전정田丁을 받고 있었음을 의미한다. 진도 함락 후 삼별초의 '귀순자' 중 군인은 전정田丁을 다시 돌려주었다는 기록도 있다.[20] 역시 삼별초 조직의 공적 성격을 방증하는 것이다.[21]

처음 공병의 성격을 가지고 출발하였던 야별초는 이후 시간이 흐름에 따라 그 성격과 기능에 일정한 변화가 있었다. 이를 4기로 나누어 정리하면, 제1기는 창설 후 강화 천도까지(1230~1232), 제2기는 천도 이후 최우의 집권기(1232~1249), 제3기는 최항, 최의 집권기(1249~1258), 그리고 제4기는 최씨 정권 붕괴 이후 김준, 임연의 시대(1258~1270) 등이 그것이다. 그 가운데 야별초의 사병화가 급격히 진행된 것은

---

20) 『고려사절요』 19, 원종 13년 10월 및 『고려사』 27, 원종 세가 12년 10월.
21) 김윤곤, 「삼별초의 대몽항전과 지방군현민」, 『동양문화』 20·21 합, 영남대 동양문화연구소, 1981, p.160.

최항의 집권 이후이고, 삼별초가 최씨 정권 붕괴에 동원된 이후로는 사실상 정치적 사병집단화의 색채를 짙게 가지게 된다.[22] "김준이 최의를 죽이고, 임연이 김준을 죽이고, 송송례가 임유무를 죽이는데 모두 그 힘을 의지한 것이었다"는 것은 삼별초의 정치적 성격을 간략히 요약한 것이다.[23] 말하자면 강화 천도 이후 정권의 변동기마다 삼별초의 군사력이 이용되었으며, 이와 함께 지속적으로 사병적 경향으로 점점 기울어갔던 것이다.

몽골과의 대결에서 기존 중앙군의 병력은 공적 군사력의 기능을 상당 부분 상실하게 된다. 전선에 직접 출전하는 대신 강도의 건설에는 대규모로 군사들이 동원되었다. 전시의 전투력으로서가 아니라, 대규모 노동력의 공급원이 중요한 기능이 되었던 것이다. 강도의 새 궁궐 건설에 2천이 동원되고, 최우의 저택 건설에 4천의 병력이 동원되었다는 기록은 전란기 국가 공적 군사력의 기능이 달라지고 있음을 말해준다. 정규적인 군사제도에 의한 것이라기보다는, 필요에 의하여 보완적 성격으로 등장한 야별초는 강도시대로 넘어 오면서 점차 고려의 군사적 기능을 대체해 가게 되었다. 무인집정자의 입장에서도 야별초의 군사를 운용하는 것이 통제에 훨씬 용의하였다. 따라서 무인 집정자는 기존의 군사제도에 의존하지 않고 야별초의 군사력을 강화하여 다양한 기능을 수행하도록 운용하는 방향으로 나가게 된 것이다.

신의군의 설치는 몽골 전란기 군사력의 보강을 기존의 군사제도에 의하지 않고, 새로운 부대를 설치하여 보완한 것이라는 점에서 흥미 있는 일이다. 부대의 이름도 '신의군神義軍'이라는 특별한 이름이다. 신의군이 설치된 1255년경은 몽골과의 전쟁이 매우 격심했던 시기이다.

---

22) 김수미, 「고려 무인정권기의 야별초」, 『고려 무인정권 연구』(홍승기 편), 서강대 출판부, 1995, pp.158~165.

23) "權臣執柄 以爲爪牙 厚其俸祿 或施私惠 又籍罪人之財 以給之 故權臣의指氣 使爭先 效力 金俊之誅崔竩 林衍之誅金俊 松禮之誅惟茂 皆籍其力 及王復都舊京 三別抄 反懷疑二 故罷之"(『고려사』81, 병지 1, 고종 39년 8월).

이 몽골과의 전쟁을 극복하는 한 방편으로 성립시킨 신의군이라는 부대의 이름은 몽골과의 방어 전쟁이 정의로운 것이며, 신이 돕는 성전聖戰이라는 개념이 담겨져 있다. '정의로운 성전聖戰' 이것은 몽골에 굴복하지 않고 항전을 지속해가는 무인정권의 몽골과의 전쟁에 대한 자아 인식이며, 항전론을 지탱하는 이념이었다고 할 수 있다. 그러나 신의군의 미래가 본래의 명분과 의도에서 벗어나 차츰 야별초에 동화하는 것도 피할 수 없는 일이 되었다. 정권과 정부를 일체화한 무인정권의 성격 때문에 군사력의 존재 역시 그 구분이 모호해졌기 때문이다.

3) 삼별초, 조직과 규모

전란기 삼별초(야별초)의 조직이 어떻게 운용되었는지는 명확하지 않다. 그러나 강도에서 파견된 삼별초가 특히 '야별초 지유指諭'에 의하여 지휘되었다는 점에서, 삼별초는 '지유'가 기본 단위의 지휘관이었음을 알 수 있다.[24] '야별초 도령都領'이라는 명칭도 종종 보이지만 '도령'은 직급이라기보다는 '지휘관' '대장隊長'의 의미로 생각된다. 여기에 '도령 낭장' '지유 낭장'이라는 지칭도 있어[25] 지유의 직급이 대략 낭장급(정6품)이라는 점을 암시하고 있다. 원래 고려의 중앙 군사제도에 의하면 낭장은 1령에 5명이 두어져, 대략 2백 명 단위의 지휘관에 해당한다. 야별초 도령 이유정李裕貞이 160명으로 지방에 파견된 사실[26]에 근거하여 삼별초의 지휘관 '지유'는 대략 160명에서 200명 정도의 병력을 지휘한 것으로 파악된 바 있다.[27]

---

24) 김윤곤, 「삼별초의 대몽항전과 지방군현민」, 『동양문화』 20·21합, 1981, pp.161 ~163.

25) '神義軍都領 郎將朴希實 指諭郎將 李延紹'(『고려사』 129, 최이전) ; '國家 遣都領郎 將 崔义等 率別抄'(『고려사』 24, 고종 45년 5월) ; '北界別抄都領 郎將 李陽著'(『고려사』 25, 원종 즉위년 7월).

26) 『고려사』 23, 고종세가 22년 8월 신해.

지유의 지휘 병력이 '160인' 이외에 '각 100여 인' '각 80인'[28] 등의 사례도 있어서, 삼별초의 지유가 반드시 200명 단위의 부대를 지휘한 지휘관이었다고 하기는 어렵지만, 지유의 위치가 대략 그 정도의 비중을 갖는 것은 사실인 것 같다. 한편 지유급의 단위 부대를 통할하는 상급의 지휘관에는 장군이 있었다. 원종조에 장군 안홍민安洪敏 등에게 명하여 삼별초군을 거느리고 남해 연안의 왜구를 방어케 한 조치,[29] 1270년 장군 배중손이 지유 노영희와 함께 삼별초 봉기를 일으킨 사실에서 이점을 짐작할 수 있다.

삼별초의 병력 규모는 설치 이후 지속적으로 확장되었는데, 초기에는 1천명 이하의 소규모에서 원종조에는 신의군을 합하여 적어도 5천 이상의 규모까지 확장된 것으로 추측된다. 강도시대 삼별초의 군사력 규모에 대해서는 구체적인 수치를 가늠하기는 어렵다. 다음에 설명하는 것처럼 '7천'으로 상정하는 견해가 최근에 제출되었는데, 그보다 조금 못 미치는 정도의 규모가 아닐까 필자는 생각한다.

1270년 삼별초 봉기시 강도를 떠났던 '1천여 척' 선박의 규모에 근거하여 당시 진도로의 이동 인구를 '1만 5천'으로 추정하였지만,[30] 이것이 바로 삼별초군의 병력 규모를 말해주는 것은 아니다. 삼별초의 규모보다 더 많은 수의 민간인 집단을 포함하는 것이기 때문이다. 그러나 1232년 천도 이후 39년동안 삼별초의 규모가 지속적으로 크게 확대되었던 것은 분명하다. 전쟁이 종료될 즈음인 1259년 초, 강도에서는 강원도 금강성을 구원하기 위하여 별초 3천 병력을 급파한 기록이 있다.[31]

---

27) 김윤곤, 앞의 「삼별초의 대몽항전과 지방군현민」, p.169.
28) 『고려사』 23, 고종세가 23년 8월 기유 및 『고려사』 24, 고종세가 41년 8월 계유.
29) 『고려사』 26, 원종세가 6년 7월 정미.
30) 윤용혁, 「삼별초의 봉기와 남천에 관하여」, 『고려 삼별초의 대몽항쟁』, 일지사, 2000, p.157.
31) 『고려사』 24, 고종세가 46년 정월.

'우삼번별초' 목간 국립해양문화재연구소, 2011년 태안 마도3호선 유물

아마도 이 '별초 3천'은 강도의 야별초를 중심으로 여기에 지방 별초를 더한 것으로 보인다.[32]

한편 강도시대 말인 김준 집권기 좌, 우별초의 규모를 '각 3천' 정도로 추정하는 견해가 있다. 거기에 '1천'으로 잡고 있는 신의군을 합산하면 삼별초의 병력 규모는 도합 7천이 되는 셈이다. 우별초의 규모를 '3천'이라 한 것은 태안 해역에서 나온 마도의 목간 자료 '右三番別抄都令侍郎宅上'에 근거한다. '도령 시랑'이라 한 것은 삼별초의 지휘관에 시랑(정4품)이 임명되고 있었다는 것을 말해준다. 시랑은 곧 같은 정4품 직급인 '장군'을 의미할 수 있고, 장군은 원래 1령(1천 명) 병력의 지휘관이었다. '우3번 별초'의 장군이 그 지휘관이라면, 1, 2번을 합할 경우 '3천'이라는 계산이 나오고, 이를 다시 좌별초로 확산하면 '6천'이라는 수치에 이르는 것이다.[33]

그러나 이것은 몇 가지 확실하지 않은 가정을 전제로 하기 때문에 이 수치가 객관성을 갖는 것은 아니다. 가령 '시랑'이 '장군'을 지칭하는 것인지, '3번 별초'가 1번과 2번의 존재를 전제하는 것인지 등이 불확실하

---

32) 강재광은 금강성에 파견한 '별초 3천'의 병력을 모두 강도 삼별초군의 일부로 간주하였다(「김준세력의 형성과 김준정권의 삼별초 개편」, 『한국중세사연구』 36, 2013, p.254). 그러나 필자는 이 '3천'이 삼별초에 지방 현지의 별초군이 합쳐진 수치였다고 생각한다.

33) 강재광, 「김준세력의 형성과 김준정권의 삼별초 개편」, 『한국중세사연구』 36, 2013, pp.255~259 ; 강재광, 「마도3호선 목간을 통해 본 김준정권의 지지기반」, 『동방학』 29, 2013, pp.200~202.

다. 그 가운데 '우삼번별초'가 '일번별초' '이번별초'와 함께 존재한 것인지, 혹은 '삼번' 이외에 '사번' '오번' '육번'이 또 있는 것인지 등에 대한 문제이다. 결론을 말하면 '우삼번별초'는 '우변별초右邊別抄'와 같이 '우별초'의 다른 표현이라는 점이다.[34] 마도 3호선의 관련 목간 4점이 모두 '우삼번별초'인 것이 이점을 암시하는 것이라 생각한다.[35]

현재로서 삼별초의 규모를 가늠할 수 있는 구체적인 자료는 아직 막연하지만, 무인정권 말기 신의군을 포함한 그 규모를 대략 5천 정도로 상정하면 어떨까 한다. '5천'이라고 하면, 가령 좌우별초가 3, 4천, 신의군이 1, 2천이라는 수치를 상정할 수 있다. 그리고 강화 천도시 초기 삼별초의 규모를 1천 정도로 상정한다면, 좌우별초로의 분리 및 신의군 설치에 따른 규모의 증강을 반영하는 수치이기도 하다. 그러나 아직 그 근거를 명확히 하기는 어렵기 때문에, 이에 대해서는 앞으로의 논의를 필요로 한다.

4) 새로운 세계로의 통로

삼별초는 사령부에 해당하는 군영이 있었으며, 병력의 대부분은 강도의 몇 군데에 분산 배치한 상태에서 필요에 따라 지방 각처에 파견되었다. 사령부도 처음에는 야별초의 군영만 있었지만, 고종 말년(39년경, 1252) 좌, 우별초의 분리 및 신의군 설치(42년경, 1255)에 의하여 군영의

---

34) 강재광은 '우삼번별초'가 1,2,3번의 우별초 전체를 포괄하는 것으로 추측하였다. 우별초의 '3번별초'를 의미하는 것으로는 보지 않지만, 좌, 우별초가 각 3번으로 구성되어 있다는 점에 대해서는 동의하고 있다(강재광, 위의 「마도3호선 목간을 통해 본 김준정권의 지지기반」, pp.192~195). 그러나 '우삼번별초도령시랑'은 특정인을 지칭하는 것이어서, 3번으로 구성된 우별초 전체를 말하는 것으로 해석하기는 어렵다. 우별초의 삼번별초이든지, 아니면 '우별초'의 다른 표현이든지 둘 중의 하나일 것이다. 필자는 후자의 가능성이 많은 것으로 일단 판단한다.

35) 이에 대해서는 본서의 제5장에서 다시 언급함.

증설이 불가피 했을 것이다. 신의군의 군영이 별도 운영되었을 것임은 분명하지만, 좌, 우별초가 각각 군영이 설치되었는지 아니면 하나의 군영에서 좌, 우별초를 모두 통할하였는지는 명확하지 않다. 그러나 좌, 우별초가 야별초를 나눈 것이라는 점에서 하나의 군영에서 모두 통할하였을 가능성이 높다. 삼별초 봉기의 기록에 "전에 천조天朝에서 도망해온 일익一翼의 군이 고려 양익兩翼의 군과 함께 반란을 일으켰다"[36]고 하여, 신의군과 '양익'(좌, 우별초)의 둘로 구분하고 있는 점이나, 1262년의 상서도관첩尙書都官貼에서 좌, 우별초를 '좌우변 야별초左右邊夜別抄'[37]로 칭하기도 하였다는 점이 이 같은 추측을 뒷받침한다. 김준 집권 직후 교위 현군수가 김준 제거 모의를 '야별초영夜別抄營'에 가서 밀고하고 있는데[38], 여기에도 좌, 우별초가 구별되지 않은 채 '야별초영' 혹은 '별초영'이라 하고 있다.

　삼별초에 대한 논의 중에 중요한 것으로 이들의 출신에 대한 문제가 있다. 삼별초는 어떻게 충원되고, 어떤 신분의 사람들로 구성되어 있을까 하는 문제이다. 삼별초의 규모가 크게 증원되었던 고종 말년 이후는 미천한 신분의 집정자가 연이어 집권함으로써 관인사회에서 신분질서의 엄격성이 상대적으로 이완되어 있던 시점이다. 이때 삼별초는 신분의 벽을 넘어서는 중요한 통로가 되었던 것이 사실이다. 신분적으로 미천하지만 야망을 가진 이들이 삼별초에 합류하는 경향성이 있었던 것이다.[39] 무오정변 공신에 대한 포상과 관련, 1262년에 작성된 상서도관첩尙書都官貼에 기재된 13공신 중 김준을 포함한 5명이 사실상 최씨가의 사노비

---

36) 『고려사절요』 17, 고종 45년 7월 및 『원 고려기사』 중통 7년 6월 1일.
37) 허흥식, 「1262년 상서도관첩의 분석」(상), 『한국학보』 27, 1982, pp.25~26.
38) 『고려사』 130, 김준전.
39) 최항 이후 김준 집권기에 이르는 20년은 허흥식 선생은 "우리나라에서 다른 예를 찾기 어려운 천인 집권시대"라고 표현하고 있다. 이 때문에 이들 무인집정 자의 측근에는 같은 천인 출신의 무사로써 친위집단을 형성하였고 이들 무사들이 바로 삼별초에 속하여 있었다는 것이다. 허흥식, 「1262년 상서도관첩의 분석」(하), 『한국학보』 29, 1983, p.84 참조.

출신이었다.[40] 그런데 이 문서에는 1258년 무오정변의 "거사일에 김인준(김준)을 보좌한 좌우변별초, 신의군별초의 지유, 도령, 장상將相, 상교將校와 전군典軍 등의 직명을 적고 빠진 자를 각변 도관各邊都官에서 작성하여 형지안形止案에 실어 낱낱이 녹봉·진급·포상에 참조하도록" 지시하고 있다. 이는 최씨정권을 무너뜨린 1258년 정변에서의 삼별초의 역할을 말해주는 것인데, 이 삼별초의 명단이 노비 담당 관서인 도관都官에 의하여 추가되었다는 것은 이들 삼별초군의 많은 수가 노비 출신이었음을 암시하는 것으로 보인다는 점이다.[41]

한편 1270년 삼별초에 호응하여 함께 진도로 남하한 집단의 성향에 대해서는 이른바 '불영강량不逞强梁의 무리'로 묘사되어 있다. "뜻을 펴지 못하여 날뛰던 무리들이 까마귀떼 같이 강도江都에 모여들어 배를 타고 남쪽으로 내려갔다"는 것이다.[42] 여기에서 '불영강량不逞强梁의 무리'라 한 삼별초의 중심 집단은 앞의 논의와 연결하여 생각하면 기존의 정치·사회 구조에서 소외되었던 미천한 신분의 사람들이었음을 암시한다. 신분적 격차 이외에 농민·향리 신분의 지방 출신이 삼별초 정권을 주도하였다는 점도 유의할 만한 것이다. 삼별초 반몽 세력의 지역적 특성과 관련하여 "상주·청주·해양(광주)은 진도 적괴賊魁의 고향이니 주현의 칭호를 강등하여야 할 것"[43]이라 하였다. 당시 진도 삼별초 정권의 지도부가 상주(경상도), 청주(충청도), 해양(전라도)와 같은 지방적 출신 배경을 갖는 집단이었음을 말해주는 것이다.

삼별초 출신의 인물에 대하여 좀더 구체적으로 검토해보고자 한다. 김문비金文庇는 야별초 지유 출신으로 충렬왕 때 상장군으로 군부판서에까지 이른 인물이다. 그가 야별초에 선발될 때 '가세家世가 단미單微하였으

---

40) 허흥식, 위 논문, p.80.
41) 허흥식, 「1262년 상서도관첩의 분석」(상), 『한국학보』 27, 1982, pp.35~36.
42) "越松麓 出都之歲 有群 不逞强梁之輩 烏集花都 飛船南下 巢於珍島 呑嗛諸州"(이승휴 『동안거사집』 잡저, 「旦暮賦 并序」).
43) 『고려사절요』 충렬왕 2년 8월.

충북 진천 문백면 임연 고향의 농다리 삼별초는 '임연의 무리'로 지칭되기도 하였다.

나 용력勇力'으로 발탁되었다고 하였다.[44) '용력'으로 야별초에 편입된
것이 신분적 제약에도 불구하고 고위 관직에 오르는 길을 열어주었던
것이다. 현문혁玄文奕은 "어려서 기사騎射에 능하여 삼별초의 수령首領이
되었다"고 하였다.[45) 역시 무예로 삼별초에 편입되어 무반으로 신분과
지위를 상승한 것이다. 송길유宋吉儒는 고종말 원종조에 대장군과 상서우
승에까지 오른 실력자였으나, 원래 '졸오卒伍'에서 일어나 최항에게 '아첨
하여' 야별초지유가 되었다고 한다.[46) 정인경鄭仁卿(1241~1305)은 남송
출신의 귀화인 정신보鄭臣保의 아들로, 서산의 바닷가에서 성장한 인물이
다. 1254년 마별초(야별초)에 들어가 1256년(고종 43) 서산 지역 전투에
서 공을 세움으로써 무반(대정)에 보임된 후 충렬왕대에 도첨의찬성사
(정2품)에까지 올랐다.[47) '마별초'(야별초)에의 종군이 출세의 커다란

---

44) 『고려사』 124, 이정 부 김문비전.
45) 이제현, 『역옹패설』 전집 2.
46) 『고려사』 122, 송길유전.
47) 윤용혁, 「정인경가의 고려 정착과 서산」, 『충청 역사문화 연구』, 서경문화사,

계기가 되었던 것이다.

　이들 삼별초의 출신은 대개 지방 출신으로 농민 혹은 가세를 잃은 향리 신분 정도였던 것으로 파악된다. 삼별초에 있어서 지방적 성격이 강하였던 것은, 아마 대몽항쟁기 장기간의 전란을 통하여 삼별초 부대가 지방으로부터 지속적으로 인원을 충원하였기 때문일 것이다. 몽병에 포로로 잡혔다가 빠져나온 신의군의 경우는 특히 지방 출신이 절대적 비중이었을 것이다. 이러한 점에서 삼별초는 정치적으로 소외된 신분층에서 무반으로 신분 상승을 기대할 수 있는 통로가 되기도 하였던 것이다. 배중손에 대한 자료가 남겨져 있지 않은 이유의 하나도 그가 신분적으로 그렇게 드러난 가문의 인물이 아니었기 때문일 것이다.

　12세기 후반 이후 1세기 동안의 무인정권시대는 봉건적인 틀, 신분적 제약을 넘어서고자 하는 피지배층의 욕구가 지속적으로 분출되었던 시기이다. 이러한 욕구는 무인정권의 안정을 흔드는 것이었기 때문에 결코 용납될 수 없는 것이었다. 그러나 몽골과의 장기적 전란은 여러 가지 측면에서 기존의 틀을 무너뜨리는 동력으로 작용하였다. 군공이 있는 자들에게 신분을 초월하여 포상과 관작이 주어지기도 하고, 미천한 신분에도 불구하고 정치적 입신이 가능한 여지가 만들어지고, 지방의 소所와 부곡들이 일반 현으로의 승격되기도 하였다. 지방에서 별초군의 활성화, 그리고 중앙에서 야별초의 설치와 운용 역시 잠재적 신분 상승 혹은 새로운 세계로의 진출을 기대할 수 있는 통로로서 작동하였던 것이다. 이 같은 자기 기대감을 배경으로 역시 신분적으로 미천했던 무인정권의 집정자는 삼별초(야별초)를 보다 자유롭게 운용할 수 있었던 것이다.

　2009, pp.206~211.

몽골 옛 수도 카라코룸 평원

2. 몽골 침입, 어떻게 전개되었나

1) 13세기는 몽골의 시대

8백 년 전, 13세기는 '몽골의 시대'였다. 세계사에서도, 한국 역사에서도, '몽골'은 13세기 역사의 키워드이다. 이 몽골의 시대는 1206년 징기스칸의 등장에서 비롯된다.[48] 잘 알려져 있는 바와 같이, 몽골 부족은 원래 초원 지대에 여러 갈래로 흩어져 있었는데, 1203년 케레이트부의 온칸을 제거하고 몽골고원 동부에 대한 지배권을 확보한 것이 테무진이었다. 부내의 지배권을 둘러싼 대립은 몽골고원의 통일세력을 만들어내는 조건의 하나가 되었다.[49] 1206년 몽골 부족의 통일에 의한 징기스칸에

---

48) '징기스칸'의 뜻은 '海內의 王者'라는 정도의 의미인 것 같다고 한다. 村上正二, 『モンゴル帝國史硏究』, 風間書房, 1993, p.291, p.307.

49) 징기스칸 등장 이전까지의 몽골 부족의 통합, 징기스칸의 등장까지의 역사적 배경에 대해서는 박원길, 『몽골고대사연구』, 혜안, 1994에 상세히 논증되고 있다. 한편 징기스칸 등장 이후의 몽골 세계정복에 대해서는 杉山正明, 『疾驅する

의한 대몽골국(Yeke Mongol Ulus)의 등장은 곧 주변 국가에 직접적
위협이 되었다. 몽골부족을 통일한 그 에너지가 새로운 유목국가 체제의
조직화로 이어져 주변 국가에 대한 입박으로 전환되었기 때문이다.

　동아시아에 있어서 몽골의 중요한 작전 목표는 첫째가 금이고, 둘째가
남송이었다. 금과 송, 그 사이에 고려가 있었기 때문에 몽골의 공격은
고려에 있어서 피할 수 없는 운명이 되었다. 몽골이 여러 부족으로
분열되어 있을 때 압박을 주었던 금에 대한 공격은 1211년 개시되었다.
수도 중도中都(북경)가 공격의 우선 목표였다. 몽골의 강력한 공격에
직면한 금은 공납을 조건으로 화의를 맺어 일단 위기를 모면하였다.
1214년 금의 선종宣宗은 도읍 중도를 포기하고 몽골의 예봉을 피하여
황하 이남, 북송의 수도였던 개봉開封으로 옮겨갔다. 이것으로 일단
징기스칸은 동북아에 있어서 그 존재감을 확보하는 데 성공하였다.
이후 징기스칸은 서쪽 중앙아시아에 대한 원정을 본격화하여, 1219년
사마르칸드를 공략하고 1221년에는 호레즘 왕국을 궤멸시켰다. 이후에
도 페르시아 지역으로 진공하고 다시 코카사스를 횡단하여 1223년
킵차크-러시아 연합군을 격파하였다. 징기스칸에 의하여 동서 구 대륙
에 걸치는 거대한 정복 사업의 기초가 일단 마련된 셈이었다.[50]

　　草原の征服者』, 講談社, 2005 ; 杉山正明, 『帝國と長いその後』, 講談社, 2008 등을
　　많이 참고 하였다.
50) 몽골 세계정복에의 과정에 대한 국외 문헌은 일일이 예거하기 어렵다. 이에
　　대해 참고할 수 있는 국내 간행 문헌은 Luc Kwanten, *Imperial Nomads, A
　　history of Central Asia, 500~1500*(송기중 역, 『유목민족제국사』, 민음사, 1984) ; 杉
　　山正明, 『モンゴル帝國興亡』, 講談社, 1996(임대희 등 역, 『몽골 세계제국』, 신서원,
　　1999) ; Paul Ratchnevsky, *Cinggis-Khan ; SeinLeben und Wirken*, 1983(김호동
　　역, 『몽고초원의 영웅 칭기스한』, 지식산업사, 1992)이 있다. 근년에 간행된
　　국내학자의 연구서로서는 김호동, 『몽골제국과 고려』, 서울대출판부, 2007 ; 윤
　　은숙, 『몽골제국의 만주 지배사』, 소나무, 2010이 있다. 이에 대해 일반 대중용
　　저서가 근년 여러 권 간행되었다. Harold Lamb, *Genghis Khan, The Emperor
　　of All Man*(강영규 역, 『칭기즈칸』, 현실과 미래, 1998 ; 배석규, 『칭기스칸,
　　천년의 제국』, 굿모닝미디어, 2004 등이 그 예이다.

몽골 정복전쟁은 1227년 징기스칸 사후에도 오고데이(태종, 재위 1229~1241), 구육(정종, 1246~1248), 몽케(헌종, 재위 1251~1259), 쿠빌라이(세조, 1260~1294) 등에 의하여 차례로 계승되었다. 13세기 초에 개시된 몽골의 세계 정복은 13세기 1세기 내내 지속되었다. 고려는 징기스칸 시대에 몽골과 처음 관계를 맺었으나, 이후 오고데이 대부터 쿠빌라이에 이르기까지 직접적 공격 대상이 되었다. 그 사이 계승 문제 때문에 제위가 비어 있는 시기가 있다. 징기스칸 사후 3년, 오고데이 사후 6년, 구육 사후 4년 등이 그것이다. 이 시기 고려에 대한 정복 전쟁은 소강 상태를 보였다.

징기스칸 사후 그의 지위는 셋째 아들 오고데이(태종, 재위 1229~1241)에 의하여 계승되었으며, 이후 구육(정종, 1246~1248), 몽케(헌종, 1251~1258) 등으로 이어지면서, 동아시아와 유럽 등지에 대한 몽골의 세계정복 전쟁은 지속적으로 추진되었다. 그리하여 1234년 금의 정복, 1238년 러시아의 모스크바, 블라디미르 함락, 1240년 키에프 함락, 1241년 헝가리군을 격파하고 이어 리그니츠에서 유럽의 기사들을 격파함으로써 러시아와 유럽을 공포에 떨게 하였다. 터키나 미얀마에서도 쿠빌라이의 몽골군 침입의 역사와 흔적을 발견할 수 있다.

징기스칸을 계승한 오고데이 시대, 고려는 강력한 몽골의 침략에 시달렸다. 오고데이에게 금국 정벌은 우선적 사업의 하나였고 그에 인접한 고려가 함께 직접적 공략 대상이 되었기 때문이다. 동아시아에 대한 몽골의 지배권 확보에 있어서 금 정벌은 우선적 전제가 되는 것이었다. 이 때문에 오고데이는 금국 정벌을 직접 추진하고 나선다. 1231년 동쪽 방면으로 남진하는 좌익군은 오치킨이, 서쪽 방면은 뚜루이가 우익군을 지휘하였고, 오고데이는 중앙군을 이끌고 직접 금의 국경을 돌파하여 남하하였다. 이로 인하여 1233년 5월 변경(개봉)은 함락되고, 이듬해 1234년 2월 피신하였던 애종이 자살함으로써 금은 멸망하였다. 금의 멸망에 뒤이어 1234년 이후 동아시아에서의 새로운 공격 목표는 남송이었다. 수도를 옮긴 고려의 저항이 여전히 지속되었기 때문에 고려 공략은 남송과 함께 여전히 남겨진 과제였다. 다만 대남송전을 우세하게 끌고 가기 위해서는 고려에 대한 선제압이 필수적이었다. 고려는 이전에도 오래도록 동아시아 3각관계의 한 축을 차지하여 국면 전개에 영향력을 끼쳐왔기 때문이다. 가령 10, 11세기 송과 거란이 중원을 분점하고 있었던 시기, 혹은 12세기 초 여진의 발흥 이후로는 금과 남송 사이에서 외교적 포석을 하면서 국가를 운영했던 것이다.

몽골 황제 계보

고츄를 주장으로 한 몽골의 남송에 대한 공격은 1236년부터 시작되었다. 그러나 연말 고츄가 사망하고, 1241년 오고데이의 사망에 이르기까지 6년을 지속한 남송에 대한 공격은 순조롭게 진행되지 않았다. 1246년

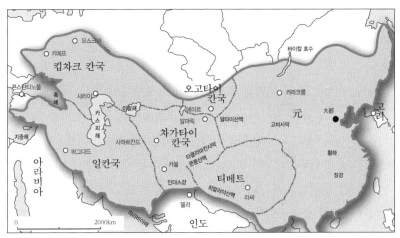

13세기 몽골의 판도

구육이 새 칸으로 추대되었지만 3년 만에 사망하고, 4대 몽케의 즉위가 1251년의 일이었으므로, 몽골의 고려에 대한 정복 전쟁도 한동안 교착 상태에 있었다. 체제정비를 마친 몽케는 1252년 쿠빌라이의 군을 운남·대리大理로 보내고, 이듬해는 훌레구를 사령관으로 한 서방 원정군을 파견하였다. 훌레구는 1258년 바그다드를 함락하고 압바스 왕조를 멸망시킨 다음 1260년에는 시리아 다마스커스에까지 이르렀다. 한편 운남 방면을 정복한 쿠빌라이는 이후 내몽골의 본영으로 돌아와 주로 중국 화북지역의 경영에 전념하였다. 이 때문에 남송에 대한 공격을 몽케가 직접 주도하고 나섰다.

남송에 대한 작전은 고려에 대한 몽골 침입이 막바지에 이른 1257년에 개시되었는데, 중국의 서부지역인 사천泗川을 공격한 몽케의 전세는 생각처럼 잘 진전되지 않았다. 장강의 중류 악주鄂州에서 남송 수도 임안(항주)을 공격하기로 한 쿠빌라이의 좌익군은 한참 뒤늦은 1259년에야 회수 북쪽, 여남汝南에 이르렀다. 전선이 여전히 교착된 상태에서 전염병이 돌더니, 1259년 몽케는 사천 땅 조어산釣魚山 부근 진중에서 사망한다. 이 무렵 고려는 몽골과의 화의 체결에 성공하여 몽골군은 고려에서 철수하였다. 몽케의 사망 소식을 접한 쿠빌라이는 바로 군사를 돌이키지 않고, 악주를 공격하는 남송에 대한 작전을 좀 더 진행한 다음 군을 천천히 돌려 북상하였다. 차기 황제권을 노리는 쿠빌라이에 있어서 이것은 자기 세력을 정비하면서 정세를 관망하는 기회를 갖는 것이었다. 1259년 쿠빌라이는 북상하는 과정에서 몽골에 입조한 고려의 태자 전倎(뒤의 원종)과 만나고, 이듬해 1260년 6월 중도 북쪽의 개평부에서 대칸에 즉위하였다. 카라코름에서의 아릭부케의 즉위에 한 달 앞서 선수를 친 것이었는데, 같은 시기 고려에서는 태자 전(원종)이 고종에 뒤이어 왕위에 오름으로써, 여몽 간의 관계도 새로운 국면을 맞게 되었다.

2) '한몽관계 8백 년'

역사상 우리와 깊은 관계를 맺었던 주변의 여러 민족들은 지금은 존재하지 않는 경우가 대부분이다. 거란이 그렇고, 여진이 그렇다. 그런데 몽골의 경우는 예외이다. 13, 14세기 고려와 동아시아에 절대적 존재감을 가지고 있던 몽골은, 1924년 사회주의 공화국을 수립하였고, 1990년에 한국과 수교하여 긴밀한 외교적 관계가 현재 유지되고 있기 때문이다. 수교 20여 년만인 2012년 현재 한국에 거주하는 몽골인이 3만, 몽골에 거주하는 한국인이 3천을 헤아리게 되었다. '한몽 수교 20년' 혹은 '30년'을 말하지만, 사실은 다가오는 2019년에 한몽 관계는 '수교 800년'을 맞게 된다. 몽골과 우리의 직접적 외교 관계의 성립이 8백 년 전인 1219년으로 거슬러 올라가기 때문이다.

몽골군이 고려에 처음 진입한 것은, 1231년 본격적인 침략전을 개시하기 14년 전, 징기스칸 활동기인 1218년의 일이었다. 몽골의 압박에 밀려 고려에 침입한 거란족의 일부집단을 좇아 몽골군이 고려에까지 진입해 들어온 것이었다. 이들 최초의 몽골군은 동북 국경지역의 화주, 맹주, 순주, 덕주를 공파하고 거란적을 추격하여 12월 평남 강동성에

김취려 동상과 비석 제천시 소재, 1219년 '여몽형제맹약'의 고려측 주장

이른다. 이를 계기로 이듬해 1219년(고종 6) 초, 현장의 양측 군사 지휘부
는 '형제맹약'이라는 형식의 외교관계를 맺는다. 이 시기 몽골은 금의
수도 중도를 함락하여 동북지역에서의 지배권을 강화하고 있던 있었기
때문에 고려와의 협약은 동북지역의 안정적 지배권 확보라는 점에서
의미가 있었다. 몽골에 대한 세공의 납부라는 것이 화약의 중요한
조건이었는데 이에 의거, 그해 9월 이후 1225년(고종 12)까지 7년 간
몽골은 매년 고려에서 공물을 거두어 갔다.[51]

　　1218년 몽골군의 고려 입경은 고려와 몽골의 공식적 관계의 시작이지
만 이를 몽골의 제1차 침입으로 보는 견해도 있다. 이듬해 초의 '형제맹약'
이라는 것 자체가 일방적인 것일 뿐 아니라, 이때 고려에 들어온 몽골군의
성격도 사실은 '군사 원조 형식을 빙자한 몽골의 고려정복'이라는 것
때문이다.[52] 그러나 1231년 이후와 1218년경의 몽골과 고려는 그 상황이

---

51) 고병익, 「몽고·고려의 형제맹약의 성격」, 『동아교섭사의 연구』, 서울대출판부,
　　1970, p.168.

동일하지 않다. 1231년 이후는 두 나라가 직접적인 교전의 상대국이었지만, 1218, 9년은 연합 군사작전의 전개와 조공을 매개로 한 화의의 체결루 양국관계를 정리하였던 단계였기 때문이다. 몽골의 침입이 장기화하면서 고려가 몽골에 대하여 희망했던 양국관계의 모델이 1219년 '형제맹약' 수준의 관계였다는 점에서도 1231년 이후의 전쟁과 1218, 1219년 초기 여몽관계를 동일하게 파악하는 것은 적절하지 않는 것 같다.[53]

1219년 여몽간의 '형제맹약'은 몽골의 고려 침입, 혹은 원 간섭기에 있어서까지 고려-몽골의 관계 설정의 중요한 지침으로 논란되었다. 이러한 점에서 1219년 '형제맹약'의 의미와 성격은 근년 여몽관계사의 중요한 논점의 하나로 부각되고 있다.[54] 그러나 1219년 이루어진 양국의 외교적 관계는 1225년 세공사歲貢使로 고려에 온 몽골 사신 저고여가 국경지대에서 피살됨으로써 파탄을 맞는다.[55] 새로 즉위한 오고데이 칸이 1231년 금에 대한 본격적 공략을 시작하면서 고려 역시 그 작전의 대상에 포함되었다. 8월 국경을 침입한 몽골군은 저고여의 피살 사건에 대한 책임을 추궁하며 고려를 압박하였는데, 그것은 금과 함께 고려를 그 지배하에 두고자 하는 침략의 명분에 불과한 것이었다.

---

52) 주채혁, 「살례탑 1·2·3차 고려침공기의 몽골·고려전쟁고」, 『몽·려전쟁기의 살리타이와 홍복원』, 혜안, 2009, pp.124~125 참조.
53) 주채혁은 1219년 강동성 전역의 잘라(札刺)가 1231~2년 고려를 연이어 침입한 살리타이와 동일 인물로 파악함으로써 이들 전역의 연속성을 강조하는 견해를 주장하였으나, 잘라·살리타이 동일 인물설에 대해서는 부정적 견해도 제기되어 있다. 최윤정, 「몽골의 요동·고려 경략 재검토(1211~1259)」, 『역사학보』 209, 2011, pp.132~144.
54) 이개석, 「여몽 형제맹약과 초기 여몽관계의 성격」, 『대구사학』 101, 2010.
55) 몽사 저고여의 피살이 고려와는 무관하게 국경지역의 불안정으로 인한 돌발적 사고였다는 것이 근년의 일반적 견해이지만, 이에 대하여 최윤정은 몽골의 가혹한 수탈에서 벗어나려는 고려의 '고도의 책략'에 의한 가능성이 높다는 견해를 피력하였다. 최윤정, 「몽골의 요동·고려 경략 재검토(1211~1259)」, 『역사학보』 209, 2011, pp.130~131.

1234년 개봉開封이 함락되고 금이 멸망함으로써 동북아에서는 이제 고려만이 섬처럼 몽골에 대한 불복속 지역으로 남게 되었다. 중국 대륙의 남쪽 화남지역에 남송이 여전히 버티고 있기는 하였지만, 이미 화북지역이 몽골의 지배하에 들어간 상태에서 고려의 위치는 한마디로 '고립무원'이었다. 고려가 항복하고 타협하지 않는 한, 대제국 몽골에 대한 저항은 험난한 길이 될 수밖에 없었다.

3) 50년을 끌었던 몽골 전란

1170년 이후 1백 년 간 고려는 무인정권의 시대였다. 왕권은 유지되었지만 그것은 형식에 불과하였고, 무인 집정자가 독재적 권력을 구축하고 있는 시기였다. 따라서 몽골과의 모든 관계 설정, 외교적 대응도 무인 집정자의 의견과 입장을 반영하는 것이었다. 금과는 사대관계가 수립되어 있었지만, 12세기 후반 금의 대외 지배력이 약화하면서 금에 대한 '사대'란 형식에 불과하였다. 따라서 몽골 전란기 고려의 정치, 군사, 외교의 결정권은 전적으로 무인정권의 집정자에 의하여 행사되었던 것이라 할 수 있다. 1198년 최충헌의 쿠데타 성공 이후 1258년까지 최씨의 무인정권은 4대에 걸쳐 이어졌는데, 1231년 몽골 침입이 개시될 때 집정자는 최충헌의 아들 최우(집권 1219~1249)였다.

최우의 고려정부는 몽골군이 고려를 압박하자, 이에 저항하는 항전책을 채택하였다. 1231년 몽골군이 금에 대한 공략과 병행하여 고려에 대한 침략도 개시하였는데, 최우는 몽골에 대한 항전책의 일환으로 이듬해 1232년 개경에 가까운 강화도로 서울을 옮겨버렸다. 이것은 1214년 몽골과의 화의 체결 이후 바로 중도(북경)에서 황하 이남의 개봉으로 수도를 옮긴 금의 전례에서 아이디어를 얻은 것처럼 보인다. 1230년대 초 아직 금은 몽골과의 항전을 지속하고 있었고 또 더 멀리는 남송이 건재해 있기 때문에 몽골이 아직 대륙 정세의 주도권을 장악한

'50년 몽골 전란'의 끝, 후쿠오카 해변　고려에게 몽골 전란은 '50년 전쟁'이었다.

것은 아니었다. 이러한 점에서 당시 최씨 무인정권이 몽골의 침입에 굴복하지 않은 것은 당연한 정책적 결정이었다고 할 수 있다.[56]

　일단 철수하였던 몽골군은 고려가 강화도로 천도하자 공격을 재개하였지만, 고려의 저항 역시 간단하지 않았다. 1232년 12월 몽골군 사령관 살리타이撒禮塔가 고려 공격 도중 경기도 용인에서 사살 당함으로써 몽골군의 고려에 대한 초기 공격은 완전한 실패로 끝나고 말았다. 그러나 1234년 금이 멸망하자 이후의 대륙의 주도권은 몽골로 넘어가게 된다. 몽골의 공격과 고려의 방어라는 이 싸움은 이후 1259년까지 거의 30년에 이르는 장기적인 양상으로 전개되었다. 고려의 항전이 몽골의 예상과 달리 이처럼 장기적으로 전개될 수 있었던 것은 고려가 취한 해도 및 산성으로의 입보라는 전략이 갖는 유효성이 중요한 한 가지

---

56) 몽골의 미증유의 정복전쟁이 당시 분열된 세계정세에 힘입어 가능했다는 견해가 있지만, 실제로는 몽골군의 군사적 우위에 의하여 가능한 것이었으며, 몽골 역시 정복전의 지속에는 많은 댓가가 치러졌다고 한다. 김호동, 「몽골제국의 세계정복과 지배 : 거시적 시론」, 『역사학보』 217, 2013, pp.82~83.

배경이었다.

1259년 고려는 일단 몽골에 대한 복속을 선언하였지만, 실제로 복속한 것은 아니었다. 1270년까지 강화도에 그대로 눌러앉아 개경으로의 환도를 차일피일하며 버티었고, 진도와 제주도를 거점으로 1273년까지 항전을 지속하였다. 제주도 이후에는 몽골의 일본원정에 동원되어 고려군은 1274년과 1281년 일본 전선에 주력군을 투입하였다. 1231년부터 1281년까지 몽골 전란은 50년 전쟁이었다. 길어도 너무 길었던 전란이었던 셈이다.

몽골의 고려 침입은 흔히 6차에 걸친 과정으로 정리되고 있지만, 내용적으로는 대소 11회에 걸친 것이었다.[57] 6차로 분류하는 근거는 침입 몽골군의 지휘부 변화를 주요 근거로 한다. 그러나 혹자는 1254년 이후 4회에 걸친 쟈릴타이車羅大의 침입을 각각의 차수로 규정, 몽골의 침입을 9차로 정리하거나,[58] 혹은 침입 몽골군의 지휘부에 대한 기준을 보다 엄격히 적용하여 5차로 말하기도 한다.[59] 물론 다양한 정리가 가능한 것이기는 하지만, 이는 불필요한 혼란을 초래하는 점이 있다. 이점에서 몽골 침입을 '6차'로 정리하는 가장 일반적인 경향을, 이 책에서는 따른다.

몽골의 침입에 대하여 강화도의 고려정부는 군사적으로 몽골군과

---

57) 윤용혁의 『고려 대몽항쟁사 연구』(일지사, 1991)는 6차 11회라는 이 같은 줄거리로 몽골-고려 고려의 전쟁을 정리한 것이다. 몽골 침입을 6차로 정리하는 것은 북한에서도 취하고 있는 입장이다.

58) 임용한, 『전란의 시대』(전쟁과 역사 3), 혜안, 2008, p.159.

59) 이 경우는 1231, 2년 살리타이에 의한 1, 2차 침입을 하나로 묶어 '1차 침입'으로 정리하는 것이다. 강재광(「1250~1270년대 신의군의 대몽항전과 정치활동」, 『한국중세사연구』 23, 2007, p.235), 森平雅彦(『モンゴル帝國の覇權と朝鮮半島』, 山川出版社, 2011, p.9) 등이 그 예이다. 그 밖에 강화 천도를 기준으로 1231년 침입을 1차, 1232년 이후의 침입을 일괄하여 2차로 정리하거나(유재성, 『대몽항쟁사』 국방부 전사편찬위원회, 1988), 4회에 걸치는 쟈릴타이의 침입을 2차로 나누어 도합 7차 정리하는 견해(이병도, 『한국사(중세편)』, 을유문화사, 1961) 등 다양한 방식이 있다. 전체를 5차로 정리하는 것은 기준의 일관성은 있지만, 강화 천도 이전과 이후의 차이를 보여주지 못하는 문제점이 있다.

직접 대결한다는 방침은 아니었다. 사실상 중앙군 파견에 의한 몽골과의 전면 전쟁보다는 외교적 방식으로 몽골의 침입을 해결하고 싶어 했다.[60] 이 때문에 고려정부는 내륙 및 연안 수로의 확보를 바탕으로 지방에 대한 관리체제를 지속적으로 유지하면서, 유사시 농민들을 섬이나 산성으로 피란시키는 청야전술을 시종 구사하였다. 따라서 몽골 침입에 대한 고려의 전투는 실제로는 지방민들의 자위적 항전에 맡겨지는 경우가 많았다.

전쟁의 장기화에 따른 피해가 고려 본토의 피해가 심각했던 것은 물론 말할 필요도 없다. 직접적인 전투 이외에도 몽골군의 방화와 약탈로 인한 피해가 적지 않았으며, 살상 이외에 포로로 잡혀간 사람도 적지 않았기 때문이다. 1254년(고종 41) 한 해 동안 "포로된 자가 20만 6,800명, 살육된 자는 셀 수 없고 몽병이 지나는 곳마다 잿더미가 되었다"는 것이 그 예이다.[61] 기록에 잡혀 있는 피해 사례는 극히 한정된 단편에 불과한 것이었다. 근년에 발굴되어 국가사적으로 지정된 파주의 혜음원지惠陰院址는 발굴조사 결과 대화재로 인하여 결정적으로 기능이 정지된 것이었음이 밝혀졌다. 그 시점이 13세기이기 때문에 몽골 전란으로 인한 방화가능성이 높은 것으로 지목되었다.[62] 혜음원은 개경과

---

60) 이 같은 판단은 1차 침입을 경험한 직후, 몽골 침입 초기에 이미 정리되었다. 이 점은 1231년 12월에서 이듬해 11월까지 전쟁 초기 고려가 몽골에 보낸 표문에서 확인된다. 표문에서는 몽골을 上朝, 大國으로, 고려는 下國, 小國으로 지칭하면서 몽골에 대한 사대 관계를 승복하는 선에서 양국 관계가 안정되기를 희망한 것이며 이 같은 기조는 이후에도 대체로 일관된 입장이었다. 이에 대해서는 이미지, 「1231·1232년 대몽표문을 통해본 고려의 몽고에 대한 외교적 대응」, 『한국사학보』 36, 2009, pp.246~261 참조.

61) 『고려사』 24, 고종세가 41년.

62) 발굴 지역 전체가 20cm 두께의 숯이 섞인 燒土가 깔려 있고 건물이 한꺼번에 주저앉으며 쌓인 많은 양의 기와들이 확인되었다. 동시에 13세기의 유물이 확인되지 않는다는 점에서 몽골 전란 시의 화재로 결론을 짓고 있다. 서영일 외, 『파주 혜음원지 발굴조사보고서 (1차~4차)』(본문), 단국대 매장문화재연구소, 2006, pp.70~71, p.378 참조.

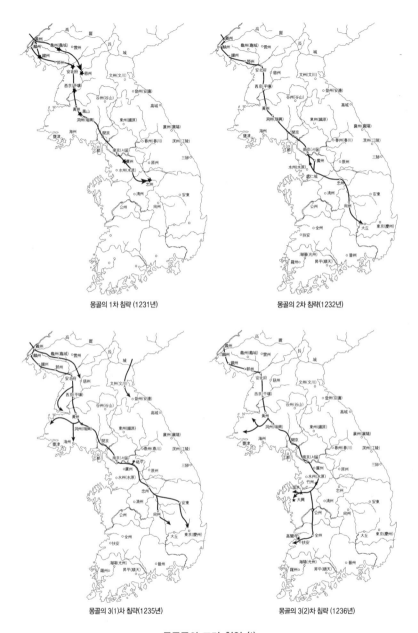

몽골의 1차 침략(1231년)

몽골의 2차 침략(1232년)

몽골의 3(1)차 침략(1235년)

몽골의 3(2)차 침략(1236년)

몽골군의 고려 침입 (1)

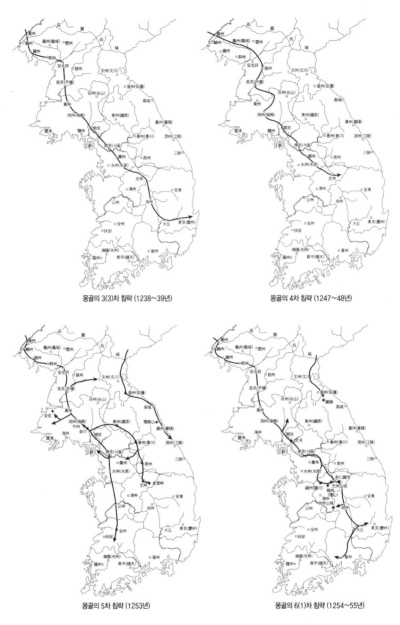

몽골의 3(3)차 침략 (1238~39년)

몽골의 4차 침략 (1247~48년)

몽골의 5차 침략 (1253년)

몽골의 6(1)차 침략 (1254~55년)

몽골군의 고려 침입 ⑵

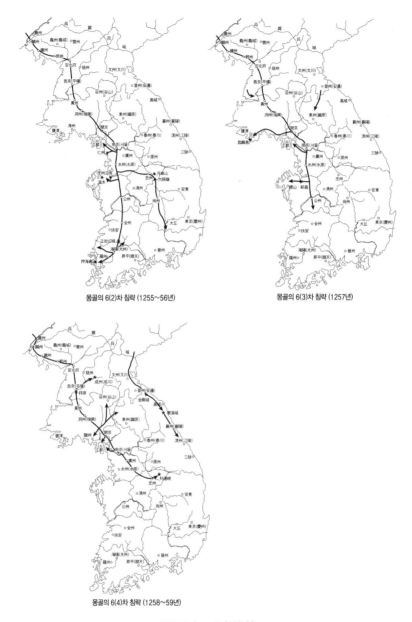

몽골의 6(2)차 침략 (1255~56년)

몽골의 6(3)차 침략 (1257년)

몽골의 6(4)차 침략 (1258~59년)

몽골군의 고려 침입 (3)

남경(서울) 사이에 위치하여 역원의 기능 이외에 절, 행궁까지 겸하여 인종 등 왕실과도 밀접한 인연을 갖는 시설이었고 간선도로 주변에 위치한 탓으로 전란 초기에 피해를 입은 것으로 추측된다.[63]

30년에 걸친 여몽전쟁의 전개 과정에서 가장 인상적인 것은 농민, 향소부곡민, 노비 등 피지배층 집단의 적극적인 항몽전에의 참여이다. 여몽전쟁의 주체를 '민중'으로 설정하고, 그 의미를 강조할 수 있는 근거라고 할 수 있다. 처인성이나 상주산성(백화산성), 다인철소와 같이 지방민들의 독자적 방어전 수행의 사례도 적지 않지만, 이외에 지방관 혹은 방호별감이 전투를 지휘한 경우에도 지방민들의 참여는 절대적인 것이었다. 몽골과의 전쟁이 30년 혹은 40년을 끌 수 있었던 것은 이 같은 저변 기층에서의 항전이 있었기 때문이라 할 수 있다. 지방에서의 '민중 항전'이 가능했던 것은 호족을 중심으로 한 고려시대의 지역 자위공동체의 오랜 전통과 밀접히 연관되어 있다.[64]

1231년부터 1259년까지 몽골과 고려의 전쟁에 대한 개요를 간략히 정리하면 아래와 같다.

몽골 침입과 고려 항전 (1231~1259)

침입차례	침입기간	주요 침입, 전투지	주요 지휘자	주요 사항
제1차 침입	1231.8~ 1232.봄	안주, 철주, 귀주, 자주, 廣州, 충주	박서, 최춘명, 이원정, 이희적	
제2차 침입	1232.8~ 1232.12	廣州, 용인, 대구	이세화, 김윤후 (승)	강화 천도(1232.7), 적장 살리타이 사살
제3차 침입(1)	1235.윤7 ~1235.12경	지평(양평), 안주, 안동, 경주		

63) 혜음원 피해의 시기에 대해서 발굴보고서에서는 1240년대를 지목하고 있지만, 이때는 1247년부터 이듬해에 걸치는 4차 침입 밖에 없어 가능성이 낮은 것으로 생각된다. 정황상 가능성이 가장 높은 시기는 전란이 내내 계속되었던 1230년대, 특히 3차 침입 때(1235~1239)라고 할 수 있다.

64) 노명호, 「지역자위 공동체의식과 국가체제」, 『고려국가와 집단의식』, 서울대학교출판문화원, 2009, pp.31~43.

(2)	1236.6~1237.초	황주, 서울, 죽주(안성),아산, 예산, 부안	송문주, 현려, 전공렬, 박인걸	팔만대장경 조판 작업(1236-1251)
(3)	1238.8경~1239.4	개경, 경주		경주 황룡사 소실(1238.12경)
제4차 침입	1247.7~1248.3	수안, 염주, 전라도		최우 사망, 최항의 정권 계승(1249)
제5차 침입	1253.7~1254.1	철원, 춘천, 원주, 충주, 양양	대금취, 이주, 최수, 박천기, 정지린, 김윤후,	몽골, 예부 소환
제6차 침입(1)	1254.7~1255.2	충주, 진천, 상주, 교하(파주), 산청	장자방, 임연, 홍지(승)	
(2)	1255.8~1256.10	충주, 현풍, 光州, 신안(압해도)	송군비, 한취, 이천	몽골, 연안의 섬 침공
(3)	1257.5~1257.10	태천, 개경, 직산, 전라도	정인경, 이수송	
(4)	1258.6~1259.3	개경,충주,강원도(금강산)	안홍민	몽골 쟈릴타이 사망(1259.3경)

1259년 30년을 끈 전투의 종식은 몽골과 고려 간의 지루한 타협에 의한 결말이었다고 할 수 있다. 이때 고려와 몽골의 타협은 고려의 완강한 입장을 몽골 측에서 상당 부분 수용한 결과였다. 당시 고려가 몽골에 약속한 것은 두 가지였다. 태자의 몽골 입조, 그리고 개경으로 수도를 되돌리는 것이 그것이다. 말하자면 고려는 오랜 항전의 결말로서 독립적 주권을 일정하게 보장받고, 대신 몽골은 일정 범위에서의 고려에 대한 관리권을 확보하는 것이었다. 독립적 주권의 보장과 관리권의 확보라는 것은 실제에 있어서는 서로 모순되고 상충하는 것이어서 이것이 지속적인 타협의 결과로 정착되기는 사실 어려운 문제였다. 엄격히 말하면 장기적인 전란의 전개 과정에서 고려와 몽골은 사태를 일단 미봉하기로 타협한 것이었는데, 이후 고려와 몽골 양 측에서 각각 전개된 정치권력의 변동에 의하여 이것이 실제적인 효과를 갖게 된 것이었다.

고려 몽골관계에 있어서 1259년은 매우 극적인 상황 전개가 있었던 전환점이었다. 우선 고려의 태자가 처음으로 몽골에 입조하였다는 점이다. 둘째는 고려 태자가 입조하여 쿠빌라이와 만나게 되었다는 점이다. 공교롭게 그 사이 몽케가 사망하고, 고려에서는 고종이 사망함으로써 사태는 빨리 진진되었다. 태자는 원래 예정에 없었던 쿠빌라이와 만나고 이듬해 1260년 태자는 고려의 왕으로, 쿠빌라이는 몽골의 대칸으로 각각 즉위하게 된 것이다. 이 같은 상황 전개는 향후 고려 몽골의 관계가 새로운 길로 접어드는 중요한 계기가 되었다.

3. 삼별초와 삼별초 유적

1) 시대를 반영하는 거울, 삼별초

1270년 고려는 개경으로 환도하였다. 1231년 강화 천도로부터 40년만의 일이다. 개경환도는 무인정권이 무너짐으로써 비로소 가능하였는데, 그것은 100년 무인정권의 붕괴였다. 무인정권의 붕괴, 몽골에의 복속이라는 커다란 변화는 정치세력의 교체와 직접 연결되어 있다. 개경으로 서울이 다시 옮겨지고 반몽골 세력의 입지가 상실되자 삼별초는 이같은 변화에 반발하였다. 몽골과의 전쟁에 의하여, 그리고 무인정권이라는 환경에 의하여 성립되고 성장해왔던 삼별초의 성격은 바꾸어진 정치 환경에 적응할 수 없었다. 1270년 삼별초를 중심으로 한 일부 세력은 강화도에서 진도로 옮겨 정통 고려정부의 계승을 자처하고 몽골에 복속한 개경정부에 저항하였다. 그러나 이미 개경정부를 보호하고 있는 것은 몽골제국의 권력이었다.

1271년 진도의 삼별초는 여몽연합군의 공격으로 무너졌고, 일부가 다시 제주도로 거점을 옮겨 1273년까지 몽골에 저항하였다. 개경의 고려정부에 반대한 삼별초의 항전은 어떤 점에서 선택의 여지가 없었던, 삼별초의 숙명이었다고 할 수 있다.

제주 항파두리성의 '항몽순의비' 10·26 1년 전인 1978년에 세워졌다.

1270년 무인정권의 붕괴 이후 삼별초는 이후 역사상 대표적인 '반역'의 집단으로서 규정되었다. 무인정권의 '하수인'으로서 작동하며 고려 왕실에 반기를 든 집단이었기 때문이다. 이러한 삼별초에 대한 평가가 달라진 것은 그로부터 거의 7백 년 세월이 지난 일제 식민지시대에 있어서의 일이다. 왕조에 대한 반란으로서의 '삼별초의 난'에서 '민족 항전'이라는 역사적 의미를 찾아낸 것은 김상기였다.[65] 그는 묘청의 난을 '1천년 최대의 역사적 사건'으로 재평가하였던 신채호의 역사의식에서 시사를 받았다. 삼별초의 봉기는 왕조의 입장에서는 반란이었지만, 그러나 고려왕조의 정통성과 자주성을 위협하던 몽골 침략군에 대해서는 끝까지 목숨을 바쳐 항전하였던 사건이었다는 것이다.

민족적 위기에 처한 식민지시대, 혹은 새로운 근대 민족국가 수립이라는 과제를 안고 있었던 시기에 있어서 삼별초 항전의 역정을 민족적

---

65) 김상기, 「삼별초와 그의 란에 대하여」, 『동방문화교류사 논고』, 을유문화사, 1948, p.91(『진단학보』 9·10합집, 13집).

자긍심을 고양할 수 있는 중요한 역사적 사건으로서 평가한 것은 정당한 것이었다. 삼별초는 우리 역사에서 몽골의 지배를 거부하며 민족정신의 기치를 높이 든 것으로서, 금에 대한 사대적 관계를 기부하고 칭제건원을 주장했던 묘청의 난 이상의 커다란 역사적 의미를 갖는 사건이었던 것이다.

해방이후 남북 모두에 있어서 '민족항전'이라는 삼별초에 대한 이 같은 새로운 평가는 정론으로 자리 잡았다. 북한에서는 '인민들의 반외세, 반봉건'의 민족항전의 최상급의 사례로 삼별초는 지금도 높게 평가되고 있다.[66] 그러나 삼별초에 대한 또 다른 평가가 제기되는 것은 피할 수 없는 것이었다. 삼별초에 의하여 뒷받침된 무인정권의 항전에는 당시 정치권력이 갖는 사적 요소가 내포되어 있었기 때문이다. 삼별초의 항전에 대한 다른 평가의 계기를 만든 것은 다소 역설적이지만 삼별초의 '민족 항전'의 가치를 각별히 강조하였던 정권이 그 배경이 된다.

1961년 한국은 군사쿠데타로 새로운 정부가 들어서는 역사적 경험을 갖게 되었다. 이 정부는 점차 장기집권과 독재의 길로 들어섰으며, 그 양상은 일면 7, 8백 년 전 무인 독재정권을 연상시키는 내용을 가지고 있었다. 이것은 국민들의 민주 의식을 자극하고 강화하는 계기가 되었다. 역사 속의 무인정권이 현실의 정권과 유사하다는 의식을 갖게 하였던 것이다. 이러한 시대적 추이는 무인정권을 뒷받침 했던 삼별초에 대한 부정적 평가의 배경을 조성하게 된다.

삼별초는 그 전개과정에서 세 시기로의 구분이 가능하다. 1230년 성립이후 강화 천도 이전의 성립단계가 그 첫 시기이고, 강화 천도 이후 강도를 중심으로 무인정권을 뒷받침하고 대몽항전의 실질적 군사력으로 기능하던 시기가 그 두 번째이다. 그리고 세 번째 시기는 무인정권이 붕괴하고 몽골에 복속한 고려정부와 대결하는 1270년으로부터

---

66) 윤용혁, 「북한 사학의 대몽항쟁사 연구와 서술」, 『고려 삼별초의 대몽항쟁』, 일지사, 2000.

제주도에서의 종국에 이르는 1273년까지의 기간이 그것이다. 짧은 첫 번째의 시기는 삼별초의 공적公的 성격이 강했던 시기이고, 두 번째 강도시대의 경우는 삼별초의 정치적 영향력이 점차 확대되어 갔던 시기였다. 그리고 마지막 세 번째 시기는 정치권력에서 배제된 삼별초가 고려의 국가적 정통성 보위를 명분으로 독자적 생존을 모색하는 극단적 항쟁의 시기이다.

민주화 운동이 강화되던 1990년대 이후, 삼별초는 점차 비판의 표적이 되었다. 삼별초는 무인정권에 저항하는 농민을 압제하기 위하여 만들어졌던 친위적 군대라거나, '5공'을 성립시킨 '정치군인 집단'에 비유되는가 하면, 심지어는 '몽골보다 더 나쁜 삼별초'라 하여, 마치 '악의 축'을 방불케 하는 존재로 지목되기도 하였다.[67] 무인정권이 몽골과의 40여 년 장기항전을 주도한 민족적 정권으로 평가되면 삼별초는 이를 뒷받침한 영웅적 군사집단으로 평가된다. 그러나 무인정권이 국가 보위를 명분으로 정권의 안전을 지키는데 급급하였던 집단으로 평가되면, 삼별초는 그 무인정권의 하수인으로 온갖 불의를 저지른 폭력집단이 되어 버린다.[68] 그러나 이 역시 일방적 시각이어서 과거 삼별초를 일방적으로 미화하고 신화화 하였던 것과 마찬가지로 공정하지 않은 평가라고 하지 않을 수 없다.

삼별초에 대한 종종의 평가가 이루어져 왔음에도 불구하고 평가의 기초가 되는 역사적 실체에 대한 검토의 노력은 매우 부족했다. 이것은 본말이 제대로 지켜진 것이라 할 수 없다. 여기에 더하여 삼별초에 대한 기초적 자료가 거의 남아 있지 않다는 점, 혹은 남은 자료조차도 삼별초를 진압한 정권에 의하여 일방적으로 정리되고 평가된 단편적

---

67) 이이화는 몽골과의 항쟁에서 삼별초의 항쟁을 아예 제외하여 '30년 항쟁'이라는 용어를 사용하고 있다. 이이화, 『몽골의 침략과 30년 항쟁』(한국사 이야기 7), 한길사, 1999 참조.

68) 삼별초에 대한 인식과 평가의 변화에 대해서는 윤용혁, 「삼별초 대몽항전을 보는 여러 시각」, 『고려 삼별초의 대몽항쟁』, 일지사, 2000 참조.

삼별초 유적 답사 홍보전단

자료에 불과하다는 점을 간과할 수 없다. 이러한 점에서 강화도에서 제주도까지 무대를 옮겨가며, 죽음을 택하지 않을 수 없었던 그들의 역사적 상황, 그 역사적 상황을 둘러싼 내부적 사정 혹은 국제적 환경을 보다 진지하게 이해할 필요가 있다. "진정한 역사가라면 선악을 나누기 전에 인간의 삶에 대한 애정 어린 눈길이 필요하다. 그리고 이것을 따져야 한다. 무엇이 그들의 삶을 그러한 선택 속으로 던져넣었는가를."[69]

2) 삼별초와 21세기 동아시아 세계

20세기가 '동아시아 세계'의 파괴의 시대였다면, 21세기는 동아시아 세계를 복원해야 하는 시대이다. 동아시아는 하나의 세계로서 오랜 역사와 공통된 문화를 축적해왔다. 그러나 20세기 일본제국주의의 발호에 의하여 동아시아는 식민지 지배와 전쟁으로 공동체적 콘센서스가 철저히 파괴되었다. 따라서 향후 동아시아의 평화와 안정, 발전을 위해서는 공동체적 연대를 강화하고 협조를 진작시켜야 하는 것이 필수적 과제가 되었다. 이 같은 공동체적 연대감을 뒷받침하기 위해서는 동아시아의 공동체적 문화와 역사를 검토하는 것이 우선적 전제가 된다.

---

69) 임용한, 『전란의 시대』(전쟁과 역사 3), 혜안, 2008, p.245.

삼별초는 13세기 '몽골의 시대'를 반영하는 키워드 가운데 하나이다. 고려를 비롯한 중국, 일본 등 동아시아 각국은 13세기에 몽골의 군사적 압박이라는 공통적 경험을 가지고 있다. 중국은 금과 송이 차례로 몽골의 영토가 되고 그 터 위에 '원'제국이 수립되었으며, 일본은 두 차례에 걸친 대규모 군사적 침공에 의하여 큰 충격을 받았다. 1273년 제주도에서 삼별초를 진압한 고려와 몽골의 연합군은 1274년과 1281년 2차에 걸쳐 일본에 대한 침략전에 다시 투입되었다. 그 사이 1279년 남송은 몽골의 공격으로 멸망하였다. 일본열도를 제외한 동아시아 각국은 1270년, 1279년 몽골의 세계로 차례로 편입된 것이다. 이 같은 몽골제국의 확대과정에서 삼별초는 가장 치열하게 그 흐름에 저항했던 무력 집단이었다.

　삼별초에 대한 기본적 연구가 이루어지면서 삼별초에 대한 시각은 그 기반이 되는 무인정권, 그리고 고려 내부의 정세에 시점이 두어져왔다. 그러나 삼별초가 가지고 있는 내용과 성격은 내부적인 조건에 국한되는 것은 아니다. 이러한 점에서 고려의 대몽항전, 그리고 삼별초의 존재를 동아시아 국제 정세와의 연관 속에서 조망하는 것은 반드시 필요한 일이 된다. 2009년 방영된 NHK 특집 〈일본과 한반도 2천년〉(10부작) 제6부 주제는 「몽골습래의 충격－삼별초와 가마쿠라막부」였다. 여기에서는 당시 동아시아 정세를 삼별초를 중심으로 파악하였는데, 이는 삼별초가 보다 국제적 시각에서 검토되어야 할 필요성을 제기한 것이었다.[70] 동아시아에 있어서, 13세기의 몽골 시대를 표현하는 키워드로서의 '삼별초'의 존재감을 확인시킨 것이었다.

---

70) 日本放送出版協會, 『日本と朝鮮半島2000年(下)』, 2010, pp.5~41.

3) 유적으로 살아 있는 삼별초

삼별초는 750년이 지난 오늘날 '역사 유적'으로서 남겨져 있다. 강화도성, 진도의 용장성, 제주 항파두성 등이 그것이다. 역사로서의 삼별초를 우리가 대면할 수 있는 통로가 바로 이 '유적'이라는 점에서 삼별초 유적의 의미는 각별한 점이 있다. 이 유적은 삼별초만이 아니라 삼별초를 둘러싼 당대의 제반 역사적 환경을 복원할 수 있는 자료이기도 하다는 점에서 더욱 그러하다. 그러나 이 같은 의미를 자각하기 시작한 것은 비교적 근년의 일이다. 삼별초의 '민족사적 의미'를 각별히 강조하였던 1970년대에서조차 그 유적이 갖는 의미를 잘 이해하지 못하고 있었다.

고려시대사 연구에 있어서 관련 자료의 부족은 잘 알려져 있는 사실이다. 그러나 몽골 전쟁기의 고려시대 사료는 이점에 있어서 그 도가 더욱 심하다.[71] 그 요인은 몽골과의 전쟁 이후 고려가 몽골에 복속한데 그 이유가 있다. 몽골 지배의 시대를 거치면서 항전의 역사는 지워지고 감추어지면서 많은 사료가 멸실되어버린 것이다. 삼별초에 대한 자료 역시 마찬가지였다. 삼별초 자료는 거기에 더하여 왕조 권력에 의하여 '반란'으로 낙인 찍은 단편적 사실만을 전하고 있을 뿐이다.

다행히 고려의 대몽항전, 그리고 삼별초는 구체적인 전투와 항전의 현장을 가지고 있다. 이것은 고려 몽골 전쟁사의 자료가 문헌 자료 이외에 보다 객관성을 담보하는 고고학적 자료의 확보가 가능하다는 전망을 갖게 한다. 동시에 이에 대한 조사와 연구는 성곽을 비롯한 고고학적 연구에 기여하며 이를 몽골과의 전쟁과 관련하여 연구할 수 있는 또 하나의 영역이기도 하다. 이러한 점에서 고려 몽골전쟁에

---

71) 『고려사절요』를 기준으로 연대별 사료의 양적 분량을 집계하여 본 결과, 고려시대 연평균 자료량 7.45에 대해 몽골 전란기의 경우는 연평균 6.49에 그치고 있다. 특히 몽골의 3차 침입(고종 22~26)기, 4차침입기(34~35)는 연평균 2.4, 2.2에 불과하였다. 이에 대해서는 윤용혁, 「고려시대 사료량의 시기별 대비」, 『논문집』 24, 공주사범대학, 1986, pp.195~206 참조.

(상) 진도 용장성 출토 귀면와
(하) 제주 항파두성 출토 연화문 와당

대한 연구는 문헌적 검토 이외에 전투의 현장을 포함하는 고고학적 작업을 시야에 두고 연구할 필요가 있다.

고려시대 연구의 자료 제한은 이 시기 고고학적 자료의 중요성을 의미하기도 한다. 이러한 점에서 13세기 몽골 전쟁의 고고학적 조사와 연구는 중세 한국고고학의 재인식의 관점을 제기할 수 있는 기반이 될 수 있다. '중세고고학'의 대상 내지 범위로서는 주거지와 도시유적, 관방유적, 생산유적, 종교유적, 분묘유적, 그리고 수중고고학 등이 들어지고 있다.[72] 고려시대 가운데서도 13세기 몽골 전란기는 사회 변동이 극심한 시기였기 때문에 이상의 유적이 가장 풍부하고 명확히 남아 있는 시기이기도 하다. 전시에 대한 대응으로 도읍을 개성에서 강화로 옮김에 따라 이 시기 특유의 연대가 명확한 도시유적과 분묘유적이 남게 되었다. 또 전쟁에 의하여 관방유적이 다른 어느 시기보다 풍부하게 조성되고 사용되었으며, 전란으로 인한 소실 혹은 천도로 인한 사찰의 신경영으로 종교 유적 역시 이 시기의 역사성이 명확히 드러나고 있다. 이러한 점에서 13세기 여몽전쟁기는 '중세 고고

---

72) 안병우, 「중세고고학의 발전과 고려사 연구」, 『역사비평』 64, pp.244~252. 다만 이 논문에서는 '중세고고학'의 시간적 범위를 "통일신라에서 근대로의 이행 이전"(p.244)으로 설정하고 있다. 그럴 경우 이는 7세기로부터 19세기까지 이르게 되어 사실상 시대구분이 무의미해지는 감이 있다.

용장성을 찾은 학생들

학' 논의의 기점으로서 매우 유용한 시기라 할 수 있다. 이러한 고고학적
성과를 13세기를 이해하는 사료로서 활용하는 작업이 중요한 관건이
되고 있다.

다시 요약하면, 삼별초 관련 유적은 두 가지 점에서 큰 의미가 있다.
첫째는 13세기의 치열하였던 고려의 대몽항쟁을 가장 상징적으로 보여
주는 유적이라는 역사적 의미이다. 역사적 의미가 큰 장소는 그 역사적
의미만으로도 중요한 가치를 가질 수 있다. 삼별초 관련 유적은 단순히
역사적 의미만이 아니라, 성곽과 건물터 등 구체적인 자료가 포함되어
있다는 점이 그 두 번째 중요한 의미이다. 이들 자료는 관련 사건에
대한 역사적인 자료로서 중요할 뿐 아니라, 성곽, 건물, 도자기, 기와,
무기 등에 있어서 절대 편년에 가까운 연대를 가지고 있다는 점에서
고고, 미술사적으로 측면에서도 중요하다.

삼별초 유적은 유적의 연대가 거의 분명한 것이어서, 가령 삼별초
성곽, 삼별초 유적의 기와, 토기, 도기 자료 등은 고려시대의 성곽,

건축, 도자기 등의 연구에 매우 중요한 기준으로 활용될 수 있다. 삼별초 유적이 이처럼 절대연대에 가까운 편년을 가질 수 있게 된 것은 성곽의 사용 시기가 특정의 기간에 한정되었던 역사적 특성에 기인한다.

삼별초 유적은 13세기의 보존도가 높은 유적이다. 많은 경우 조성된 유적은 시간의 흐름에 따라 재사용 된다. 성곽이나 건물지의 경우는 대개 통시대적인 경우가 많다. 이 경우 유적은 오랜 기간의 유물이 남게 되고, 유적 자체도 오랜 기간의 사용에 의해 여러 차례 파괴됨으로써, 시간에 따른 유적의 성격이나 편년 파악에 어려움이 수반된다. 삼별초 유적은 대개 사용기간이 극히 제한된 기간이었다. 그 이유는 진도, 제주도 등 삼별초가 역사의 주변 공간에서 활동을 전개하였기 때문이다. 이들 유적은 삼별초 이후 거의 사용되지 않은 채 우리 앞에 남아 있다. 이점에서 유적의 보존도가 높다는 특징을 갖는다. 그것은 반드시 삼별초의 문제에 대해서 만이 아니라, 13세기 고려 역사문화의 해명에도 중요한 의미가 있다.

전시도읍으로서의 강화도 유적, 진도 및 제주도 삼별초 유적에 대한 관심은 근년에 비로소 나타나고 있다. 2009년 강화문화원이 주관한 '강화 고려궁지 종합학술조사', 2014년 현재 진행 중에 있는 진도 용장성과 제주 항파두성에 대한 고고학 조사 등이 그것이다. 2013년에 인천시 출연으로 강화고려역사재단이 발족하여 삼별초의 활동과 존재의 공간이었던 강화도의 역사와 문화를 재조명하고 체계화하는 작업에 나섰다는 점은 삼별초에 대한 관점에서도 새로운 의미가 있다.[73] 이에 의하여 강화도의 문화유산 혹은 삼별초 유적의 세계문화유산 등재 가능성을 타진하는 논의도 제기되고 있다.[74] 강화도 – 진도 – 제주도의 역사문화

---

73) 강화고려역사재단, 『강화지역 유물·유적의 보존과 활용』, 2013(10.18).

74) 강화고려역사재단, 『강화 역사유적의 세계문화유산으로서의 가치』, 2013(9.27). 삼별초와 세계문화유산에 대해서는 강화-진도-제주의 삼별초 유적을 세계문화유산에 연계하는 제안이 제기된 바 있다. 戸田有二, 「오키나와 고려 기와와 삼별초 관련유적 기와」, 『초청학술강연회 자료집』, 제주고고학연

유산 혹은 자연유산, 관광자원을 삼별초라는 키워드로 엮어 확산할 수 있는 여지도 있기 때문에, '삼별초'는 역사적 사실로서의 존재를 넘어 보다 확신적 콘덴츠로서의 효용노 간과할 수 없다.

구소, 2012(7.27), pp.39~42.

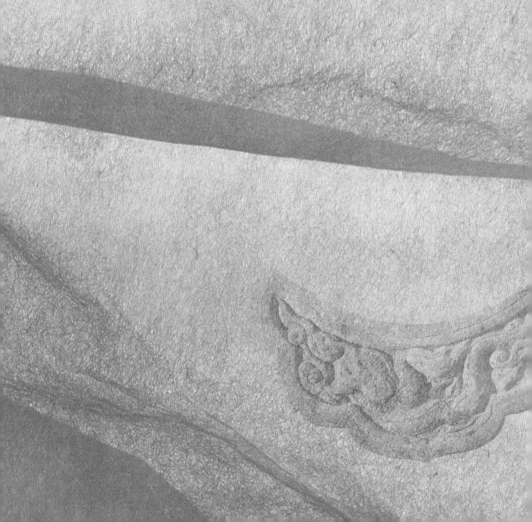

제2장
강화도성과 삼별초

1. 강도, 40년 항전의 거점

몽골의 고려에 대한 본격적 침입은 1231년(고종 18) 8월에 개시되었다. 1232년 정월, 화의의 체결을 명분으로 몽골군은 일단 고려에서 물러났지만, 최우는 몽골에 복속하는 대신 곧 강화에의 천도를 결행하였다. 이렇게 하여 강화도는 39년간(1232~1270) 몽골에 치열하게 대전하는 거점이 된 것이다. 이는 고려의 몽골에 대한 항전에서 전쟁 장기화의 결정적 계기가 되었다. 동시에 삼별초에 있어서도 강화도는 이들의 중심적 활동 공간이 되었다.

1) 몽골이 공격하지 못한 섬

1232년 강화에의 천도는 몽골 침략이라는 비상 상황 하에서의 조치였지만, 공식적으로는 일시적 피란이 아닌 하나의 '천도'였고, 이 때문에 강도는 개경과 마찬가지로 '황도皇都'로 지칭되기도 하였다.[1] 6월 16일 강화에의 천도를 확정 지은 최우는 바로 2천 병력을 동원하고, 이어 여러 도에서 인력을 징발하여 새 궁궐의 조영과 강도 건설의 기반 작업을 시작하였다. 천도를 달가워하지 않았지만, 최우의 강요에 못이긴 고종은 7월 6일 드디어 개경을 출발하여 다음날 7일 강화도에 도착하였다. 장마까지 겹쳐 비가 열흘간이나 계속 내리는 바람에 강화에 이르는 천도 작업은 심한 어려움을 겪었다.

강화에의 천도는 당시 정권을 장악하고 있던 최우의 독단적 결단에 의하여 이루어졌다. 권력자를 추종하는 일부 세력 이외에는 왕도 군신도, 그리고 개경에 거주하는 사람들이 원하지 않은 천도였기 때문이다. 강화도에의 천도가 대몽책의 핵심으로 쉽게 떠올랐던 데에는 금金의

---

1) 최항 묘지명(김용선 편, 『고려묘지명집성』, 한림대아시아문화연구소, 2011, p.388).

강화의 바다 1232년 7월, 천도 시에 건넜던 바다이다.

전례가 작용한 것으로 생각된다. 중도(북경)에서 변경汴京으로의 천도가
그것이다. 1213년 금의 수도 중도가 포위되자, 몽골과 강화를 체결한
바로 이듬해 1214년 금의 선종宣宗은 변경(개봉)으로 도읍을 옮겨 저항하
였다. 천도지로서의 변경汴京의 적정성에 대한 논란이 있기는 하지만[2]
이후 1234년까지 금은 이에 의하여 왕조의 수명을 20년 연장하였다.
그리하여 1232년 강화 천도 당시 금은 변경에서 왕조의 명맥을 유지하고
있었던 것이다. 금의 천도와 달랐던 것은 무인정권의 천도가 섬으로의
천도였다는 점이다.

　강화 천도의 배경에 대해서는 몽골 침략에 대응한 최우의 결단이라는
것이 일반적 견해이지만, 당시 초적과 반민들로부터 정권을 보전하기
위한 내부적 동기도 천도의 큰 이유였다고 보는 의견이 있다. 강화
천도는 몽골의 침입뿐만 아니라 국내의 반정부 세력으로부터도 무인정

---

[2] 승상 徒單鎰이 '依山負海'라는 천혜적 이점을 가진 요동 지역에의 退守를 강력
　　주장한 것이 그 예이다(최윤정, 앞 논문, pp.110~111).

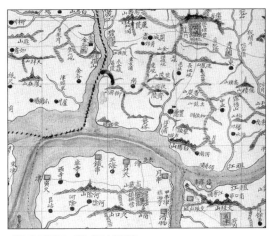
개경과 강화도 「동여도(東輿圖)」

권의 안전을 보장하게 되었다는 견해이다.[3] 그러나 최우의 천도가 자주성을 하나의 가치로 인식한 고려의 전통적 대외의식, 혹은 당시 고려인의 일반적 반몽 의식을 명분으로 삼았다는 점도 무시할 수 없다. 많은 사람들이 천도에 반대한 것은 사실이지만, 그것이 몽골에 대한 복속을 지지하는 것은 아니었기 때문이다.

한편 고려정부가 강화도로 천도하지 않았더라도 몽골에 대한 장기 항전이 가능하였을 것으로 보는 의견이 있다.[4] 그러나 강화 천도가 고려의 장기 항전을 가능하게 했던 중요한 전략적 기초가 되었던 점을 부인하기는 어렵다. 물론 최씨정권이 취한 이 같은 강경한 대외정책의 이면에 정권의 안전을 도모하려는 의도가 전제되어 있는 것은 사실이다. 정권의 안전 도모라는 내면적 요구는 고려의 주권을 수호하기 위한 항전이라는 명분에 의하여 뒷받침 되었던 것이다. 이 같은 정권 안전에 대한 집착은 다른 한편으로 문반 혹은 농민들과의 상호 협력이라는 항전력의 결집 역할을 무인정권이 수행하지 못하는 결정적 요인으로

---

3) 김윤곤, 「강화천도의 배경에 관해서」, 『대구사학』 15·16합, 1978, pp.95~96.
4) 김윤곤, 위의 논문, pp.95~96에 "천도를 결행하지 않고 보다 능동적으로 기민한 외교활동을 전개해서 몽골의 재침을 방어하든가, 아니면 항전의 전열을 갖추어서 보다 적극적인 대비책을 강화했더라면" 하는 의견이 피력되어 있다. 이는 사대 외교관계의 수용, 혹은 성을 거점으로 한 항전 등의 방책을 주장한 당시 관인들의 일반적 의견과 유사하다.

작용하였다.

강화 천도 이후 몽골 침입에 대한 고려의 가장 중요한 전략은 섬과 산성으로의 입보에 의한 대응이었다. 1232년의 강화 천도 역시 이 같은 해도입보 전략의 큰 줄거리에 해당한다. 강화도는 개경에 가깝고, 육지와 매우 근접하면서도 조석간만의 격차와 조류 등으로 물에 취약한 몽골군의 약점에 대응할 수 있는 섬이다. 김포와의 사이에 형성된 염하(갑곶강)에서는 밀물 때에는 조류 속도가 6~7노트에 달한다. 섬 주위의 갯벌이 매우 길게 조성되어 있어서 썰물 때의 경우도 외부로부터의 공격이 용이하지 않았다.[5] 여기에 강화도를 중심으로 연안 해로에 대한 장악력을 그대로 유지하면 조세를 뒷받침할 지방에 대한 지배가 가능하였다. 조운제도에 의하여 조운의 편의를 그대로 이용할 수 있다는 점에서 천도의 적지로서 강화도에 대해서는 이견이 없었다.[6]

고려정부의 예기치 않은 천도에 대하여 몽골군은 한때 강화도에 대한 직접적 공격을 검토하기도 하였고, 섬 건너편에서 강도를 위협하기도 하였다. 그럼에도 불구하고 몽골은 강화도에 대한 본격적 공격을 시도하지는 못하였다. 강도정부도 이점에 있어서 일정한 자신감을 갖게 되었다. "오랑캐들이 아무리 완악하다지만 어떻게 이 물을 뛰어 건너랴. … 저들 필시 스스로 물러갈 것이니 국업國業이 어찌 갑자기 끝나리요."[7]

강화 천도와 관련, 이것이 몽골군의 수전 능력의 약점을 이용한 것이라는 점은 널리 알려져 있는 상식이다. 그러나 고려 침입의 몽골군이 거란, 여진, 한족 등의 다민족으로 구성된 군사조직이었다는 점에서 몽골군의 수전 능력 미약이라는 것은 근거가 약하다거나,[8] 몽골군이

---

5) 최영준, 「강화지역의 해안저습지 간척과 경관의 변화」, 『국토와 민족생활사』, 한길사, 1997, pp.183~184.

6) 이병도, 『한국사(중세편)』, 진단학회, pp.580~581.

7) 이규보, 『동국이상국집』 5, 「九月六日 聞虜兵來屯江外 國人不能無驚 以詩解之」.

8) 이익주, 「고려후기 몽골침입과 민중항쟁의 성격」, 『역사비평』 24, 1994, p.261.

갑곶강 (강화해협) 용두돈대에서 남쪽을 바라본 것이다.

강화도를 공격하지 않은 것은 몽골이 금, 송 전선에 집중함으로써 고려를 몽골제국의 중점 공격 목표로 삼지 않은 소극적 전략 때문이라는 견해도 있다.[9] 1221년 몽골은 조주趙州에서 금군과 수전을 벌여 대승하였으며, 1236년 초호焦湖에서의 수전으로 남송군 선박 3백여 척을 노획했으며, 몽케 칸 대에는 사천 전투에서 도원수 뉴린鈕㷀이 1만 5천 수군과 2백 척 배로 송 장실張實의 수군 5백 척을 격파하였다는 것이다.[10] 그러나 수전 능력이 없어서 몽골군이 강화도를 공격하지 못했다는 것도 문제이지만, 몽골이 적극적으로 공격하지 않았기 때문에 강화도가 보전되었다는 것도 적절한 설명이라고 보기 어렵다.[11]

---

9) 주채혁, 「몽골-고려사 연구의 재검토 : 몽골 고려사 연구의 시각문제」, 『애산학보』 8, 1989, p.16.

10) 보르지기다이 에르데니 바타르, 「쿠빌라이 칸과 원·고려 지배세력 관계의 성립」, 『팍스몽골리카와 고려』, 혜안, 2009, pp.52~53.

11) 김기덕, 「고려시대 강화도읍사 연구의 쟁점」, 『사학연구』 61, 2003, pp.106~108 참조.

몽골군의 전술은 기본적으로 속도를 중시하는 기병 전략에 기초하고 있으며, 거란 혹은 여진족들의 동원에도 불구하고 이 같은 전략적 특징이 달라지는 것이 아니었다. 고려에 내친한 몽골군은 수군이 아니고 기병을 주력으로 구사하는 전투부대였기 때문에 수전을 펼치는 데는 그에 상응하는 부담과 별도의 준비를 전제로 하는 것이었다. 따라서 몽골군의 기본 전략은 강화도에 대한 직접 공격보다는 내륙 지방을 석권하고 유린함으로써 강도 정부를 굴복시키는 것이었다.

강화도는 지리적으로 공격하기 쉽지 않았던 데다, 3중의 성곽, 그리고 훈련된 수군과 전선의 방어력이 집중되어 있었기 때문에 간단히 공격을 결단할 상황은 아니었다. 몽골군의 전선이 금과 송에 집중되어 있었다고 하지만, 금에 대한 공격은 1234년에 이미 종료되었고, 남송에 대한 공격은 1258년에 본격적으로 전개되었다. 고려에 대한 공격은 1231년부터 시작하여 1259년까지였기 때문에 금·송에 대한 공격 시기와 크게 겹치고 있지 않다. 따라서 금·송이 주전선이고 고려는 부차적이었다는 것도 반드시 적절한 논리라고 볼 수는 없는 것이다.

아시아에서 몽골의 군사 정복과정을 훑어보면, 몽골이 시도한 해상 원정이 모두 실패하였다는 사실을 알 수 있다. 1274년과 1281년의 일본 원정, 1282년의 참파占城 원정, 1288년 수군을 동원한 베트남 원정, 1293년 쟈바 원정, 1291년과 1296년의 류큐流求·瑠求 원정 등이 그렇다.[12] 강화도가 비록 육지에 근접한 곳이기는 하지만 이를 공함하는 문제는 몽골에게는 역시 부담스러웠던 것이다. 14세기의 선비 이곡李穀(1298~1351)은 강화를 지나며, 한 세기 전 강도에서의 역사를 이렇게 회상하였다.

예로부터 요새지金湯는 곧잘 덕德을 해치는데
이곳으로 천도한 것은 누구의 계책인가[13]

---

12) 송정남, 「占城의 대몽항쟁에 관한 연구」, 『베트남연구』 5, 2004, pp.29~30.
13) 이곡, 「次江華郡」, 『가정집』 15(이상현 역, 『국역가정집』, 민족문화추진회,

무인정권이 붕괴되기 얼마 전인 1269년(원종 10) 원 추밀원에서는 고려에 대한 재정벌 논의가 심각하게 논의되었다. 표면적 복속에도 불구하고 임연 정권이 여전히 강화도에서 저항을 지속하고 있었기 때문이다. 이 때 호부상서 마형馬亨이 이르기를 "(군을) 움직이면 승리할 수는 있을 것이나, 저들이 강과 산의 험함을 믿고 바다에 식량을 쌓아놓고 지키기만 하고 움직이지 않으면 무슨 계책으로 취할 수 있겠는가"하고 신중론을 제기하였다. 전 추밀원 경력 마희기馬希驥도 "고려의 권신이 산과 물을 믿고 송宋과 연횡하여 섬을 막아 지키면, 우리에게 비록 뛰어난 군사 백만이 있다 해도 금방 함락시킬 수 없을 것"이라 하여, 이에 동의하였다. 30년 전쟁의 끝에 몽골이 얻은 결론은 군사적 공격보다는 온건한 외교적 책략이 고려에 대한 전략으로 더 효과적이라는 것이었다. 강도江都와 도서를 거점으로 한 해도입보책이 실제로 몽골에 대한 장기적 항전에는 매우 유효한 것이었다는 점을 여기에서 확인할 수 있다.[14]

고려는 몽골제국으로부터 지리적으로 아주 멀리 떨어진 지역은 아니었다. 대송 전쟁의 수행, 일본에 대한 침략전의 확대를 위해서도 고려정복은 필수적이었다. 그러나 강화도를 거점으로 한 고려 무인정권의 예상하지 못한 강경한 저항으로, 몽골의 정복에의 일정은 처음 예상보다 한없이 지연되었다.

2) 도시건설과 '간척'이 함께 진행되다

강화도는 우리나라에서 현재 네 번째 면적을 가진 큰 섬이다. '현재'라고 하는 이유는 남해도와 그 순위가 종종 뒤바뀌었기 때문이다. 원래는

　　2007을 참고함).
14) 윤용혁, 「고려·몽골전쟁사의 주요 논점」, 『여몽전쟁과 강화도성 연구』, 혜안, 2011, pp.37~40.

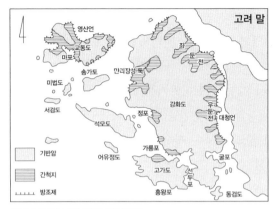

천도 이전과 고려 말의 강화도[15)]

다섯 번째 크기의 섬이었겠지만, 고려 이래 근대 식민지시대에 이르는 끊임 없는 간척 사업의 결과, 한때는 진도까지 제치고 세 번째 순서를 기록하기도 하였다. 강화도에서 유명한 것 중의 하나가 쌀인데, 이 역시 강화도의 간척과 연관이 있는 것이다. 간척에 의한 넓은 수전水田의 조성이 강화 쌀의 기반이 되었기 때문이다.

강도시대 40년 간 끊임없이 진행된 작업이 신도시 건설과 함께 강화도 연안의 간척이라는 사업이었다. 부속한 농토의 확보, 방어시설의 구축이라는 두 가지 요소가 연안 간척을 촉진하는 중요한 이유였다. 강도 외성이 구축되는 1233년(고종 20)부터 외성이 완공되는 1237년(고종 24)은 연안의 간척이 동시에 이루어진 시기였다. 그 사이 1235년 12월에 최우는 지방 각처에서 일종의 농민군인 일품군을 동원하여 강화 연안의 제안堤岸을 쌓는 것을 논의하였는데, 바로 이 제안 수축은 외성 구축과도 관련된 일종의 간척 사업이었던 것처럼 생각된다.

강화도는 원래 넓은 갯벌과 함께, 오늘날과는 비교가 되지 않을 정도로 해안선이 매우 복잡한 섬이었다. 국립농업과학원 작성의 토양도를 이용하여 복원한 '간척 이전의 강화도' 지도는 남북으로 섬이 거의 4분되어 있다시피 한 모습을 보여준다. 남쪽 마니산 일대는 물론, 북쪽의 하음산 주변도 좌우로 깊이 만입된 지형이었고, 혈구산의 남쪽도 만입된

---

15) 최영준, 『국토와 민족생활사』, 한길사, 1997, p.186의 지도에 의거하여 재작성.

강화도의 들 강화도의 평야는 대부분 원래 바다였다.

해안선으로 좁혀진 모습을 보여준다.16) 18세기 경의 것이기는 하지만, 이중환의『택리지』에서도 강화도의 지리적 특성에 대해 섬의 북쪽은 "오직 승천포 건너편 한 곳만 배를 댈 만하고", 동쪽은 갑곶에서 손돌목 사이에서 "오직 갑곶만 배를 건널 수 있고, 그 외의 언덕은 북쪽 언덕과 같이 모두 수렁"이라 하였다. "그러므로 승천포와 갑곶 양쪽을 지키면 섬 바깥은 강과 바다가 천연적인 해자가 된다"는 것이다.17)

1256년(고종 43)의 기록에 세수稅收의 부족을 충당하는 방편으로 "제포梯浦·와포瓦浦의 제방을 수축하여 좌둔전으로 삼고, 이포狸浦·초포草浦의 제방을 수축하여 우둔전으로 삼도록" 지시한 것도, 강화 연안에 대한 간척이 시종 진행되고 있었음을 말해준다. 여기에서 제포·와포는 강화 북안 승천포, 송정포 일대, 이포·초포는 강화의 서남해안인 초지포

---

16) 이희인,「강도의 지리적 배경」,『고려 강도 연구』, 성균관대학교 박사논문, 2012, pp.40~50 참조.
17) 이중환,『택리지』팔도총론, 경기(이익성 번역,『택리지』, 을유문화사, 1993을 참고함).

일대로 비정된다.[18] 이것은 대략 동쪽 해안을 두른 외성 구간을 벗어난 지점이어서, 간척 사업이 계속 확대되고 있었음을 암시한다. 심지어 참성단과 마니산 지역도, '고가도'라는 이름을 가진, 강화 본섬과는 별도의 섬이었다. 이 섬은 근세에 선두포, 가릉포 등의 갯벌을 메워 비로소 본 섬과 연륙되었던 것이다.[19] 이 때문에 강화도는 '갯벌과 인간의 8백 년 싸움터'[20]로 일컬어지기도 하였다.

강화도의 간척 사업은 조선조 혹은 근대에도 이루어져 원래 강화도와는 섬의 모습이 크게 달라졌다. 이 전란기의 간척은 강화도만이 아니고, 입보처가 된 서해와 남해 여러 섬에서도 진행되었다. 이에 의하여서, 남해 연안 도서에는 밀도 높은 인구가 정주하게 되었으며 신문물과 새로운 문화가 섬에 나누어졌다. 이러한 점에서 몽골 전란기는 우리나라 섬의 역사에 새로운 충격과 변화의 시점이기도 하였다.

강화도에 건설된 강도는 도성으로서의 기간이 오랜 것은 아니지만, 몽골 전란의 어려운 시점에 경영되어 대몽항전의 중심 기지가 되었다는 점에서 특별한 의미가 있다. 더욱이 고려의 수도 개성이 아직 자유로운 학술 조사와 출입이 이루어지지 않고 있는 만큼, 남한지역에 소재한 또 하나의 고려 도읍이라는 점에서도 중요한 의미를 부여할 수 있다. 강화도의 역사적 내용 가운데 강화가 13세기 고려왕조의 왕도였다는 사실은 강화 역사의 중심 뼈대에 해당하는 사실이다. 그러나 이 같은

---

18) 『속수증보 강도지』 상, 87장. 이희인은 제포 등이 승천포 일대일 것임을 동의하면서도, 이포·초포에 대해서는 그 근거가 불명하다는 이유로 '초지 부근'이라는 추정에 대해서 부정적 입장을 피력하고 있다(이희인, 앞의 논문, p.44). 근거가 불명하다는 것은 사실이지만, 간척 대상 지역이 제한적이라는 점에서, '초지 부근'이라는 기왕의 가설을 부정할 필요는 없다고 생각된다. 이포는 승천포, 초포는 초지포, 그리고 그 사이에 시계 방향으로 와포와 이포가 각각 위치한 것으로 보면 어떨까 한다.

19) 1664년 가릉포(양도면 조산리), 1706년 선두포(길상면 선두리)를 비롯한 17, 18세기 강화도 연안의 간척에 대해서는 이희인, 『고려 강도 연구』, pp.52~55 참고.

20) 주강현, 『관해기』 2, 웅진 지식하우스, 2006, p.34.

역사상에 비할 때 실제 '고려 황도'로서의 강화의 역사성은 별로 부각되어 있지 않다. 강도는 전란을 피하기 위한 임시적 피란처였다는 인식이 크게 자리 잡고 있지만, 그러나 1232년 고려 무인정권이 도읍을 강화로 이전한 것은 분명히 개경으로부터 강화로의 '천도'였다는 점을 다시 인식할 필요가 있을 것이다.

몽골과의 항전에 의하여 강화도에 초래된 변화의 내용을 정리하면 황도로서의 새 도시의 건설, 대규모 방어시설 수축, 간척의 촉진에 의한 지형적 변화, 고분, 성곽, 인물 사적 등 다양한 역사문화 유산의 축적이 이루어진 점을 들 수 있다. 해방이 되고 남북이 분단되면서, 우리 현대사에서의 강화도는 남북이 대치하는 첨예한 군사 분계의 전초前哨 현장이 되어 있다. 이러한 점에서 강화도는 8백 년이 지난 지금 여전히 긴장된 도시로서 우리에게 남아 있는 것이다.

3) 강화도의 삼별초

1232년 6월 16일 강화도에의 천도가 결정되던 날, 야별초 지유 김세충은 회의장인 최우의 저택을 호위하고 있었다. 최우는 2월 이후 몇 차례의 회의에도 불구하고 천도책이 확정되지 않자, 재추 대신들을 아예 자신의 저택에 불러 모아 회의를 개최한 것이었다. 회의의 방향과 결론이 어떤 것인지에 대해서는 이미 공포된 것이나 마찬가지였다. 그럼에도 불구하고 이날 회의는 의도대로 진행되지 않았다. 국왕 이하 대부분의 신료들이 천도를 희망하지 않았기 때문이다. 유승단은 최우가 말하는 '천도'라는 것이 사실은 섬에 숨어 엎드려 시간을 끌면서 사직과 백성을 방기하는 일에 다름 아니라는 주장을 강력히 개진하였다. 회의장 밖에 있던 김세충이 회의장에 난입하여 천도론을 공박하고 나섰다. 회의장이 혼돈에 빠지자 최우는 김세충을 즉결 처형함으로써 위기를 수습하고, 바로 천도책을 확정짓게 된다.[21]

고려산 강화시내 서문 부근에서 바라다본 모습이다.

1232년 천도 직전, 천도를 둘러싼 야별초 지유 김세충의 돌발 사건은 야별초 조직 당시 야별초(삼별초)와 무인정권의 관계가 반드시 사적 예속 관계로 형성되어 있지 않음을 말해준다. 그러나 강화 천도는 삼별초의 정체성에 있어서 새로운 계기를 조성한다. 첫째는 항몽의 무력 기반으로서의 삼별초의 정체성이 강화된 것이며, 둘째는 항몽전쟁을 주도하는 최씨정권과의 이념적 정합성을 분명하게 갖게 된 점이다. 따라서 적어도 1232년의 강화 천도는 삼별초의 정체성에 있어서도 반몽, 친정권이라는 성격을 보다 명확히 하는 계기가 되었다고 할 수 있다. 천도 후 몇 년이 지난 1235년(고종 22) 야별초 도령으로서 몽병에 대응하여 지방에 파견된 이유정李裕貞은 최우의 사병인 도방원으로서 야별초군을 지휘하고 있었다.[22] 천도 후 야별초군의 지휘 체계가 정권을 뒷받침하는 방향으로 바로 재편되었음을 말해주고 있는 것이다.

---

21) 『고려사절요』 16, 고종 19년 6월.
22) 『고려사』 23, 고종세가 22년 8월.

천도 이후 삼별초의 위상에 초래된 또 하나의 변화는 항몽전에 있어서의 역할의 신장이었다. 적어도 1차 전쟁시 몽골에 대한 방어전은 북계의 주진군과 더불어 중앙군에게 일차적 책임이 있었다. 그러나 천도 이후 중앙군은 대몽방어전의 전면에 등장하지 않았다. 적어도 천도가 몽골과의 대결을 위한 조치가 아니라는 점을 분명히 하고 싶은 정책적 조치 때문이었다. 따라서 천도 이후의 방어전은 비공식적 지휘권 행사가 보다 중요시 되었으며, 이에 따라 중앙군이 책임지지 못하는 역할의 일부가 야별초에 의하여 수행되었다. 강도시대에 지유 혹은 도령 등에 의해 지휘되는 야별초 부대가 지방 각처에 파견되고 활동을 전개하는 것은 이러한 양상을 반영하는 것이다. 이러한 추이는 당연히 야별초의 조직 확대 및 군사력 증강으로 이어진다.

강도의 삼별초는 일정한 조직과 지휘체계를 갖는 군사 집단이었던 만큼 군영이 설치되었으리라는 것은 당연한 일이다. 여기에서 한 가지 궁금한 것은 그 군영, 별초영 혹은 신의군영이 강도의 어느 지점에 설치되었을까하는 문제이다. 야별초의 별초영과 신의군의 지휘부인 군영은 일정하게 떨어진 위치가 선정되었을 것이며, 야별초의 경우 강도의 치안 유지라는 본래의 기능상 도성에 근접하였을 것이다. 이와 관련하여 1270년 5월 무인집정자 임유무를 제거하는 삼별초군의 움직임이 주목된다. 5월 14일 밤 신의군의 군소軍所에서 신의군을 통할하던 상서우승 장군 송분宋玢과 상장군 송송례宋松禮, 임연의 사위 홍문계洪文系가 회합한다. 여기에서 송분은 신의군의 지휘를 송송례에게 위임하고 신의군 일부를 대동, 밤중에 좌우변삼별초소左右邊三別抄所, 즉 야별초 지휘부로 들어간다. 그리고 야별초군을 설득하여 날이 새자 이들 신의군과 야별초가 공동작전을 벌여 임유무의 집을 공파하는 것이다.[23]

강도시대 삼별초는 야별초 군영이 강도의 교외에 설치되어 필요에

---

23) 『원고려기사』 지원 9년 정월의 표문.

따라 정치적인 개입이 이루어지고, 동시에 각 지방에의 파견 등 도성과 지방에서의 다양한 활동을 전개하였던 것이다. 한편 야별초는 강도시대 필요에 따라 군사력을 수시로 지방에 파견시켰는데, 이들은 강화도의 어느 항구를 통하여 출입하였을까 하는 점도 궁금하다. 필자는 당시 고려의 중심 군항이 내가면 구하리 일대 만입한 지역이라고 생각하고 있다. 1271년 삼별초의 강화 출발도 바로 이 지점에서 이루어졌다고 생각하며,[24] 이것은 삼별초가 이 지점을 유력한 해상 통로로 사용하였기 때문에 자연스럽게 이루어진 것이라 추측한다.

2. 풀어야 할 과제, 강도 고려 궁궐

1) 전란기의 도읍, 강도

천도에 의하여 화급한 선결 과제로 등장한 것이 강도의 도시 건설 문제였다. 새로 건설되는 강도는 급한대로 강화현의 기존 시설을 이용하면서 궁궐과 관아 등을 새로 조영하는 것이었다. 공사와 함께 바로 천도가 이루어졌기 때문에 천도 초기의 혼란과 고통은 말로 표현하기 어려운 형편이었다. 고종은 강도로 옮긴 직후 강화읍의 객관을 임시 처소로 사용하였으며, 이규보는 강화 하음현河陰縣 객사의 서쪽 행랑을 빌려 여러 달 동안 겨우 몸을 붙이고 있었다. 당시 한꺼번에 집을 짓고 건축하는 강화의 모습을 그는 "수천의 누에가, 다투어 고치를 짓는 것" 같았다고 전한다.[25] 천도 이후 곧 몽골의 제2차 침입이 있었지만, 1년여의 시간이 지나자 강도는 궁전과 관아와 사원 등 기본적 설비를 어느 정도 갖추게 된다.[26] 물론 관련 건축 사업은 그 이후에도 강화

---

24) 윤용혁, 「삼별초의 봉기와 남천에 관하여」, 『고려 삼별초의 대몽항쟁』, 일지사, 2000, pp.150~159.
25) 이규보, 『동국이상국후집』 1, 「寓河陰客舍西廊有作」.

도읍 기간 내내 진행되었다. 그 가운데 궁궐과 관아는 대략 강화읍 송악산의 남측 기슭 일대에 주로 조성된 것으로 인식되어 왔다. 아쉬운 것은 40년 강도시대의 상징이라 할 궁궐과 관아의 구체적 위치를 아직 명확하게 확인하지 못하고 있다는 점이다.

집정자 최씨의 저택을 짓는 일은 궁궐 조영 못지않은 대공사였다. 최우의 저택은 왕궁과 조금 떨어진 견자산(정자산)의 동쪽 기슭에 자리를 잡았는데, "정원의 숲이 수 십리에 뻗쳤다"[27]고 할 정도로 넓은 규모였다. 정원수의 나무는 안양산安養山에서 옮겨오고 공사가 한창일 때는 사병인 도방의 군사 이외에 4천의 정부군 병력까지 동원되었다. 완성된 저택의 모습은 "열 두 누대樓臺에 구슬과 비취가 즐비하고, 기화요초奇花瑤草의 붉은 빛은 아름답고 푸른 빛은 밝아, 눈 귀로 형용할 수 없다"[28]고 할 정도였다. 강화읍내 정자산 동남측에 "커다란 건물지의 흔적이 많이 남아 있고 초석 와편 등이 밭두렁에 이리저리 흩어져 있다"[29]는 1백여 년 전의 기록은 아마도 이 최씨 저택의 흔적일 것으로 생각된다.

고려가 사대의 관계를 맺고 있었던 금은 멸망하고 몽골에 대해서는 아직 복속을 거부하고 있었던 터라, 강도시대의 고려국왕은 흔히 '황제' '제왕' 혹은 '천자'로 지칭되었다. "그대여 바라보라 새 도읍 화산花山(강도)을, 가운데 궁전 열어 천자天子를 받드노라, 일천 집 여기저기 푸른기와 즐비하고, 일만 부엌 아침저녁 푸른 연기 일어나네."[30]

새 도읍 강도는 적어도 지방과 연결되는 물류의 면에서는 개경에 비하여 별로 불편하지 않았다. 동일한 해로를 통하여 물자의 유통이 자유롭게 이루어졌기 때문이다. "장삿배와 조공이 만 리에 돛을 이어,

---

26) 『고려사』 23, 고종 21년 2월 계미.
27) 『고려사』 129, 최이전.
28) 최자, 『보한집』 중.
29) 『강화부지』 고적조.
30) 이규보, 『동국이상국집』 7, 「次韻李侍郎見和二首」.

묵직한 배 북쪽으로, 가벼운 돛대 남쪽으로, 돛대 머리 서로 잇고, 뱃고물船尾이 맞붙어서 바람편 순식간에 사방팔방 모여드니, 산해의 진미를 안실어 오는 물건이 없다.”31)라고 최자는 강도의 사정을 묘사한 바 있다. 최자의 「삼도부」는 대략 1251~1252년(고종 38~39년)경에 지어진 것인데,32) 과장이 섞인 것이기는 하지만 전란기임에도 불구하고 강도의 문물이 “관가에 쌓여지고 민가에 흘러넘쳐” “온갖 곡식이 묵어서 썩을 지경”이라 하였다. 또 개경으로 환도한 다음에는 “지난 번 강도에 있을 때는 공부貢賦와 조세에 부족함이 없었다”33)고 말하기도 하였다.

훗날 개경으로 환도한 이승휴는 아스라했던 강도시절을 다음과 같이 회고하고 있다. “화산(강도)에서 노닐던 친구 몇 사람인가, 최, 김과 이李가 이웃하고 지냈지. 거기에 홍군의 집이 멀지 않았으니, 무현금無絃琴 위에 함께 지음곡知音曲을 뜯었다네.”34)

1232년 6월 강화 천도 결정 이후, 1234년(고종 21) 2월 무렵에 강도의 고려 궁궐이 일단 완공되었다. 전란기의 도읍지 강도에 대하여 우선적으로 풀어야 할 과제는 이 고려 궁궐의 위치 문제이다. 우선 기록과 현지 상황이 일치하지 않고 있다. 조선 초의 지리지에 의하면 고려궁지의 위치는 강화부의 ‘동쪽 10리’ 지점의 ‘송악리’라 하였다.35) 고려궁지 위치에 대한 ‘강화부 동쪽 10리’설은 조선조 후기의 지리지에까지 계속 이어졌지만, 이 ‘부 동 10리’를 그대로 적용할 경우 그 위치는 갑곶진 혹은 갑곶강 해안에 가까운 개활지가 되어 상식적으로 납득하기 어렵다. 이 때문에, 조선총독부에 의한 1916년의 고적조사에서 이마니시今西龍는 고려궁지에 대한 기록 ‘부 동쪽 10리’가 실제로는 ‘1리’의 오류가 아닐까 하는 의견을 개진함으로써 조선조의 행궁과 유수부가 있었던 현재의

31) 최자, 「삼도부」(『동문선』 2 및 『신증동국여지승람』 12, 강화도호부).
32) 윤용혁, 「대몽항쟁기의 불교의례」, 『고려 삼별초의 대몽항쟁』, 2000, p.50.
33) 『고려사』 29, 충렬왕 6년 3월 임자.
34) 이승휴, 『동안거사집』 행록 3, 「哭金侍御」.
35) 『고려사』 56, 지리지 1, 강화현.

사적 133호 '고려궁지' 왼쪽 건물은 복원된 조선 외규장각

사적 지정지가 바로 고려궁지일 것임을 암시하였다.[36] 그후 이병도 역시 강화 읍내의 진산인 송악산을 주목하고 이 산의 국세局勢가 개경의 그것과 방불하다는 점, 강안江岸으로부터의 방어적 이점, 성곽과의 관계 등을 고려하여 조선시대의 행궁과 유수부 동헌이 있었던 현재의 '고려궁지'(사적 133호)를 고려 궁궐터로 지목하였다.[37] 이 터는 1964년도에 국가사적으로 지정되어 지금까지 '고려궁지'로 인정되고 있다.

그러나 '고려궁지'로 지정되어 있는 현재의 지점은 고려 궁궐터로서의 의문점을 여전히 가지고 있다. 건물의 가용 면적이 너무 좁다는 점, 지금까지의 고고학적 조사 결과 고려 궁터로 지목할 수 있는 현저한 자료가 확인되지 않았다는 점 등이 그것이다. 국가 사적으로 지정된 강화읍 관청리 743-1번지, '강화 고려궁지'의 지정면적은 7,534m²에 불과하다.[38] 만일 '고려궁지'가 실제 강도시대의 고려 궁궐터였다고

---

36) 朝鮮總督府, 『大正五年度 古蹟調査報告』 1917, pp.224~226.

37) 이병도, 『고려시대의 연구』, 을유문화사, 1948, pp.276~277.

한다면 그것은 실제 궁궐터의 극히 일부일 것이다. 개경 만월대의 경우 궁궐의 면적은 25만m²로 추정되고 있다.[39]

현재의 강화 '고려궁시'는 조선시대에도 행궁, 외규장각 또는 강화유수부 등의 주요 시설의 입지가 되었고, 따라서 여러 차례의 건축에 의하여 원래의 현상이 크게 훼손된 상태이다. 거기다 사적 133호 '고려궁지' 구내에 조선조 외규장각 건물을 복원함으로써 '고려궁지'의 정체성은 혼돈을 거듭하고 있다.

2) 고고학적 검토의 경과

강화읍의 고려궁지는 1970년대에 궁지에 대한 정비공사가 이루어진 바 있지만 정밀한 지표조사, 혹은 고고학적 조사에 근거한 것이 아니었다. 고려궁지에 대한 본격적인 고고학적 조사는 조선조 시설인 외규장각지에 대한 조사의 필요성 때문에 처음 실시되었다.

한림대 박물관에 의한 외규장각지에 대한 발굴조사는 1995년 12월부터 2001년 10월까지 도합 4회에 걸쳐 실시되었다. 1차 조사는 고려궁지 북쪽의 2개소 및 그 사이의 경사지에 대한 트랜치 탐색을 통하여 관련 유구의 매장 상태와 범위를 확인하였다. 2차 조사는 앞의 조사 결과를 토대로 고려궁지 북담장 뒤편 평탄지에 대한 전면 조사, 3차 조사는 강화유수부 건물인 명위헌明威軒 서측 대지에 대한 전면 발굴, 4차 조사는 고려궁지 북담장을 철거하고 조사하여 외규장각지를 확인하는 것 등이었다. 조사 결과 '고려궁지' 중앙부에서 남향한 외규장각 건물을 확인하였는데, 이상의 조사과정에서 '고려궁지'로 지정된 구역의 많은 부분이 발굴조사 대상이 되었던 것이다.

---

38) 문화재관리국,『지정문화재목록』, 1998, p.158.

39) 이상준,「고려궁성 서편건축군 가―다 건물지의 성격」,『개성 고려궁성』, 국립문화재연구소, 2009, p.150.

사적 '고려궁지' 일대에 대한 조사 고려 궁궐의 흔적은 확인되지 않았다.

외규장각지에 대한 조사 결과 이 지역이 조선시대의 행궁 등 궁전 관련 시설이 있었던 구역임을 확인할 수 있었다. 그러나 이 지역에서 고려궁지에 대한 흔적은 나타나지 않았다.

그후 외규장각지 발굴조사에 대한 후속작업으로서 고려궁지에 대한 탐색작업이 실현된 것은 2008년부터의 일이었다.[40] 이에 의하여 외규장 각 건물터 후면의 경사지에 대한 조사가 실시되었으며 여기에서는 조선조의 와류, 자기류와 함께 고급의 청자편이 출토하였다. 고급의 고려 청자편이 출토한 발굴 결과는 '강화 고려 궁궐 흔적의 첫 확인'으로 매스컴에 보도되기도 하였다. 그러나 이것은 단편적인 청자편의 확인이 었을 뿐, 고려시대 궁궐의 유구가 확인된 것은 아니었다. 조사단은 발굴 구역 내에서 확인된 2동의 건물지를 17, 18세기 조선조 행궁지의

---

40) 12월부터 이듬해 2009년 3월에 걸쳐 실시된 '강화 고려궁지 유적 발굴조사'가 그것이다. 조사기관은 겨레문화유산연구원, 조사 목적은 고려궁지 지정구역 내의 유적의 성격 구명을 위한 것이었다.

일부인 만령전萬寧殿과 척천정尺天亭의 유구로 추정하면서 조사구역 내에 고려시대 문화층은 존재하지 않는다는 결론을 정리하였다.[41] 결국 국가사적으로 지정된 '고려궁지' 구역은 조선시대의 행궁, 외규장각, 만령전, 장령전 등이 있던 조선의 궁전지였음을 확인하는데 그치고 말았던 것이다.

조선조의 궁전 혹은 관아지가 고려 강도시대의 궁궐터와 일정한 상관이 있을 수 있다는 점은 수긍할 수 있다. 그러나 조선조 이후 새로운 궁전 관련 건물의 신축과정에서 옛 터가 크게 파괴되었다는 점을 전제로 하더라도 이 구역에서 아직 고려궁지의 흔적을 찾지 못했다는 것은 정확한 고려궁지 중심 구역을 파악하지 못했다는 이야기이다. '고려궁지' 지정구역을 벗어나 1차로 주목되었던 지점은 현재 '고려궁지'의 남측 사면斜面인데, 이곳은 이미 오래 전에 학교 등의 시설로 사용되면서 완전히 현상이 달라져 있고, 이에 연결되는 남측 평탄면에 대한 시굴조사에서는 고려시대 궁궐과 연결해 볼 수 있는 단서가 전혀 잡히지 않은 상태이다.[42] 강도의 고려 궁궐은 대체 어디에 있었던 것인가.

사적으로 지정된 '고려궁지'의 남쪽 관청리의 용흥궁 주변은 강도의 '구정毬庭'이 소재한 곳으로 전해온 공간이기도 하고,[43] 조선 초 강화부의 부성府城의 통과 지점으로 알려져 있기도 하다. 구정은 격구擊毬의 경기만이 아니라 군사들이 집결하는 일종의 연병장과 같은 기능을 가진 곳이어서 평상시 삼별초군이 자주 이용하였던 시설이라 할 수 있다. 1270년 삼별초 봉기시에도 처음 집결 장소는 '구정'이었다. 삼별초 봉기의 시발점인 셈이다. 이 지역은 2006년 시굴조사를 실시하였으나 조선조의 건물터 혹은 석렬石列이 산재한 것을 확인하였을 뿐, 고려시대에는 '비워

---

41) 겨레문화유산연구원, 『강화 조선 궁전지』II, 2011, p.187.
42) 대한불교조계종 문화유산발굴조사단, 『강화 용흥궁 주변 공원화사업 문화재 시굴조사 보고서』, 2007.
43) 김종, 『삼별초, 그 황홀한 왕국을 찾아서』(상), 바들산, 1994, pp.103~106.

「**강화궁전도**」 1881년, 국립중앙도서관 소장. 사적 고려궁지는 조선시대의 궁전지이기도 했다.

진' 공간이었던 것으로 결론지어졌다.[44] '비워진' 공간이었다고 하더라도 그 성격이 무엇인가를 파악하는 것은 매우 중요한 일이다. 그러나 아쉽게도 유적에 대한 전면 발굴이 이루어지지 못한 채, 이 공간은 '용흥궁 공원'으로 정비되고 말았다.

3) 궁궐은 어디에?

왜구가 강화를 수시로 짓밟은 이후, 15세기 정이오鄭以吾의 기문에는 당시 강화의 도성에 대하여 "산천은 전과 같은데, 성과 대궐은 빈터만 남았으니, 그 당시 생각하면 천승만기千乘萬騎가 모두 그 가운데 머물렀거늘"이라 하여,[45] 조선초 이미 고려 궁궐터가 빈터로 남아 있었음을

---

44) 대한불교조계종 문화유산발굴조사사단,『강화 용흥궁주변 공원화사업 문화재시굴조사보고서』, 2007, pp.53~54.

45)『신증동국여지승람』12, 강화도호부, 궁실.

말해주고 있다. 강도 궁궐의 입지에 대한 당시의 단편적 자료에 의하면, 역시 궁궐이 송악산 기슭에 남향하였다는 현재의 기본 인식이 크게 잘못된 것 같지는 않다. 고려 허금許錦이 지은 다음의 시도 고려궁의 위치가 언덕 위, 산기슭 중턱에 위치하고 있었음을 암시하는 것으로 보인다.

> 옥련玉輦이 기구하게 이 성에 거둥했더니
> 어부와 초부樵夫들은 아직까지 옛서울舊天京을 말하네
> 골에 잠긴 구름 쓸쓸하게 찬 빛이 엉기었는데
> 궁宮에서 흐르는 물 쫄쫄거리며 옛 소리가 목메었네[46]

근년 진도 용장성 건물지의 발굴을 통하여 용장성이 삼별초 봉기 이전 이미 '준비된 도성'이었으며, 동시에 궁궐의 개념으로 건축된 것이라는 점에 의견이 모아지고 있다. 개경 만월대의 궁궐 건축과 용장성의 건축은 특히 산의 경사면을 이용하여 층단을 조성하여 건물을 배치하고 있다는 공통점을 기본적으로 공유하고 있다. 강도의 고려궁도 이러한 입지의 범위를 벗어나지는 않았을 것이다. 풍수지리적 관점에서의 강화 '고려궁지'에 대한 검토 의견에 의하면 송악산을 주산으로 한 그 입지가 개경의 그것과 매우 흡사하다는 결론이 도출되었다. 백호가 계속되어 안산案山인 남산으로 연결되는 것도 비슷하고 청룡도 '강화궁지'의 경우가 보다 안전하게 드러나 있다는 것이다. 강도의 궁궐이 기본적으로 송도를 모방한 것이었다는 점에서 이 같은 풍수적 관견도 유의되는 견해이다.[47] 따라서 아직 찾지 못한 고려궁터는 사적 '고려궁지'로부터 그 범위를 확대하여 동, 서 방면 주변 구릉지역 조사를 계속

---

46) 『신증동국여지승람』 12, 강화도호부, 제영.
47) 김기덕, 「고려시대 강도 궁궐의 풍수지리적 고찰」, 『한국중세사연구』 31, 2011, pp.332~333.

강화읍 원경

추진해 갈 필요가 있다.

필자는 '고려궁지'에 대한 기왕의 고고학적 조사 결과에 근거하여 '고려궁지'는 이제 고려궁지일 수 없다는 견해를 발표한 바 있다.[48] 그리고 강도의 고려궁지를 찾는 첫걸음은 사적 '고려궁지'가 고려의 궁터가 아니라는 전제에서부터 출발하여야 한다는 주장을 하였다. 이후 이희인이 고려궁지에 대하여 근년 조사된 '향교골 유적'과 '성광교회 유적'을 새롭게 주목하였다. 향교골의 강화여고 기숙사 부지는 '고려궁지'에서 서쪽 500m 지점에 위치한다. 3개의 건물지가 확인되었으며, 청자, 소형 고려금동삼존불, 벼루 등 강도시기 유물이 여기에서 출토되었다. '고려궁지' 남서쪽 180m 거리의 성광교회 주변에서는 4기의 건물지가 조사되었는데, 3기의 건물에는 회랑이 포함되어 있으며, 두 건물은

---

48) 윤용혁, 「고려 도성으로서의 강도의 제문제」, 『강화 강도시기의 고려궁지 복원을 위한 제검토』(강화천도 777주년 기념 강화 고려궁지 학술발표회 자료집), 강화문화원, 2009, p.4.

회랑을 중심으로 연결되어 있는 것으로 파악되었다.[49] 이희인은 이 건물이 강도시대 고려 궁궐의 일부일 수 있다고 추정하고 있다. 즉 '고려궁지'에 대신하는 궁궐의 위치를 '고려궁지'의 서측에서 찾고 있는 것이다.[50]

강화 고려궁지를 '고려궁지'의 서측에 비정하는 이러한 견해는 개경 궁성과의 비교라는 관점에서 긍정적 지지를 받고 있다. 이상준은 개경 만월대 고려 궁성에 대한 지식을 강도에 적용하여, 위의 강도궁지에 대한 새로운 가설을 지지한다. 1911년도 강화의 지적도를 분석하여 전체적 평면 형태, 지형상의 특징, 내부 하천의 흐름, 고고학적 자료를 검토한 결과 강도시대의 고려 궁터는 사적 '고려궁지'의 서측에 위치할 것이라는 주장을 지지하고 있다. "구체적으로 강도 궁성의 서편 경계는 현재의 향교길이며, 동편 경계는 현재 고려궁지의 서편, 그리고 남편은 농협 전면 동서도로이며, 북편은 송악산 자락이다. 이렇게 판단하는 근거는 전체적인 평면 형태, 지형상의 특징, 내부 하천의 흐름, 고고학적 자료 등이다."[51]

강화의 고려궁지를 탐색하는 문제는 지금부터 새로운 검토를 필요로 한다. 그 새로운 검토는 일단 '고려궁지'가 고려시대의 궁지로 보기 어렵다는 점을 인정하는 것부터 출발되어야 할 것이다. 그리고 제기된 '궁골' 일대, '고려궁지'의 서측 면을 보다 면밀하게 검토하는 것이 첫 순서가 될 것이다. 고려궁지 이외에도 관아와 무인 집정자 최씨, 혹은

---

49) 한국문화유산연구원, 「강화 성광교회-동문간 도시계획도로 개설공사구간내 문화유적 발굴조사 약보고서」, 2011.

50) "정면 7칸의 회랑식 건축물은 일반적인 건축에서는 거의 적용되지 않는다는 점, 그리고 개경 궁궐과 용장산성 왕궁이 전각과 회랑 건축물이 세트를 이루어 하나의 건축군을 구성하는 것을 볼 때 이곳 고려궁지 서남쪽과 궁골 일대에 궁궐의 전각들이 분포하고 있을 가능성이 높다고 본다."(이희인, 「강도 성곽의 현황과 성격」, 『고려 강도 연구』, 성균관대학교 박사논문, 2012, p.68).

51) 이상준, 「개경 궁성 발굴성과와 강도 궁성」, 『강화지역 유물. 유적의 보존과 활용』(학술회의 자료집), 강화고려역사재단, 2013, p.61.

관인들의 저택, 절 등 다양한 시설들이 강화 읍내에 밀집하여 있었을 것이므로, 읍내 일대에 대한 조사는 위치에 불구하고 여하튼 중요한 작업이 아닐 수 없다.

4) 섬 안의 섬, '강화도령' 고종

39년 강도의 고려 궁궐에는 두 사람의 왕이 재위하였다. 고종과 원종이다. 고종은 재위 19년인 1232년에 강화로 천도하여 거의 30년에 가까운 기간을 살다 육지가 바라다 보이는 강화도 고려산 기슭에 묻힌 인물이다. 원종은 1259년 즉위하여 몽골 세력을 이용하여 1270년 무인정권을 무너뜨리고 삼별초를 해체시키고 개경으로 환도한 장본인이다.

고종의 존재는 무인정권의 권력에 가리워지고 장기 전란이 가져다 준 혼돈 속에 휘말려, 존재 자체가 부각될 만한 요소가 많지 않았다. 그럼에도 불구하고 고종 왕철은 46년을 왕위에 재위함으로써 34명의 고려 임금 중 최장기 재위(1213~1259)라는 기록을 가지고 있다. 다사다난한 대내외적 조건 속에서 46년이라는 최장수 임금, 그리고 만 67세라는 비교적 많은 수를 누렸다.

고종(왕철)은 4살 나이이던 1197년, 최충헌에 의하여 왕위에 있던 조부(명종)가 폐위됨으로써 하루아침에 생명의 위험 속에 내던져졌다. 이후 성년에 이르는 16년 세월, 강화도에서의 성장기는 그에게 엄격한 정치적 현실을 각인시키는 것이었다. 그가 왕위에 오르게 되는 것은 '하늘의 도움'이라 표현되는, 예기하기 어려웠던 정치 상황의 반전에 의한 것이었다. 그는 성장기 그에게 각인되었던 '생존의 지혜'에 따른 일관된 삶을 살았는데, 가장 '정치적'인 상황 속에서 가장 '비정치적'인 삶을 사는 것이 그 비결이었다.

최씨 무인집정자는 마음대로 국왕의 폐·립을 자행하면서도 자신이 직접 국왕의 지위에 오르지는 않았다. 국왕의 권위를 자신의 통치에

사적 224호 고종 왕릉 (홍릉) 강화읍 국화리 고려산의 중턱에 위치해 있다.

이용하는 방식이었다. 무인정권이 1백년이라는 장기간에 걸쳐 유지될 수 있었던 데에는 이처럼 국왕의 권위를 권력 유지에 적절히 이용하였다는 점이 중요한 이유의 하나였다.[52] 몽골의 침입으로 고종이 외교관계의 전면에 부각되는 상황에서, 최씨정권은 양자의 직접 교섭으로의 발전을 감시하면서도 한편으로 몽골에 대한 대화 상대로 왕을 내세움으로써 자신의 정치적 부담을 희석시켰다.[53] 몽골과의 전쟁에서 최씨정권은 대외관계상의 외교적 부담을 고종에게 분산시킴으로써 자신의 입지를 완충하는 데 이용하였던 것이다. 최씨 집정자는 고종의 권위를 이용하였고, 최씨의 지지 역시 고종에게 있어서 필수적인 것이었다는 점에서 양자는 상호 정치적 지위 확보에 공동 호혜적 입장에 있었다.

고종은 정치적으로 자신의 견해를 제시하는 것을 극도로 삼갔지만

---

52) 김당택, 「최씨정권과 국왕」, 『고려 무인정권 연구』, 새문사, 1987, p.155 ; 나만수, 「국왕의 권위」, 『한국사』 18(고려무신정권), 1993, pp.204~208 참조.
53) 김당택, 위의 「최씨정권과 국왕」, pp.160~162 참조.

정책의 결정 등에 있어서 무인집정자와 배치될 경우에는 자기 입장을 결코 고집하지 않았다. 강화 천도의 결정에서도 고종은 최우와는 다른 의견이었지만, 자신의 의견을 주장하지는 못하였다. 1253년 몽골군을 철수시키기 위하여 태자의 출항 문제로 격론이 벌어질 때도, 태자의 출항이 최항의 뜻이라는 것을 확인하자 "재추가 알아서 잘 처리하라"고 바로 물러섰다.[54]

고종이 최씨집정자와 갈등이 야기되는 것을 철저히 삼갔던 것은 자신의 정치적 입지를 깊이 명심한 결과였다고 할 수 있다. 고종에 대한 사관史官의 평이 이점을 간명하게 요약하고 있다. "왕이 조심스럽게 법을 지키고 수치를 견디고 참았기 때문에 왕위를 보전하였을 뿐 아니라 마침내 정권이 왕실로 돌아오게 되었다."[55]

외적의 군사적 압박 속에서 지위는 군왕이지만 권신의 비위를 거스르지 않도록 눈치를 보아야 했고, 다른 한편으로 국왕으로서의 권위와 체면도 유지해야 하는 그러한 고종에게 내적 갈등이 결코 없을 수는 없었을 것이다. 고종은 최씨정권과의 마찰을 일으키지 않으면서 무려 46년을 재위하고, 왕위를 아들(태자 전)에게 계승시키는 데 성공한다. 초기 무인정권기의 잦았던 국왕의 교체에 대비할 때 고종대 왕과 무인정권의 '동거'는 그 나름 일정한 역사적 특징을 보여준다.

고종은 보기 드물게 가정적이고 성실한, 자기 신변 관리를 다했던 왕이었다. 일찍 왕비를 여의고 강화도로 옮긴 후 특히 자녀들에 대해서는 각별한 애정을 표출했던 인물이기도 하였다. 현실의 모순에 직면하여 이를 돌파하고 새로운 자기 틀을 만드는 기개보다는, 상황에 순응하여 주어진 운명의 틀에 스스로를 적응시키는 소시민적 의식이 그를 지배하였다고 볼 수 있다. 고종은 세상을 뜬 직후에 공개된 유조遺詔를 통하여 태자의 즉위를 반대하는 후사 문제에 대한 논란을 확실하게 마무리

---

54) 『고려사』 24, 고종세가 40년 10월 신미.
55) 『고려사』 24, 고종세가 말미.

지었다. 그리고 그와 동시에 자신의 장례에 대하여는 "능묘제도는 되도록 검소하게 하고 하루를 한 달로 계산하여 입은 상복은 3일 만에 벗게 하라"[56]고 하였다.

강화도에서 성장기 14년을 보냈던 고종은 국왕에 즉위한 후 다시 강화로 천도하여 만27년, 합하여 만 41년 세월을 강화도에서 지내고, 그리고 강화도에 영원히 묻히게 되었다. 이러한 점에서 고종 왕철은 다른 누구보다도 명실상부한 '강화도령', '강화임금'이었던 셈이다. 강화읍 국화리 고려산 중턱에 그의 묘소(홍릉, 사적 224호)가 김포 대안을 바라보고 조성되어 있다.[57]

3. 강화 도성의 성곽

1) 강도 성곽에 대한 논의

천도 이후 고려는 강도에 내, 외, 중의 3중성을 구축하였다. 내성은 천도 직후인 1232년(고종 19)에, 외성은 이듬해 1233년(고종 20)에 시축하여 1237년(고종 24)에 완공한 것으로 보고 있다.[58] 마지막으로 중성은 1250년(고종 37)에 구축된 것이었다. 그러나 아직 3성의 정확한 내용이 밝혀지지 않았고, 또 연구자들에 있어서도 3성의 위치, 혹은 공사 시기에 대한 의견이 통일되어 있지 않다. 가령 외성의 구축 시기에 대해서 신안식은 내성 1233년, 외성 1237년이라 한『대동지지』의 기록을 지지하고 있다.『고려사』의 기록상의 혼란을 '정리한 것으로 이해된다'는 것이

---

56)『고려사』24, 고종 46년 6월 임인.

57) 고종에 대해서는 윤용혁,「무인정권, 그리고 전란 속의 왕권-고려 고종 연구」,『한국인물사연구』12, 한국인물사연구회, 2009 참고.

58) 강화 외성의 축조에 대해서는『고려사』82 병지에 '고종 20년',『고려사』23 고종세가에는 '고종 24년'의 일로 기록되어 있다.

다.[59]

　강화도성의 성곽문제에 대해서 처음으로 관심을 제기한 것은 1916년 조선총독부의 위촉으로 강화지역을 조사한 이마니시 류今西龍였다. 그는 『고려사』에서의 중성을 바로 강화부성(강화산성)에 비정하고 아울러 『강화부지』 등에서 언급한 '장령의 성문현' '선원의 대문현' '인정의 서문현' 등을 외성의 성문으로 가정하였다. 강화부성(강화산성) 이외에 '외성'으로 비정한 토성지를 지리지와 읍지 자료에 근거하여 현장을 직접 확인하는 한편 해안 수 백리를 환축하였다는 외성 관련 기록은 과장된 기록으로 치부하였다.[60] 즉 이마니시今西는 궁성을 둘러싼 중성을 강화산성에, 그리고 읍 주변에 토축된 성지(현재 '중성'으로 칭하고 있음)를 외성으로 비정하고 해안성의 존재는 인정하지 않은 셈이다.

　그후 이병도는 조선시대의 강화산성이 대체로 고려의 내성에 해당하고, 외성은 강화도 동쪽 해안을 두른 것, 그리고 선원면 대문현 일대에 보이는 토성이 중성의 잔적이라 하였다.[61] 이에 대하여 김상기는 내성의 경우는 궁궐을 두른 일종의 궁성 성격의 것이라 보고, 그 위치는 고려궁터 남쪽, "김상용의 순절비각을 남문허南門許"(현재의 용흥궁 주차장 부지 일대)로 하는 좁은 범위로 설정하였다. 동시에 조선조 강화산성을 고려 중성, 이병도가 중성으로 비정한 것을 외성에 비정함으로써 의견 차이를 보여주었다.[62] 이에 대해 필자는 내성의 경우는 김상기의 의견을 취하고, 중성과 외성은 이병도의 의견을 취하는 견해를 정리한 바 있다. 동시에 강도 내성은 궁성, 중성은 도성(나성), 외성은 해안 방어성의 성격을 갖는 것으로 이해하였다.[63] 한편 김창현은 궁성, 중성, 외성

59) 신안식, 「고려 강도시기 도성 성곽의 축조와 그 성격」, 『군사』 76, 2010, p.35.
60) 朝鮮總督府, 『大正五年度 古蹟調査報告』, 1917, pp.224~226.
61) 이병도, 『고려시대의 연구』, 을유문화사, 1948, p.277.
62) 김상기, 「삼별초와 그의 란에 대하여」, 『동방문화교류사』, 을유문화사, 1948, p.195.
63) 윤용혁, 「고려시대 강도의 개발과 도시 정비」, 『역사와 역사교육』 7, 2002 ; 윤용

강화읍내를 둘러싸고 있는 조선조의 강화산성

이외에 강도에 황성의 존재 가능성을 제안하기도 하였다.[64]

이상 강화도성, 내·중·외성 및 조선조 강화산성에 대해 그 개요를 정리하였거니와, 현재 구조를 남기고 있는 것은 토축의 중성과 강화산성 및 해안의 외성이고 그 가운데 확실한 고려시대의 유구는 '중성'뿐이다. 이 때문에 13세기 강화도성의 전체 구성, 내·외·중성의 문제는 앞으로도 여러 가지 논란의 여지를 남기고 있다. 특히 이 강화도성의 구조와 관련하여 근년 새로 제기되는 것은 흔히 '중성'으로 지칭되는 환축의 토축성을, 천도 초기인 1233년부터 1237년에 걸쳐 이루어진 '외성'으로 보려는 의견이다. 이 같은 의견은 앞에서 언급한 바와 같이 일제 초기(1917) 이마니시今西龍에 의하여 처음 제안되었던 것인데, 신안식에 의하여 다시 제기된 이후[65] 박성우에 의하여 지지되고,[66] 이희인이 고고학적

혁, 「고려 강화도성의 성곽 연구」, 『국사관논총』 106, 2005(이상 윤용혁, 『여몽전쟁과 강화도성 연구』, 혜안, 2011 소수).

(64) 김창현, 「고려 개경과 강도의 도성 비교 고찰」, 『한국사연구』, 2004, p.127.

(65) 신안식은 「고려 강도시기 도성 성곽의 축조와 그 성격」(『군사』 76, 2010,

외성이 있었던 것으로 추측하는 강화 동쪽 해안

측면에서 논의를 더욱 구체적으로 진행한 바 있다.[67] 이는 종래 강화 동측 연안으로 상정되고 있던 외성의 존재를 부정하고, 흔히 '중성'이라 칭하고 있는 토축성이 사실은 외성에 해당하는 것이고, 시내에 별도의 내성이 구축되어 있었다는 견해이다. 이러한 강화도읍기 동측 해안 외성의 존재를 부정하는 이러한 견해는 일단 강화도성의 구조에 대하여 재검토를 요구하는 것이라는 점에서 중요한 제안이라고 생각하지만, 필자의 생각이 이에 일치하는 것은 아니다.

   p.52)에서 결론적으로 "(갑곶 연안의) 해안 방어선을 외성이라 했을 가능성은 적다" "강도 외성은 도성을 둘러싼 환축성각"이었을 것이라고 보았다. 이 논문은 2009년 11월 강화문화원. 한국중세사학회 주최의 세미나에서 발표된 것이었는데 이 같은 결론이 '중성'을 외성으로 본다는 견해임은 토론회에서 재강조되었으며, "해안 제방을 가지고 외성이라 한다"는 것에 대해서 납득할 수 없다는 점을 분명히 하였다(『강화 고려궁지 학술조사보고서』, 「고려궁지 학술세미나 종합토론 자료」, 강화문화원, 2009, p.135).
66) 박성우, 「강도시대 성곽의 현황과 성격」, 『역사와 실학』 42, 2010, p.233, p.247.
67) 이희인, 「강도의 성곽체제와 공간구조」, 『고려 강도 연구』, 성균관대학교 박사논문, 2012, pp.133~151 참조.

강도의 성곽 문제와 관련하여 혼선을 빚어온 사안의 하나가 읍내를 두르고 있는 강화산성(사적 132호)이었다. 강화산성이 강도시대의 방어시설과 일정한 관련이 있을 것이라는 전제 때문이다. 그러나 현재까지의 조사 결과는 부분적인 중복이 있을 수 있지만 전체적으로 강화산성은 조선조 숙종대에 구축된 별도의 산성이다. 강화의 고지도에 의하면 조선조까지 이 '내성'의 토축 흔적이 남아 있었던 것으로 보이므로 향후 이에 대한 면밀한 검토가 필요하다. 강화산성 동문지 주변에서 확인된 석렬石列이 산성과는 다른 별도의 토성의 기저부로 추정되고 있는 점이 주목된다.[68]

'강화 외성'의 경우는 지표조사를 바탕으로 사적(452호)으로 지정되었다. 2005, 6년에 실시된 강화외성에 대한 지표조사는 강화읍 대산리 적북돈에서부터 초지돈에 이르는 약 23km 구간이었다.[69] 체성의 상단부는 대부분 붕괴 유실되었지만, 성벽의 기저부는 거의 남아 있음을 확인하였다. 그러나 이 외성 유적은 조선조의 축성이며, 고려조 외성의 존재는 여전히 불명한 상태에 있다. 외성의 구축 범위도 조선조에 비하여 규모가 작은 듯하고, 부분적으로는 조선시대의 것과 겹치기도 하지만 더 안쪽에 축성되어 있었던 것 같기도 하다.[70] 특히 이 외성이 강도를 둥글게 포괄하는 환축이었는지, 아니면 단순한 해안 방어성에 그쳤는지에 대해서도 명확하지 않다. 현재로서는 환축보다는 하나의

---

68) 이희인은 근년 강화산성 동문 부근에서 확인된 石列에 주목한다. 명지대 한국건축문화연구소의 강화산성 동문지 조사에서 확인된 이 석렬은 너비 2.8m 소형 할석으로 조성된 10여m 구간인데, 축선은 남동-북서방향, 즉 북산에서 견자산 방향이며 '토성'의 하부구조로 일단 추정되었다. 이에 대해서는 명지대 부설 한국건축문화연구소, 『강화산성 동문지 유구조사 보고서』, 2003 및 이희인, 「강도의 성곽체제와 공간구조」, 『고려 강도 연구』, 2012, pp.138~144 참조.

69) 동양고고학연구소, 『인천 강화외성 지표조사 보고서-초지구간』, 2001 ; 선문대 고고연구소, 『강화전성 지표조사보고서』, 2002 ; 현남주 외, 『강화외성 지표조사보고서』, 한국문화재보호재단, 2006.

70) 현남주 외, 『강화외성 지표조사보고서』, 한국문화재보호재단, 2006, pp.147~149 참조.

해안 방어성이었을 가능성이 높은 것 같다. 조선조의 외성은 강화동안인 염하 일대 연안에 돈대를 구축하는 사업의 일환이었으며 숙종 4년(1678) 12월부터 이듬해에 걸치는 기간 대대적인 공역으로 축성되고 이후 재수축과 정비과정을 여러 차례 거친 것이었다.[71]

강화 외성이 고려시기 시축 시설인지가 입증되지 않은 것에 대해, 이희인은 강도시대의 외성은 조선조의 '강화 외성'과는 애초부터 다른 것이었다는 견해를 피력하고 있다. 강도시대의 외성이 조선조의 것과 겹칠 수 없는 이유는 현재 강화 외성의 노선이 조선후기 집중적으로 시행된 간척의 결과 형성된 해안선에 조성된 것이라는 점에 근거한다.[72] 고려시대 갑곶강 연안, 해안 방어성으로서의 외성의 존재를 부정하는 이 같은 견해는 신안식에 의하여 처음 발의된 후 박성우를 거쳐 더욱 구체화된 것이다. 위에 언급한 바와 같이 실제 이 강화 외성에 대한 지표조사 및 부분적 발굴조사에서 고려시대의 흔적을 확인하지 못했다는 점도 이에 부응하는 것이라 할 수 있다.[73] 그러나 연안 지역 외성의 존재를 부정하는 이러한 견해를 받아들이기에는 아직 해명해야 할 의문이 많다.

2) 실체를 드러내고 있는 강도 중성

내성과 외성이 후대의 재수축과 신축으로 혼선이 있는 것에 비하여, 중성의 경우는 성곽의 흔적이 부분적으로 잔존하여 있을 뿐 아니라,

---

71) 조선조 외성의 축성 사정에 대해서는 배성수, 「강화외성과 돈대의 축조」, 『강화외성 지표조사보고서』, 한국문화재보호재단, 2006, pp.371~395 참조.

72) 승천포로부터 초지진 부근까지의 동측 해안에는 삼문포언(1636), 만월언(1664), 대청포언(1664), 글곶언(1656) 등이 17세기에 조성된 것이었다. 이희인, 「강도의 지리적 배경」, 『고려 강도 연구』, 2012, pp.52~55 참조.

73) 이희인, 「강도성곽의 현황과 성격」, 『고려 강도 연구』, 성균관대학교 박사논문, 2012, pp.110~115 참조.

극히 제한적이기는 하지만 근년에 고고학 조사가 실시됨으로써 강도 성곽의 실체를 보여주고 있는 사례이다. 13세기 강도를 기준으로 할 경우 여러 성곽중 가장 고려 당시의 원상을 가지고 있고, 실제 원형을 잘 확인할 수 있는 것이 내성이나 외성보다는 중성인 것이다. 중성이야말로 강도시대의 특성과 조건에 의하여 구축된 것이어서, 이후 조선조 강화 연안에 대한 방어 설비의 대대적 강화에도 불구하고 용도가 폐기된 상태로 남게 되었던 것이다.

2008년도에 선원면 창리~신정리의 도로 개설 공사중 신지동 부근에서 중성의 유구가 확인되어 2009년에 간단하지만 이에 대한 고고학적 조사가 이루어진 바가 있다.74) 이후 인화-강화 도로 건설공사 J구간에서 중성의 축성 유적이 본격 조사되었다.75) 위치는 월곶리 해안에서 강화읍으로 이어지는 산줄기 봉재산의 능선이다. 신지동 부근이 중성의 남측이라면, 봉재산 능선은 동측에 해당한다.

옥림리 인화-강화 도로 건설공사 J구간을 중심으로 중성의 구조를 살펴보면, 토축은 단단하게 다진 판축의 구조로서 기반을 조성한 후 기저부 기단 석축렬을 설치한 다음 토루를 구축하였다. 확인된 구축 공정은 기반 조성 및 내측 수로水路 조성→ 기단 석축렬 조성→ 판목 시설 설치 후 중심 판축 토루 조성→ 와적층 조성→ 내. 외피 토루 성토와 같은 순으로 이루어졌다. 내측 수로는 성벽 보호와 성내의 배수를 위한 시설이며, 성의 내외측에 가지런히 2열로 조성한 기단 석렬은 높이가 같지 않다. 내측 열이 외측 열에 비해 높은 곳에 위치하며,

---

74) 조사지점의 위치는 강화군 선원면 신정리 208-5(임), 209-1(전)이며, 2008년 시굴조사를 거쳐 2009년(3.25~7.3)에 발굴조사가 이루어졌다. 인하대학교 박물관, 『강화 중성유적』, 2011, p.13.

75) 중원문화재연구원에 의한 조사 과정은 2003년 10-11월 지표조사, 2009.5.12~6.29 시굴조사에 이어 2009.8.31~2010.5.9 발굴조사가 이루어졌다. 옥림리 산 62-3번지 일원에 대한 발굴 조사 결과, 중성 이외에도 담장 유구를 포함한 건물지 13기, 석곽묘 1기, 우물 1기 등이 조사되었다. 중원문화재연구원, 『江華 玉林里 遺蹟』, 2012, pp.13~14 참조.

(상) 신지동의 강화 중성 인하대학교 박물관
(하) 옥림리 강화중성 조사 광경 중원문화재연구원

내외측 석렬의 너비(간격)는 4.4~4.8m로서 대체로 일정한 너비를 유지
하고 있다.[76] 석렬 조성에 사용한 석재는 두께 10~15cm의 얇은 판석을

사용하였는데 바깥쪽이 더 큰 석재를 사용하였다. 판축 토루를 조성하기 위하여 목재 구조물(판목시설)을 이용하였는데, 횡판목, 종판목 및 이를 결구시키기 위한 영정주와 보조목의 흔적까지 확인되었다. 중심토루의 규모는 최대 너비 4.58m, 최대 높이 2.15m, 판축과정은 3단계에 걸치며, 판축의 두께는 3~5cm이다. 축조된 중심토루에는 내외피 토루를 성토하여 성벽의 전체 너비는 조사지점에 따라 12~13.6m로 확인되었다. 한편 중심토루를 중심으로 한 와적층은 성벽 내내 외측에서 모두 확인된다. 와적층 조성을 위해 삭토하여 U자형으로 고랑이 있으며, 이에 의하여 와적층은 배수로의 역할을 한 것으로 파악된다.[77] 조사지역에서는 토축의 안팎으로 동시기의 건물지군이 함께 확인되어 중성의 기능 문제와 함께 향후 깊이 있는 검토의 대상으로 부각되었다.

이상 근년에 부분적으로 조사된 고려 중성 유구에 대하여 소개하였지만, 이희인은 이 중성 유구의 검토를 통하여 성곽 축조의 정밀도 내지 수준이 다른 토성의 예를 능가하며, 규모 또한 비교되지 않는다는 점을 주목한다. 아울러 중성으로 인식되고 있는 이 토축성을 강도의 '외성'으로 해석하고 있다.[78] 이제까지 외성으로 추정되어 온 갑곶강 쪽의 동측 해안 방어성은 고려시대에는 실제 존재하지 않았을 것이라는 점, 그리고 외성의 형태가 환축이었다는 점 등에 근거를 두고 있는 것이다.[79]

---

76) 인하대 박물관에서 조사한 선원면 신정리 구간에서의 내, 외측 간 석렬의 너비는 3.0~3.2m로 파악되었는데, 이 지점에는 원래 성문이 설치되었던 구간일 것으로 추정되었다. 인하대학교 박물관, 『강화 중성유적』, 2011, pp.66~69.

77) 중원문화재연구원, 『江華 玉林里 遺蹟』, 2012, pp.153~175 참조.

78) 고려시대 강도 해안 방비는 전략적 중요성이 높지 않았으며, 따라서 "해안 방어선의 구축보다는 도읍의 범위를 규정하고 수도로서 상징성을 부각시킬 수 있는 도성이 먼저 건설될 수 있었고 해안구간에는 제방을 축조해 도성과 연계하는 수준에서 방어선을 구축"했다는 것이다(이희인, 『고려 강도 연구』, p.148). 이러한 견해는 박성우에 의하여 처음 피력되었다(박성우, 「강도시대 성곽의 현황과 성격」, 『역사와 실학』 42, 2010, p.247).

79) 이희인, 『고려 강도 연구』, 2012, pp.94~101 및 pp.133~138 참조.

강화도성 성곽 (내성, 외성, 중성) 82)

중성을 강도의 '외성'으로 인식하는 근년의 새로운 견해는 경청할 만한 점들이 있지만, 그러나 여기에는 아직 해결해야 할 의문들이 많이 남아 있다. 고려시대 유구를 발견하지 못했다고 하여 강화 해안에 방어시설이 원래부터 존재하지 않았다고 단정하는 것은 아직 시기상조이다. 해안을 통한 공격을 필연적으로 예상해야 했던 당시 상황에서 자연지리의 조건에 의존하여 해안 방어시설을 구축하지 않았다는 것은 이해하기 어렵다. 실제 몽골군은 강화 대안, 강도가 내려다보이는 문수산을 오르는 등 여러 차례 동측 해안을 압박하였다. 제방의 축조만으로도 방어 기능이 어느 정도 가능했을 것이라고 하지만, 이규보가 말한 "해변에 새로 성을 쌓았는데 그 장관이 구경할만하다"는 것이 제방을 가리키는 것으로 보기는 어려울 것이다. 조선 숙종조에 외성을 수축할 때도 해안의 외성이 원래 고려시대부터 존재했던 것으로 이해하고 있었다. "연해의 동, 북, 서 3면을 보면 성토城土가 널리 퍼져 있다",80) "고려 때에는 부중府中에 이미 내성이 있는데다가 또 섬을 둘러 장성이 있었다"81)고 하였다.

---

80) 『숙종실록』7, 숙종 4년 10월 경인.
81) 『숙종실록』7, 숙종 7년 5월 계유.

1250년 최항은 강도에 '중성'을 구축하였다. 만약 근년 '중성'이라하여 조사된 토축 성곽이 실제 중성이 아닌 외성이라면, 강화읍 일대에는 내성과 외성, 두 개의 방어 시설이 더 존재했다는 이야기가 된다. 해안 방어성이 제대로 갖추어지지 않은 상황에서 강화읍내에 내성과 함께 중성이 더 필요한 이유가 어디에 있었을까. 이 같은 문제점 때문에 신안식은 1250년 최항이 축성하였다는 '중성'이 고종 46년 기록의 '내성'을 의미하는 것으로 말한다.[83] 최항의 묘지명에 의하면 중성은 '황도를 둘러싼' 성이었다.[84] 전시 도읍으로서 인구가 밀집되어 있는 강도의 사정을 생각하면 근년 조사된 토축의 '중성'이야말로 '중성'에 부합하는 것처럼 생각된다.

중성의 길이는 2,960간間, 대소 성문의 수가 17개였다.[85] 개경의 황성 2,600간이 약 4.7km인 것에 기준하면, 중성 2,960간은 5.3km정도로 추산된다. 이희인은 1간=10척을 주척으로 계산하여 이를 약 6km로 추산하였다. 대략 고려 말 혹은 조선 초 강화부의 사정을 전하는 『신증동국여지승람』의 강화 내성, 외성의 자료는 내성이 3,874척, 외성이 37,067척으로 되어 있다. 조선전기 영조척 1척=32cm에 의한다면 내성은 1,240m, 외성은 11,864m이다. 현재 중성의 실측 길이 11.4km가 위의 외성의 길이에 부합하는 것은 사실이다.[86] 그러나 문제는 고려 말 조선 초에 중성이 성곽으로서 기능했다고 보기 어렵다는 점이다.[87] 조선 초 내성은 부성으로서 기능할 수 있고, 외성은 해안 방어성으로서의

---

82) 육군박물관, 『강화도의 국방유적』, 2000.
83) 신안식, 「고려 강도시기 도성 성곽의 축조와 그 성격」, 『군사』 76, 2010, p.44, p.51.
84) "中城以屛皇都"(김용선 편, 『고려 묘지명집성』, 「최항묘지명」, 한림대 아시아문화연구소, 2001, p.388).
85) 『고려사』 82, 병지 2, 성보.
86) 이희인, 『고려 강도 연구』, 2012, pp.136~138.
87) 윤용혁, 「고려 강화도성의 성곽 연구」, 『여몽전쟁과 강화도성 연구』, 혜안, 2011, p.336.

기능을 여전히 가졌겠지만, 이 시기에 중성은 성곽으로서 아무런 의미가 없는 유적에 불과하였기 때문이다. 강화 중성은 13세기의 한 시점, 1250년에서 1270년까지의 시기에서만 의미가 있었다. 후대의 교란이나 수축이 가해지지 않았다는 것이 바로 강화 중성의 특징이고 학술적으로 중요한 점이라 할 수 있다. 개경 황성의 경우 성문의 수가 20개, 혹은 13개라고 하였지만, 시내에 있었을 강화 내성을 중성으로 비정할 경우, 17개에 이르는 문의 수도 과다한 감이 없지 않다.

'중성'을 외성으로 상정하는 근년의 새로운 견해는 현재 명확히 확정되어 있지 않은 강화도성의 구조를 검토하는 데 있어서 의미 있는 제안이라고 생각된다. 이는 내, 외성의 문제를 해결하지 못한 지금까지의 학문적 한계에서 비롯되는 것이지만, 그러나 이 역시 해소해야 할 여러 의문점을 포함하고 있다. 따라서 고려시대 강화도성에 대해서는 앞으로의 추가 조사와 함께 여러 가지 가능성을 제한하지 않고 논의를 심화하는 것이 필요하다고 생각된다.

토축으로 조성된 강도 중성유적은 13세기 강도의 도성 구조 및 성곽 축조 기술을 이해하는 데 극히 중요한 것으로 평가된다. 진도와 제주 항파두성의 연관에 대해서도 이에 의하여 보다 진전된 조사와 연구가 가능하게 되었다. 특히 근년 조사되고 있는 항파두성의 경우는 축조 기법에 있어서 강도 중성과 일정한 공통점이 엿보이고 있다는 점에서도 흥미가 있다.

3) 강화도의 산성들

강도 중성은 대략 12km, 강화산성과의 중복지점을 제외하더라도 8km에 달한다. 이는 앞으로의 조사와 보존의 문제를 제기한 것이다. 고려시대 외성과 내성의 존재가 거의 알려져 있지 않은 상황에서 유독 중성 유구가 잘 남아 있는 것은 중성의 경우, 강도시대가 끝난 이후에는

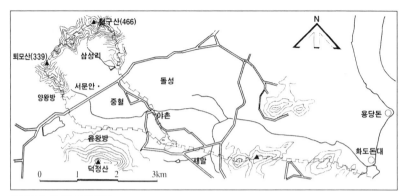

혈구진의 토성 (실측도)[89]

전혀 손이 가지 않은 곳이기 때문이다. 외성과 내성의 경우, 조선시대 방어시설의 구축 등의 작업으로 많은 훼손이 진행된 것과 사정이 다르다고 할 수 있다.

강도시대의 방어 시설은 도성의 시설만은 아니다. 강화도내에는 하음산성, 고려산성, 혈구진성, 삼랑성 등 산성들이 남아 있다. 하음산성 河陰山城은 하점면 신봉리 하음산 정상에 테뫼식으로 쌓은 290m 규모의 작은 석성이다. 성내에 제천단 성격의 봉천대奉天臺가 있으며, 주변에서 삼국 이래의 다양한 기와, 토기편이 수습되고 있어서 고구려의 군사시설로 처음 축조되어 고려시대에도 이용된 것으로 생각된다. 동서 길이 9m, 남북 길이 8.3m, 높이 5.5m의 석축인 봉천대는 고려시대 봉씨의 시조 봉우의 5대손 봉천우가 선조를 기념하여 쌓았다고 전하지만, 실제로는 고려시대의 제천단으로 추측된다.[88]

1,190m 둘레의 고려산성은 강화 도성에 근접하여 주변을 잘 조망할 수 있다는 점에서 강도시대의 중요한 군사 거점으로 생각된다. 크기에 비해 성안의 가용 면적은 많지 않아 병력의 주둔에는 한계가 있었을 것이다. 기록에 의하면 산 정상에 5정五井(5연지)이라 하여 다섯 개의

88) 조계종 문화유산발굴조사단, 『강화의 문화유적』, 2002, pp.197~199.

연못이 축조되어 있었는데, 현재 성 안팎으로 3개소의 확인이 가능하다. 이는 성내 주둔 병력의 용수 확보를 위한 것이 분명하며, 축성은 아마 강도시대에 이루어졌을 것이다.

혈구산 기슭에 위치한 혈구진성은 통일신라시대 강화도에 대북방 군사거점으로서 설치된 혈구산의 치소성治所城에 해당한다. 당시에는 바로 인근까지 바닷물이 들어오고 선편 이용이 가능한 곳이었다. 근년의 지표조사에 의하면 본성의 길이가 약 10km에 달하는 큰 규모이다. 강도가 건설되기 전 강화도의 중심성이었으며, 강도시대에도 중요하게 활용되었을 것으로 생각된다. 혈구진의 성은 혈구산을 중심으로 둥글게 쌓은 본성 부분과 이를 해안으로 동서 방향으로 연결하는 일자一字 모양의 5km 길이의 자성, 2개체로 되어 있다는 것이 근년의 조사 결과이다.[90] 그리하여 조사단은 이를 본성本城과 익성翼城(혹은 자성子城)이라는 개념으로 파악하였는데, 이에 대해서는 통일신라시대의 것이 아니고 조선시대 강화도에 설치된 목장성牧場城의 하나라는 의견이 있기 때문에 향후 그 성격에 대한 논의를 필요로 한다.[91] 평지를 동서로 이은 '익성'에 대해서는 기왕에도 '마성馬城'이라는 구전이 있기 때문에 본성과는 성격을 달리할 수 있을 것이다.

삼랑성(정족산성)은 2.3km의 큰 규모로서, 고려시대 초창한 것으로 생각되는 전등사가 그 안에 있다. 개항기 1866년 프랑스와의 전투(병인 양요)에서 격전장이 되었으며, 단군의 세 아들에 의하여 축성되었다는 전설이 있으나 일정하지 않은 크기의 돌로 거칠게 성벽을 쌓은 것으로 보아 고려시대 처음 축성한 것이 아닌가 생각된다. 산세를 따라 축성하였기 때문에 북측과 남측간의 고도차가 크다. 몽골군이 철수한 1259년(고

---

89) 육군박물관, 『강화도의 국방유적』, 2000, p.119.
90) 육군박물관, 위의 책, pp.119~120.
91) 이희인, 「강도 성곽의 현황과 성격」, 『고려 강도 연구』, 성균관대학교 박사논문, 2012, pp.119~127.

종 46) 4월 산성 안에 가궐을 지었으며, 지금도 그 터가 남아 있다. 근세 서울 방어의 외곽 기지로서의 중요성이 높아져 조선조 이후의 각종 시설이 들어선 곳이다.[92] 1259년 가궐을 성 안에 지은 것은 강도 궁궐의 위기시를 대비한 조치였는지 모르겠다. 이 무렵 몽골군의 철수에도 불구하고 강도의 위기감이 고조되고 있었기 때문이다. 이 고려 가궐지에는 조선조에 정족진의 군창이 들어서게 되었다.[93]

강화도에 소재한 산성을 검토할 때, 그 규모가 각각이고 시축의 시기 또한 삼국시대로부터 통일신라, 혹은 고려기까지 등으로 일관성이 없어 보인다. 그러나 이들 산성은 대부분 강도시대에 군사적으로 활용되었을 것이다. 특히 위치상으로 보아 강도를 외곽에서 호위하는 형국이어서 각각의 산성은 이 시기 강도를 외호하는 군사적 중요성을 가진 공간이라 할 수 있다. 강화도성은 주변의 이들 산성에 의하여 군사적 안전을 뒷받침 받는 방어 체제를 가지고 있었던 것이다.

4. 선원사 · 참성단, 그리고 대장경

전란기에 있어서 강도의 종교적 기능에 대해서도 관심을 갖지 않을 수 없다. 강도는 많은 사원을 조영하였는데 이에 대해서는 강도에서의 불교 의례를 검토하는 과정에서 관련 문헌자료가 개략적으로 정리된 바 있고,[94] 현지에 대한 개략적 검토도 이루어졌다.[95] 이 기간에는

---

92) 이형구, 「강화도 삼랑성 실측조사 연구」, 『백제논총』 5, 백제개발연구원, 1995.
93) 이형구, 『고려 가궐지와 조선 정족진지』, 동양고고학연구소, 2000.
94) 윤용혁, 「대몽항쟁기의 불교의례」, 『고려 삼별초의 대몽항쟁』, 일지사, 2000, pp.44~51 및 김창현, 「고려 강도의 신앙과 종교의례」, 『인천학 연구』 4, 인천대 인천학연구원, 2005, pp.1~36 참고.
95) 임석규, 「강화의 사지」, 『인천학 연구』 2, 인천대 인천학연구원, 2004, pp.201~228.

대장도감이 강도에 설치되어 팔만대장경 조판 작업이 추진되었다. 불교 이외에 도교적 혹은 전통적 성격의 종교활동도 괄목할 만한 점이 있었다. 강화도에 있어서 후자의 대표적 예가 참성단 유적일 것이다.

1) 선원사, 위치는 맞는가

강도 사원의 실제 위치를 비롯한 구체적인 검토는 그다지 이루어지지 못하였다. 이러한 미비점을 다소 보완한 것이 김형우이다. 이에 의하여 태조의 진영이 봉안된 봉은사, 법왕사 등에 대한 구체적인 논의를 진척시켰다.[96] 가령 종래 하점면 장정리, 5층석탑과 석조여래입상이 있는 절터를 봉은사에 비정한 견해를 부정하고,[97] 아마도 봉은사는 강도 시가에 들어와 있었을 것으로, 그리고 법왕사는 강화중학교 근처로 추정하였다. 그러나 이 같은 작업은 시작에 불과하다.

근년 강화도내의 문화재 조사에 의하여 강화도의 불교사원 유적은 사찰 11개소, 사지 41개소로 파악되었다.[98] 이들 불적의 대부분이 고려 시대와 관련을 가지는 것으로 보인다. 따라서 향후의 논의는 문헌의 자료와 지표조사의 자료를 연계하고 고고학적 검토를 보다 구체적으로 진행시키는 일이라 할 수 있다. 이들 고려사지 가운데 가장 논란이 되고 있는 것은 선원사지 문제이다.

선원사는 권신 최우의 원찰로서 1246년(고종 33) 창건된 것으로 선원면 지산리 소재 선원사지가 사적 259호로 지정되어 있다. 선원사에 대해서는 동국대 박물관에서 1996년부터 2001년까지 여러 해에 걸쳐 발굴을 실시하여 사지의 전모가 밝혀진 바 있다.[99] 다만 사지에서

---

96) 김형우, 「고려시대 강화 사원 연구」, 『국사관논총』 106, 2005, pp.272~278.
97) 윤현희, 「강화 하점면 석불입상 연구」, 『인천문화연구』 2, 인천시립박물관, 2004, pp.231~245.
98) 임석규, 「강화의 사지」, 『인천문화연구』 2, 인천시립박물관, 2004.
99) 동국대학교 박물관, 『사적 259호 강화 선원사지 발굴조사 보고서』, 2003.

선원사지 원경

'선원사'라는 결정적 자료가 나오지 않았고, 선원사의 위치가 이와는
달리 선원면 충렬사 일대라는 후대의 문헌 기록이 있는 점 때문에
조사된 지역이 과연 선원사인지에 대해서는 아직까지 논란이 종식되고
있지 않다. 일부에서 현재 선원사의 위치에 대하여 정면 반론을 제기하였
고,[100] 이에 대하여 김병곤은 발굴된 유적이 선원사지라는 점을 논증하
고[101] 이에 일부 연구자가 동의하였다.[102] 그러나 최근 채상식이 다양한
문헌 자료와 사지 출토의 유물상에 대한 검토를 통하여 이에 다시
반론을 제기하는 형태로[103] 논의는 종식되지 않고 있다. 선원사의 위치

100) 고두섭, 「선원사지와 신니동 가궐지의 연구」, 『선원사지와 신니동 가궐지』,
   강화문화원, 1999 ; 이종철·조경철·김영태, 「강화 선원사의 위치 비정」, 『한국
   선학』 3, 2001.
101) 김병곤, 「강화 선원사와 신니동 가궐의 위치 비정을 위한 기초자료의 분석」,
   『진단학보』 104, 2007 ; 「사적 제259호 강화 선원사와 신니동 가궐의 위치
   비정」, 『불교학보』 48, 동국대 불교문화연구원, 2008.
102) 김창현, 앞의 「고려 강도의 신앙과 종교의례」, 2008, pp.7~10.
103) 채상식, 「강화 선원사의 위치에 대한 재검토」, 『한국민족문화』 34, 부산대

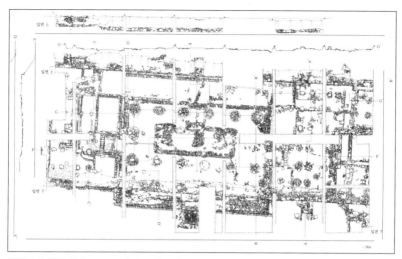

선원사지 발굴 실측도 동국대학교 박물관(2003)

에 대해서는 연구자들의 견해도 양분되어 있는 셈이다.

이 선원사지는 현재까지 확인된 강도시대의 유적 가운데 가장 큰 규모의 시설로서 강화도읍기를 대표할 만한 가치를 가지고 있다. 의문점이 남아 있는 것은 사실이지만, 그러나 선원사지로 비정할 수 있는 여러 요소를 가지고 있는 점도 부인할 수 없다.

선원사지는 고려 도성으로서의 강도의 건설에 대한 중요한 시사를 준다. 선원사의 건설 규모는 당시 강도의 도시 설계 전반의 규모가 결코 영세한 시설이 아니었다는 중요한 증거이다. 현재 선원사지의 사적 지정구역은 11540.5m²이다. 절터의 실제 규모는 이보다 넓었을 터인데, 이처럼 대규모의 건물을 실제 경영하였다는 사실이 우선 주목해야 할 점이다. 강도시대 도성 건설은 이러한 대규모 시설을 포함한 도성 건설이었던 것이다.

선원사지에 대한 논의는 그동안 이 절터가 선원사지인지 여부에 대하여 지나치게 몰두되었다. 선원사지 여부는 유적의 해석에 있어서

___

한국민족문화연구소, 2009.

중대한 문제이기는 하지만, 충렬사 일대에서 구체적인 불적이 검출되어 있지 않은 현재로서는 명백한 결론에 한계가 있는 것이 사실이기 때문이다. 이러한 점에서 앞으로의 선원사지에 대한 연구는 충렬사 일대에 대한 고고학적 검토와 함께 '사적 259호 선원사지' 출토 유물 혹은 유구에 대한 검토를 심화하는 것이 필요하다. 특히 유물에 대한 분석 작업은 이 유구의 성격을 파악하는 데도 도움이 될 것이다.

선원사지는 강도시대 건축의 가장 풍부한 자료를 제공하고 있다. 절의 존재는 전란이 종식된 14세기에도 일정한 규모로 유지되었기 때문에 13세기 강화도읍기의 자료만을 가지고 있는 것은 아니다. 그러나 유적의 중심시기가 13세기라는 점은 부인할 수 없고 이점에서 1270~1271년의 주요 유적인 진도 용장성 궁궐 건물지와의 비교 검토가 매우 중요하다.

선원사지에 대한 조사가 처음 실시된 것은 1976년 동국대 강화도 학술조사단에 의한 것이다. 이에 근거하여 이 유적은 1977년 사적 제259호 선원사지로 지정되었다. 발굴조사가 이루어진 것은 20년 후인 1996년부터였다. 2001년까지 동국대 박물관에 의하여 대략 4차에 걸친 발굴조사 작업이 이루어졌으며 조사 결과 21개소의 독립 건물지와 부속 행랑지 7개소가 확인되었다. 거대한 건물 규모에 비하여 단기간에 집중 조영되었다는 사실이 확인되었다. 그러나 조사지역은 전체 면적의 절반에 미치지 못하며 사적지의 남단과 서남부에도 건물이 조성된 것으로 파악되었다.[104]

밀집한 건물, 배수로의 조성 방식, 온돌과 아궁이 시설 등에 있어서 진도 용장성 건물지와의 유사성이 보이고 있다. 출토유물에 있어서도 잡상이 공통적이며, 출토기와에 대한 비교 분석도 의미 있는 일이다. 이러한 고고학 자료는 강도와 진도 용장성, 제주 항파두성 간의 역사적

---

104) 동국대학교 박물관, 『사적 259호 강화 선원사지 발굴조사 보고서』, 2003.

연계와 차이점을 말해준다는 점에서 매우 흥미 있는 자료가 되고 있다.

2) 마니산 참성단과 몽골 전란

몽골 전란과 관련한 제천祭天의 종교 유적으로 마니산 참성단[105]을 주목하고자 한다. 참성단(사적 136호)에 대해서는 원종 5년(1264) 6월 왕이 마리산 참성단塹城壇에서 초제醮祭를 지낸 기록이 전한다. 이 참성단은 "(마리)산 정상에 참성단이 있는데 단군의 제천단으로 세전世傳되고 있다."[106]고 하여 그 역사와 기원이 심상하지 않음을 암시하고 있다.

참성단의 초제는 성신星辰, 혹은 도교의 신에 대한 제사로서 유교적 제사와는 차이가 많았다. 조선조의 경우이기는 하지만, 제단 위에는 천막을 치고. 상단에는 네 상제의 신위, 하단에는 90여 성관星官의 신위를 모신다. 신들은 지방紙榜에 이름을 써서 모시고, 제사에는 도교관청인 소격서昭格署가 관여한다. 초제에서는 제물로 나물이나 과일만 사용하고, 야간에 거행하는 것이 일반적이었다고 한다.[107] 그런데 비교적 고려시대의 사정을 전하는 것으로 인식되는 15세기 『세종실록지리지』(강화도 호부)에는 당시 참성단의 모습을 다음과 같이 전한다.

(마리산) 정상에 첨성단이 있는데 돌을 겹으로 쌓았다. 단의 높이는 10척으로 상방하원上方下圓이며, 단 위의 4면은 각각 6척 4촌, 밑넓이下廣는

105) 마니산은 기록에 '마리산'으로도 많이 나오지만, '마니'에는 "큰 바다에서 솟아오른 寶珠, 바다에 사는 용의 보물"이라는 의미가 있어, '마니산'의 이름이 꼭 부적절한 것은 아니라고 한다. 또 塹城壇의 한자 표기는 '塹星壇'으로도 쓰이고 있지만, '塹城壇'이 바른 표기라고 하였다. 이에 대해서는 서영대, 「강화도의 참성단에 대하여」, 『한국사론』 41·42, 서울대 국사학과, 1999, pp.208~214 참조.
106) 『고려사』 56, 지리지 강화현.
107) 서영대, 「강화도의 참성단에 대하여」, 『한국사론』 41·42, 서울대 국사학과, 1999, pp.225~228.

사적 136호 마니산 참성단 김용우 사진

각 15척이다. 세상에 전하기를 단군이 제천하던 석단이라고 한다. 산기슭
에는 재궁梓宮이 있는데 구례舊禮에 따라 매년 춘추로 대언代言을 파견하여
초제를 행한다.

이에 의하여 마니산 참성단의 축석이 조선 초 그 이전에 이미 정연하게
수축되어 있었음을 알 수 있다. 그리고 그 시기는 고려조, 14세기까지
소급된다. 공민왕대 이강李岡(1333~1368)의 시에 "돌로 쌓은 신령한 제단
은 태고太古 전前의 일"[108]이라 하였고, 이색(1328~1396)도 참성단에 대하
여 "이 단은 하늘이 만든 것이 아니지만, 누가 만든 것인지는 알 수
없다"[109]고 하여 석축 제단의 존재가 언급되고 있기 때문이다. 한편
제사를 지내는 '재궁梓宮'이 별도로 시설되어 춘추로 초제가 지내졌다는
것도 유의되는 점이다. 이색의 시에 "향피우고 맑게 앉아 시 읊으며

---

108) 『신증동국여지승람』 12, 강화도호부 社壇.
109) 이색, 『목은시고』 3, 「摩尼山紀行此云山上作」.

머리 갸우뚱하니, 한 방이 비고 밝은데 작기가 배舟 같으네"라 하였는데, 그 곳이 바로 이 재궁이 아니었을까. 마니산에서 내려와 기슭에 위치한 '천재암天齋庵 궁지'가 바로 이 재궁의 터라고 전한다. 가지런히 구축한 건물의 기단이 남아 있다.110) 참성단은 1717년(숙종 43) 개축되었지만,111) 1909년 조사 자료에 의하면 방형의 제단은 높이 3m, 1변의 길이 6.2m, 전체 평면의 가장 긴 변이 30m, 가장 넓은 곳이 14m 폭이었다.112)

14세기 이전, 참성단이 이와 같이 일정한 격식을 갖춘 국가의 중요한 제사처로서 자리잡게 된 것은 어느 때였을까. 참성단이 위치한 마니산은 원래는 고가도古加島라 하여 강화도와는 별도의 섬에 위치한 곳이었다. 육지로부터는 교통상 불편하기 짝이 없는 장소였던 것이다. 이러한 점에서 참성단의 수축, 혹은 초제의 봉행 등이 성하게 이루어진 시기는 역시 강도시대의 일로 생각하지 않을 수 없다. 강화도가 고려의 도읍이 됨으로써 참성단의 수축도 가능하였을 것이라고 보는 것이다. 물론 그 이전부터 종교적 공간으로 활용되었을 것이지만,113) '참성단'으로서 부각된 시기는 역시 13세기 강화도읍기(1232~1270)의 일이었을 것이다. 강화 천도에 의하여 천도의 당위성을 뒷받침하는 차원에서 참성단의 단군 전승을 강조하게 되었던 것으로 생각되는 것이다.114) 1251, 2년경에 지어진 최자의 「삼도부」에서 강화의 형승에 대하여 묘사하면서 "안으로

110) 이형구·김진국, 「고려는 마니산에서 무엇을 빌었나」, 『고려왕조의 꿈 강화 눈뜨다』, 이너스, 2011, pp.75~81.

111) 서영대, 「최석항의 '참성단 개축기'에 대하여」, 『박물관기요』 1, 인하대 박물관, 1995, pp.65~69.

112) 和田雄治, 「江華島の塹城壇」, 『考古學雜誌』 1-6, 1911, pp.417~419.

113) 김성환은 마니산의 단군 전승이 강화 천도 이전, 구월산 일대의 전승이 전해진 것으로 보았다(김성환, 「강화의 전승」, 『고려시대의 단군전승과 인식』, 경인문화사, 2002, p.204).

114) 서영대, 「참성단의 역사와 의의」, 『강화도 참성단과 개천대제』, 2009, pp.181~182 ; 서영대, 「참성단, 국가 지정문화재에서 세계문화유산으로」, 『강화역사유적의 세계문화유산으로서의 가치』(발표자료집), 강화고려역사재단, 2013, pp.26~27.

마니, 혈구, 첩첩한 산이 웅거하고"[115]라고 한 것도 이미 당시 마니산이 특별한 산으로 인식되고 있음을 암시한다.

앞서 언급한 1264년(원종 5) 6월, 백승현白勝賢의 건의에 의한 원종의 참성단에서의 친초親醮는, 점증하는 몽골의 압력을 극복하는 방안으로 참성단에서 왕이 직접 초제를 지내는 방안을 백승현이 집정자 김준에게 건의함으로써 이루어진 것이었다.[116] 기록상으로는 이것이 참성단의 초제에 대한 첫 기록이지만, 이것은 왕이 직접 초제를 지낸 것을 가리키는 것으로서, 이미 참성단은 강도시대에 있어서 초제가 거행하는 특별한 공간으로 자리를 잡았을 것이다.[117] 강도시대 국왕의 사사寺社 친행은 이루어지고 있었지만,[118] 참성단의 초제는 왕이 직접 마니산을 걸어 올라야하는 어려움 때문에 쉽지 않은 일이었던 것이다. 한 가지 덧붙이면, 참성단 주변 마니산에 원래 성터가 있었다는 증언이 있다. "마니산 서남에 성터가 있고 아직도 참성단 서편에는 성돌 일부분이 엿보인다"는 것이다.[119] 구체적 확인이 이루어신 것은 아니지만, 앞으로의 확인과 성격 파악이 필요한 사항이다.

마니산 참성단은 지금은 강화도의 일부이지만, 원래는 '고가도'라는

---

115) 최자, 「삼도부」(『동문선』 2 및 『신증동국여지승람』 12, 강화도호부).
116) 『고려사』 123, 백승현전.
117) 이승한은 참성단의 축단이 1259년(고종 46) 白勝賢의 건의에 의하여 마니산 남쪽에 이궁을 짓는 것과 함께 이루어진 것으로 추정하였다. 그리고 이에 의하여 강화도에서의 단군 숭배사상이 형성되었다는 것이다(이승한, 『고려 무인 이야기』 4, 푸른역사, 2005, p.165). 그러나 이 시기는 몽골과의 치열한 전란이 종식되면서 개경 환도에의 기대와 열망이 높아가는 시점이었다. 따라서 참성단의 축단은 오히려 그 이전, 강도를 거점으로 한 전란이 가중되는 최우 정권기의 일이었을 것으로 생각된다.
118) 윤용혁, 「고려 대몽항쟁기의 불교의례」, 『고려 삼별초의 대몽항쟁』, 2000, pp.51~58.
119) 고려시대 쌓은 석축이며, 1666년(현종 7) 유수 서필원이 상부의 인가를 얻어 헐었지만 아직 남아 있다는 것이다. 홍재현, 『강도의 발자취』, 강화문화원, 1990, p.182.

봉천대

이름의 별도의 섬이었다. 근세에 이르러 가릉포, 선두포 지역이 간척되면서 본 섬과 연륙되었던 것이다. 따라서 강도시대에 참성단에 이르기 위해서는 반드시 선편을 이용해야하는 별도의 신성 구역이었다. 남쪽 참성단과 관련하여 강화도의 북쪽 하점면(신봉리)에 참성단의 제단을 연상케하는 봉천대奉天臺가 만들어진 것도 흥미 있는 일이다.

봉천산 정상, 높이 5.5m, 동서 길이 9m, 남북 길이 8.3m 규모의 봉천대는 자연석을 사다리꼴의 입방체로 쌓아올린 것이다.[120] 봉천대는 문자 그대로 하늘에 제사하는 공간이다. 그러나 그 역사적 연원에 대해서는 거의 관련 기록이 없고 고려 인종대의 봉천우奉天佑의 축조라 전한다. 축조할 때 쇠로 만든 양, 돼지, 소, 말을 석함에 넣어 봉안했다는 이야기도 있다.[121] 참성단의 예에서 보는 것처럼, 봉천대 역시 전래

---

120) 조계종불교문화유산발굴조사단, 『문화유적분포지도』(인천광역시 강화군), 2003, p.232.
121) 홍재현, 『강도 지명고』, 강화문화원, 1992, pp.244~245.

되어온 신성한 제사 공간으로서 그 연원은 고려시대, 강도시대로부터일 가능성이 있는 것으로 생각된다.

3) 팔만대장경을 만들다

미증유의 전란을 극복하려는 노력은 불력의 도움을 받고자하는 종교적 측면에서도 각별한 바 있다. 그 대표적 사업이 팔만대장경의 판각이다. 1232년 몽골 침입으로 인한 부인사 소장 초조대장경 각판의 소실이 팔만대장경을 만드는 직접적 계기를 만들었다는 것은 잘 알려진 사실이다. 1236년(고종 23)에 착공되어 같은 왕 1251년(고종 38)에 이르기까지 15년 동안의 역사 끝에 팔만대장경은 만들어졌다. "대장경도 한 가지이고, 전후前後 판각한 것도 한가지이며, 임금과 신하들이 함께 서원하는 것도 또한 한 가지인데, 어찌 그때에만 거란 군사가 스스로 물러가고, 지금의 달단은 그렇지 않겠습니까."[122] 1236년 대장경 각판을 시작하는 기고문은 몽골 침략이라는 미증유의 재난을 불력의 도움으로 극복하려는 간절한 소망이 생생하게 담겨 있다.

1255년(고종 42) 최항에게 내려진 국왕의 조서에 "(최우가) 도감을 별도로 설치하고 사재를 기울여 시납하여 거의 절반을 조판하였다. (최항은) 대장경 판각에 재물을 보시하고 역을 감독하여 완성하고 봉납의 식전을 거행함으로써 온 나라를 복 받게 하였다."[123]고 함으로써 대장경 조성에 최씨정권의 기여가 적지 않았음이 밝혀져 있다. 대장경이 조성된 남부 지역, 특히 진주 일원이 최씨의 경제적 거점이라는 점, 그리고 대장경의 조성에 크게 기여한 최씨의 처남 정안鄭晏이 남해도에 거처하면서 정림사定林社라는 절을 경영하였던 점도 최씨에 의한 대장경 조성이라는 견해에 힘을 실어주는 것이었다.

---

122) 이규보, 『동국이상국집』 25, 「대장각판군신기고문」.
123) 『고려사』 129, 최항전.

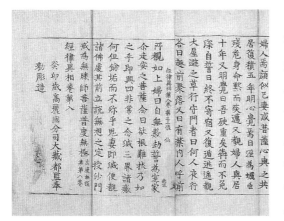

고려대장경판 인쇄본 1243년 제작, 국립중앙박물관 소장

최씨 무인정권이 팔만대장경 조성에 커다란 기여를 한 것은 부인하기 어려우나, 대장경은 기본적으로는 국가적 사업이었으며, 따라서 다양한 계층이 참여하여 완성을 보았다는 점이 중요한 점이다.

대장경의 조조는 공식적으로는 국왕 고종의 명과 권위에 의하여 추진된 사업이었다. 팔만대장경의 권말 간기에 '고려국대장도감 봉칙조조高麗國 大藏都監 奉勅雕造'라 한 것이 그것이다. 대장도감이 최우의 원찰인 선원사에 두어져 추진되었다는 것도 성립하기 어렵다. 대장경은 1236년부터 제작되었는데, 선원사는 1245년(고종 32)에 창건되었기 때문이다.[124] 1245년까지는 대장경의 90%가 판각이 이루어진 단계였다. 판각의 실제 작업은 1248년(고종 35)경까지 거의 이루어졌으므로 최우 집권기(1219~1249)에는 거의 작업이 이루어졌던 셈이다. 대장도감은 국가적 조직이었으며, 분사도감의 경우도 고려의 지방통치 조직에 의하여 조직과 운영이 뒷받침되었다.[125] 한편 대장경의 조성에는 교, 선종을 망라한 불교계, 문인지식층의 자발적 참여, 왕족 귀족으로부터 일반 군현민에 이르는 광범한 계층의 참여가 수반되었다. 이는 팔만대장경 조성의 주체를

---

124) 박상국, 「대장도감의 판각성격과 선원사 문제」, 『가산이지관스님 화갑기념논총』, 1983.

125) 김윤곤, 「'고려대장경' 조성의 참여계층과 조성처」, 『인문과학』 12, 1998 ; 최영호, 「강화경판 '고려대장경' 각성사업의 주도층」, 『한국중세사회의 제문제』, 2001 ; 최연주, 「강화경판 '고려대장경' 각성인과 도감의 운영형태」, 『역사와 경계』 57, 2005 참조.

최씨 무인정권으로 인식하였던 기존의 좁은 견해를 크게 수정하는 것이다.

팔만대장경은 1237년(고종 24)부터 경판의 완성본이 나오기 시작하였으며 특히 1243년(고종 30)과 1244년의 2년 사이에 경판의 완성본이 가장 많이 산출되었다. 여기에 참여한 각수는 약 5천 명에 이르고 있다.126) 이점은 팔만대장경이 다양한 계층의 참여에 의하여 이루어지면서, 몽골의 침략으로 야기된 국가적 위기를 극복하려는 의지를 결집하는 역할을 했던 것을 말해주고 있다.

팔만대장경의 판각처로서는 대장도감이 설치된 강화도, 혹은 분사대장도감이 설치된 진주 관내 남해도가 논란되었다. 한 때는 실제적 판각 작업이 거의 남해도에서 이루어진 것으로 인식하기도 하였다. 이에 근거하여 한동안 대장경판의 판각지를 남해도에서 찾는 작업이 진행되었다. 그러나 최근의 연구에 의하면, 강화도에 설치된 대장도감의 지휘 하에 실제 판각처는 남부 지역 소재 불서佛書 간행의 여러 사원이 판각처가 되었다는 것이 밝혀지고 있다. 기왕에 불교서적의 판각과 출판이 이루어지던 시설과 인력이 활용되어 작업이 이루어졌다고 보는 것이다. 남해도를 비롯하여 경주, 진주목, 해인사, 단속사, 가야산 하거사 등이 그 예이다. 분사도감의 설치는 정부의 지방 통치조직과 밀접한 연관을 가지고 설치하였다는 것도 밝혀졌다.127)

판각된 대장경은 만들어지는 대로 강도로 옮겨지고 보관되었다. 그리고 강화도의 판당에서 낙성식이 거행되었다.128) 대장경은 몽골

126) 최연주, 『고려대장경 연구』, 경인문화사, 2006.
127) 김윤곤, 「고려국 분사도감과 포시계층」, 1996 ; 최영호, 「남해지역의 강화경판 '고려대장경' 각성사업 참여」, 1997 ; 최영호, 「13세기 중엽 경주지역 분사동경 대장도감의 설치와 운영 형태」, 『신라문화』 27, 2006.
128) 강화도의 대장경 판당은 강화읍 국화리 소재의 용장사로 추정하기도 한다(조경철, 「강화선원사와 대장경 판당」, 『고려대장경과 강화도』, 강화군, 2011, pp.180~186).

전란, 삼별초의 봉기로 인한 혼란, 14세기 왜구의 빈번한 침입에도 불구하고 화를 면하고, 해인사로 옮겨지기까지 1백 년 동안 강화도에서 보관되었다. 강화도에서 해인사로 판각이 옮겨진 것은 흔히 조선조 초, 태조 7년(1398)의 일로 인식되고 있다. 그러나 사실은 이미 그 이전, 14세기 후반의 어느 시기에 해인사에 옮긴 것으로 보인다. 대장경을 가야산 깊은 산 속으로 옮긴 것은 왜구의 침입을 대비한 것이었는데, 왜구는 이미 14세기 중, 후반 우왕대에 여러 차례 강화도를 짓밟고 있기 때문이다. 만일 그때 강화도에 여전히 대장경이 보관되어 있었더라면, 팔만대장경은 이때에 잿더미가 되었던지, 아니면 왜구에 의하여 약탈되었던지 하였을 것이다. 1381년 해인사에서 인경하여 신륵사에 보관한 대장경의 사본이 팔만대장경과 일치한다는 것은 그 이전 이미 대장경이 해인사로 옮겨져 있었다는 증거가 되기도 한다.[129]

강화도는 1232년 천도 이후 1270년 개경으로의 환도와 삼별초 봉기에 이르기까지 약 40년 간 왕도로서 기능하였다. 몽골 전란기에 있어서 가장 상징적 공간이었으며 삼별초 활동의 핵심 근거지이기도 하였다. 이 시대를 '강도시대'라 칭한다. 그럼에도 불구하고 13세기 도시의 실제 내용에 대해서는 거의 알려져 있지 않다. 앞으로의 과제로 남겨져 있는 셈이다.

---

129) 최영호, 「고려국대장도감의 조직체계와 역할」, 『고려대장경과 강화도』, 강화군, 2011, pp.81~84.

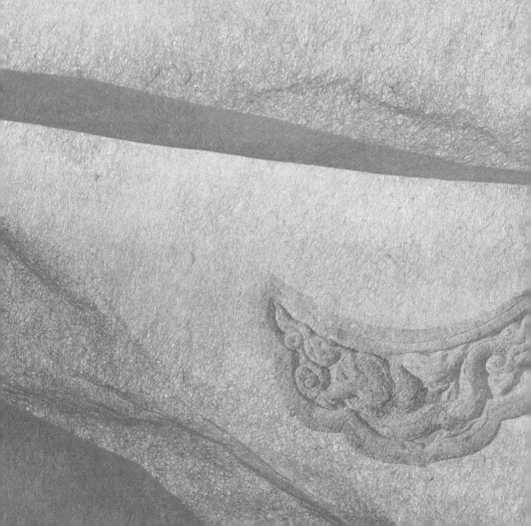

제3장
산성에 입보하며 30년

1. 여몽전투의 현장, 산성

1) 산성에서 전쟁 치르기

1231년부터 1259년까지, 고려의 몽골과의 전쟁은 예상을 넘어서 서로에게 너무 긴 전쟁이 되었다. 몽골이 정복한 여러 지역 가운데, 고려처럼 오랜 저항을 지속한 곳은 대륙 어디에도 없었다. 이 기간 고려가 의지한 일차적 배경은 산성이었다. 산성을 군사적 거점으로 활용하는 전술은 방어를 위주로 하는 고대 이래 우리나라 국방의 전통적 전략이었다. 임진왜란 때 유성룡이 "우리나라에서는 옛날부터 국토를 보전하고 적을 막을 때에 모두 산성을 이용하였고, 적이 꺼려한 것도 오직 산성이 있기 때문"이라 한 것은 산성 중심 전통적 방어 전략의 유효성을 지적한 것이다. 산성으로의 입보는 다른 한편으로 '청야전술'의 성격을 동시에 가지고 있다. 이에 유성룡이 다음과 같이 지적한 바 있다. "삼국 이후 고려시대에 전쟁할 때가 되면 군읍의 관아만 험한 곳에 웅거한 것이 아니라 촌락의 백성이 사는 곳도 곳곳마다 험한 곳을 보전하여 그 안에 공사公私의 양곡을 축적해 놓고, 적이 오면 '들을 비우고淸野' 들어가 지키다가, 적이 물러가면 산에서 내려와 농사를 지었으니, 실로 백성을 보호하고 나라를 지키는 장책長策이라 할 것이다."[1]

고려를 침입하는 북방민족은 기병의 활용을 통한 기동성 높은 군사 활동을 장기로 하였기 때문에, 산성 거점의 고려 군사 방어체제는 이를 저지하는 가장 효율적 방식이었다고 할 수 있다. 서기 1000년을 전후하여 수차례에 걸쳐 고려를 침입하였던 거란의 군사가 고려를 효율적으로 장악할 수 없었던 중요한 이유의 하나도 산성 중심의 고려 국경 방어체제에 있었다.[2] 몽골 침략기에 있어서 그 군사적 침입이 장기간에 걸쳐,

---

1) 유성룡, 『西厓集』 雜著, 山城說.
2) 김호동, 「몽골제국의 세계정복과 지배 : 거시적 시론」, 『역사학보』 217, 2013, pp.82~83.

국토의 대부분 지역에 파장이 미친 것이었기 때문에 산성입보는 전국에 걸쳐 광범하게 이루어진 하나의 파동이 되었다. 이러한 점에서 중세 성곽의 역사에서 몽골 침입에 의한 전란은 극히 중요한 비중을 갖게 된다. 이 시기에 사용 가능한 모든 성곽을 수축 사용하고, 아울러 새로 전략 거점으로서의 산성을 구축, 이용함으로써 성곽의 전반적 활용이 이루어졌던 셈이다.

몽골과의 전쟁이 빨리 끝나지 않은 중요한 이유를 몽골군이 고려에 전투력을 집중시키지 않았기 때문이라고 생각하는 이도 있지만, 이는 적절한 것이라고 할 수 없다. 30년 몽골의 침략은 고려의 대응에 맞서 전투력과 전략을 끊임없이 높여가고 변화시키는 과정을 보여주고 있기 때문이다. 1259년 태자 전(원종)의 입조에 쿠빌라이가 반색하며 환영한 것은 결코 겉치레가 아니었던 것이다.

성곽 중심의 입보전략은 몽골 침입 초기 북계 지역에서부터 적용되었으며, 침략의 확산에 따라 그 지역도 확산되었다. 특히 1232년 강화 천도 이후 고려정부가 중앙군의 몽골군과의 직접 대결 전략을 포기하고 입보책을 강화함에 따라 산성 및 섬으로의 입보전략은 몽골군에 대한 가장 핵심적 전략으로 공식화 되었다.

6월 강화 천도 결정과 동시에 정부는 본토 인민들에 대해서는 '산성과 섬으로의 이동'을 지시하였다. 최종석은 몽골 전란기의 입보성에 대하여 처음에는 치소성治所城 중심이었던 것이 대략 강화 천도 이후로 산성으로의 입보로 입보처가 변화되는 경향이 있었으며, 입보산성의 방어처로의 선택은 군사적 측면을 중시한 선택이었다고 지적한다.[3] 입보책의 추진은 보통 양계의 병마사 혹은 5도의 안찰사를 통하여 하달되어 수령들에 의하여 이루어졌으나, 이를 보다 강화하기 위한 조치가 '방호별감'의 파견으로 나타난다.

---

3) 최종석, 「고려시대 성곽의 변화」, 『한국군사사』 14(성곽), 육군본부, 2012, pp.264~276.

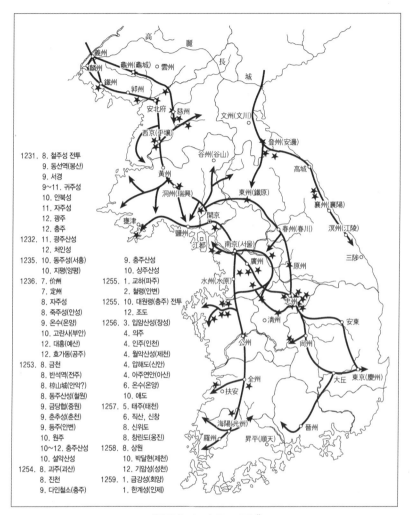

여몽전쟁 지도 (1231~1259) [4]

1231. 8. 철주성 전투
    9. 동선역(봉산)
    9. 서경
    9~11. 귀주성
    10. 안북성
    11. 자주성
    12. 광주
    12. 충주
1232. 11. 광주산성
    12. 처인성
1235. 10. 동주성(서흥)
    10. 지평(양평)
1236. 7. 价州
    7. 定州
    8. 자주성
    8. 죽주성(안성)
    9. 온수(온양)
    10. 고란사(부안)
    12. 대흥(예산)
    12. 효가동(공주)
1253. 8. 금천
    8. 반석역(전주)
    椋山城(안악?)
    8. 동주산성(철원)
    9. 금당협(중원)
    9. 춘추성(춘천)
    9. 등주(안변)
    10. 원주
    10~12. 충주산성
    10. 설악산성
1254. 8. 괴주(괴산)
    8. 진천
    9. 다인철소(충주)

    9. 충주산성
    10. 상주산성
1255. 1. 교하(파주)
    2. 철령(안변)
1255. 10. 대원령(충주) 전투
    12. 조도
1256. 3. 입암산성(장성)
    4. 의주
    4. 인주(인천)
    4. 월악산성(제천)
    4. 압해도(신안)
    4. 아주연안(아산)
    6. 온수(온양)
    10. 애도
1257. 5. 태주(태천)
    6. 직산, 신창
    8. 신위도
    8. 창린도(옹진)
1258. 8. 상임
    8. 박달현(제천)
    12. 기암성(성천)
1259. 1. 금강성(회양)
    1. 한계성(인제)

---

4) 윤용혁, 『고려 대몽항쟁사 연구』, 일지사, 1991, p.345.

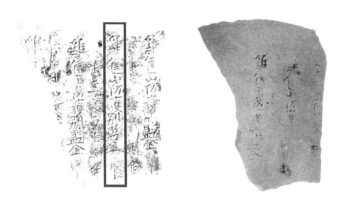

'계룡산방호별감' 명문 기와 조성열 사진

  몽골 침입에 대응한 방호별감의 파견은 3차 침입 때부터였는데,[5] 3차 침입 초기인 1236년(고종 23) 6월 "여러 도에 산성방호별감을 나누어 보냈다"[6]는 것이 그것이다. 9월 기록에는 '죽주성 방호별감 송문주'가 확인된다. 이 시기 방호별감의 파견은 제한적이었으며 그 명칭도 '방호별감'이라는 군사적 명칭보다 '산성권농별감'이라는 다소 애매한 직함으로 파견함으로써 군사적 의도를 감추었지만, 그 인원은 37명에 이르고 있다.[7] 1253년(고종 40) 5차 침입 이후로는 방호별감의 파견이 더욱 늘어나고 일반화 된다. 이 해에 내륙지역의 양산성椋山城, 동주산성東州山城 (철원), 충주산성, 천룡산성, 양근성(양평), 원주 등지에의 방호별감 파견 사실이 확인되고 있다. 1258년에도 한계성, 금강성 등 험준한 산성에 방호별감 중심의 입보가 진행되었다.[8] 공주대학교 교정에서 바라보이는 계룡산에서는 둘레가 4km가 넘는 큰 규모의 산성이 새로

---

5) 방호별감 파견의 최초 기록은 몽골 침입 이전인 1227년(고종 14) 4월 왜구를 막기 위하여 금주에 방호별감 盧旦을 파견한 것이 그 시초이다.

6) 『고려사』 23, 고종세가 23년 6월 정유.

7) 『고려사』 79, 식화지 2, 농상.

8) 방호별감의 파견 사례는 김호준, 『고려 대몽항쟁기의 축성과 입보』, 충북대 박사논문, 2012, pp.112~113에 표로 정리되어 있다.

확인되었는데, 몽골 전란의 말기에 공주, 논산, 대전 인근 지역 사람들의 입보처로 널리 이용되었을 가능성을 시사한다.9) 마침 채집된 기와편에는 '계룡산방호별감김○○鷄龍山防護別監金○○'이라는 글자가 찍혀 있다.10) 기와에 적힌 바로 이 '계룡산방호별감' 김모金某에 의하여 산성이 축조되었을 가능성을 암시하는 것이다.

방호별감 파견에 의한 입보책의 추진은 입보책이 일률적으로 시행되는 데 어려움이 있었음을 말한다. 산성 혹은 섬으로의 집단 이동은 가진 재산의 포기, 생업으로부터의 유리를 전제하는 것이기 때문이다. "공산성(대구 팔공산)에 입보한 백성들이 굶어죽은 자가 많았다"11)고 한 것도 입보책의 강행이 많은 문제를 안고 있었음을 보여주는 것이다. 입보책의 추진은 지역민들의 협조가 필수적이었지만, 전란이 장기화되면서 이에 대한 반발도 증가되었다. 강제적인 입보 추진을 위하여 집이나 재산을 태워버리도록 하는 강압적 방식이 방호별감에 의하여 현지에서 그대로 적용되고 있었기 때문이다. "이 때문에 굶어죽는 자가 10에 8, 9였다"고 기록할 정도였다.12) 강력한 입보책의 추진은 실제 백성들에게는 생존을 보장하는 것이 아니라 침략군 이상으로 부담이 되었을 수 있는 것이다.

---

9) 박순발, 「공주 계룡산성」, 『백제연구』 40, 충남대 백제연구소, 2003. 산성을 처음 발견한 조성열(계룡산국립공원 근무)의 계측에 의하면 성의 둘레는 외성 3.8km, 내성 0.6km, 도합 4.4km 규모이다. 박순발 교수는 채집된 토기자료를 근거로 이 산성이 나말여초에 처음 축성된 것으로 추정하였다(pp.260~270). 그러나 그 시기에 계룡산의 山頂에 성을 쌓아야할 이유는 별로 없다. 아마도 이 계룡산성은 몽골 전란기에 축성되어 14세기 왜구 침입기에도 입보 피란처로서 유용하게 사용되었을 것이다.

10) 계룡산국립공원 사무소, 『다시 보는 계룡산, 마흔 살의 기억』, 2008, pp.82~89(조성열, 「계룡산 성터와 출토 문자기와」, 『웅진문화』 26, 2013, pp.93~94). '계룡산 방호별감 김○○'이라는 글자는 '방호별감'이 문헌 이외에서 확인된 유일한 자료이다.

11) 『고려사절요』 17, 고종 42년 3월.

12) 『고려사』 122, 송길유전.

방호별감은 해당지역에서 수령들에 의한 주민들의 입보를 지휘하면서 특히 몇 군현을 묶어 큰 성으로의 입보를 추진하였다. 가령 1253년 동주산성에는 동주東州(철원)의 부사와 판관 이외에도 인근 금성金城과 김화金華의 현령이 함께 입보하여 방호별감의 통제를 받고 있었다. 문관을 수령으로 보임하는 것과는 달리 방호별감은 업무의 특성상 무반을 임용하였는데, 보통 낭장급이 보임되고 휘하에는 입보 추진을 위하여 중앙에서 일정 병력을 데리고 온 것으로 보인다. 인솔 병력은 '낭장'의 직급을 참작할 때 대략 200명 정도였을 것이다.

2) 중세 성곽사에서 몽골 전란의 의미

산성은 남한에만 2천 이상이 분포하는 것으로 알려져 있는데, 현재 잔존하는 우리나라 산성의 대부분은 몽골 전란을 겪은 것들이다. 어떤 것은 고대 이래 사용해 오던 깃이고, 어떤 것은 각 지방에서 호속들이 부각되던 신라 말 고려 초에, 그리고 일부는 몽골 전란을 당하여 이 시기의 필요에 의하여 새로 만들어진 것이다. 그 가운데는 직접 치열한 전투를 경험한 성곽도 있고, 전란시에 긴요하게 활용되었지만 전투를 직접 치르지는 않았던 경우도 있다. 그러나 내륙에서의 전란이 30년 이상 장기적으로 지속되었고, 산성에의 입보를 중요한 전략으로 시종 추진하였던 만큼 당시에 존재한 많은 성들은 이 전란에서 충분히 활용되었다고 생각할 수 있다.

몽골 전란 이후에도 왜구, 혹은 임진왜란 등의 심각한 전란이 이어졌고, 이에 의하여 13세기 이후에도 많은 성들이 새로 조성된 것은 사실이다. 그러나 고려 말 이후 조선조에 새로 조성된 성곽들은 왜구 혹은 일본침입에 대비한 것이었고, 이것은 고려시대 북방으로부터의 기병을 주력으로 한 외침에 대비한 것과는 다른 것이었다. 가령 고려 말 이후 각 지역에 일반화되는 읍성의 축성은 이후의 대외관계의 변화에 대응하는 다른 개념의 성곽 구축이었다고 할 수 있다.[13] 이러한 점에서 몽골 전란기의 관방 시설은 북방으로부터의 침입에 대비한 우리나라 중세 성곽의 완결적 성격을 갖는다고 할 수 있다.[14]

경기도 지역의 경우를 예로 들면, 경기도에는 230여 개소의 성지가 분포하고 있는데 그중 절반인 110여 개소가 고려시대에 새로 만들어지거나, 수·개축에 의하여 재사용된 것으로 파악되고 있다.[15] 강원도는 100여 개의 성곽 중 고려시대에 수·개축하여 사용한 것이 약 70개소라고 한다.[16] 지역에 따른 편차는 다소 있겠지만, 이것은 다른 지역에 있어서도 크게 다르지 않을 것이다. 이렇게 본다면 성곽에 대한 연구가 고고학만이 아니라 고려시대 역사 연구에 있어서도 매우 중요한 것임을 알 수 있다. 더욱이 고려 몽골 전쟁기에 있어서 전투 혹은 입보의 현장이 된 이들 성곽에 대한 검토는 필수적인 것이라 하지 않을 수 없다. 동시에 40여 년 긴 전쟁을 치르면서 각 지역에 조성된 이들 성곽이 어떻게 이용되었을 것인지를 생각할 때 성곽의 현장에 대한 검토는 매우 중요한 작업이라 할 수 있다.

몽골 전란은 중세 성곽사에 있어서 가장 중대한 역사적 배경이고, 이것은 당시 있었던 대부분의 성곽에서 일관되는 점이라 할 수 있다. 이러한 점에서 고려시대의 성곽 연구는 몽골 전란이라는 역사적 배경을 전제로 하여 검토되어야 하고, 동시에 몽골 전란기의 많은 자료가 바로 이 산성의 공간 안에서 확인이 가능한 것이다.

---

13) 14세기 왜구 이후 방어시설의 입지 변화에 대한 개략적 설명은 윤용혁, 「중세동아시아에서의 해양 방어시설-방어시설의 축조 배경과 성격」, 『중세 동아시아에서의 해양 방어시설』(학술회의 자료집), 국립해양문화재연구소, 2013, pp.19~22 참조.

14) 김호준, 『고려 대몽항쟁기의 축성과 입보』, 충북대학교 박사학위논문, 2012, p.4.

15) 백종오, 「경기지역 고려성곽 연구」, 『사학지』 35, 2002, pp.95~97.

16) 김진형, 「중세 성곽의 특징과 가치」, 『인제 한계산성의 역사문화적 가치와 정비 활용방안』(세미나 자료집), 한국성곽학회, 2012, p.24, pp.50~51.

입지 및 지형에 따른 고려 성곽의 유형은 보통 산성, 평산성, 평지성, 장성 등으로 구분된다. 그 가운데 산성은 테뫼식, 포곡식, 복합식으로 나누어지며 가장 일반적인 형식이 테뫼식이라 할 수 있다. 이에 비해 성 내부에 계곡을 포함하는 포곡식 산성은 규모가 비교적 크고 필요에 따라 장기적인 농성 등이 가능하기 때문에 몽골 전란기에 가장 선호하는 형식의 산성이었다. 복합식 산성은 테뫼식과 포곡식이 겹쳐 있는 것으로, 크게 보면 포곡식의 유형에 포함되는 것이라 할 수 있다.

성곽의 입지는 평지, 구릉지, 산간으로 나누어지는데, 몽골 전란기 이용되는 성곽의 유형은 매우 다양하였다. 산간지대에 위치하는 산성은 보통 해발 400~800m 되는 곳에 산세를 이용하여 성곽을 구축한 것으로, 높고 험한 지형 때문에 내부에 평지가 많지 않으며 피란과 방어에 주안점이 두어진 성곽이라 할 수 있다. 특히 양양 권금성, 인제 한계성 등 험지에 위치한 산성은 전쟁의 말기에 많이 이용되었던 유형으로서 이들 성곽이 위치한 해발 높이는 1천m를 넘는다. 흔히 평산성으로 불리는 구릉지의 성곽은 해발 100m 정도의 구릉지대에 조성된 것으로, 고려시대 관아를 두는 치소로서 많이 이용한 곳이기도 하다.[17] 평지의 성곽도 종종 이용되었는데 대표적인 것이 1231년 1차 침입시의 충주의

---

17) 최종석, 「고려시기 치소성의 분포와 공간적 특징」, 『역사교육』 95, 2005.

충주성이다.

성곽의 축조 방식은 축성 재료에 따라 토축, 석축, 토석혼축 등으로 나누어지는데 토축성의 경우는 판축법, 성토법, 삭토법으로 구분된다. 용인 처인성에서도 판축법이 확인되었으며, 석축성은 산간지대 산성의 경우에 일반적이다. 축성 재료는 성곽의 입지와 밀접히 관련된 것으로 보인다. 산간지대의 산성 축조에 석축이 일반적으로 채택된 점이 이를 입증한다.[18) 도성의 경우도 강화도와 제주의 항파두성은 토축이었던 것에 비하여 진도 용장성은 석성으로 만들어졌다. 조선시대의 자료에 의하면, 토성은 석성에 비하여 공력이 적게 들지만 토축성도 잘 구축하면 석성 못지않게 내구성이 있다고 한다.[19)

몽골 전란기 고려는 기왕의 성을 수리하여 사용하기도 하고, 필요에 따라서는 새로 성을 수축하였다. 각처의 성이 입보처로서 널리 사용됨으로써 산성은 13세기 고려의 중요한 역사공간이 되었다.

3) 입보 추진에 투입되는 삼별초

본토 내륙에서의 전투는 산성에의 입보를 통한 수성전의 양상이 기본을 이루었다. 강화도에 거점을 두고 있는 삼별초는 강도의 치안 유지 및 강도 방호에 업무의 중심이 두어졌지만, 필요에 따라 본토에서의 전란에 종종 투입되었다. 그리고 전란의 말기에는 야별초(삼별초)군이 현지 주민을 산성으로 옮기고 적의 공격에 대응하는 입보책을 직접 주관하기도 하였다.

몽골 3차 침입기인 1235년(고종 22) 9월 야별초 도령 이유정李裕貞은

---

18) 고려 성곽의 유형과 축조방식에 대한 일반적 서술은 백종오, 앞의 논문, pp.109~115를 참조함. 또한 김호준,『고려 대몽항쟁기의 축성과 입보』(충북대 박사논문, 2012)에는 13세기 사용된 각지의 성곽 관련 자료가 풍부하게 언급되어 있어 유용한 참고 자료가 된다.

19)『세종실록』56, 14년 4월 경자 및『세종실록』13, 3년 10월 무오.

병사 160명을 이끌고 대몽전에 참여하였다가, 해평(경북 선산)에서 전사하였다. 그해 10월, 강도에서 파견된 야별초는 지평(양평)현민과 함께 밤에 몽병을 공격하여 죽이거나 사로잡은 것이 매우 많았다. 이듬해 1236년 7월에는 경별초 교위 희경希景, 개주价州(평남 개천) 중랑장 명준明俊 등이 복병으로 몽병을 협격하여 많은 적을 살상하였다. '경별초'가 야별초를 지칭하는 것임은 물론이다. 다음달 8월 야별초 지유 이임수李林壽와 박인걸朴仁傑이 각 100여 명의 군을 이끌고 나누어 몽병 진영으로 향했는데, 연말인 12월 공주 효가동에서 몽병을 만나 치열한 전투 끝에 16명의 전사자를 냈다. 5차 침입기인 1253년(고종 40) 8월, 몽병 척후기 3백여 기가 전주성 남쪽 반석역班石驛에 이르자, 별초 지유 이주李柱는 몽병의 과반을 격살하고 말 20필을 노획하였다. 6차 침입기인 1254년(고종 41) 괴산에서는 산원 장자방張子邦은 별초군으로 몽병을 격파하였는데, '지유' 혹은 '산원'이라는 직명으로 볼 때, 이들이 지휘한 별초는 아마 강도에서 파견된 야별초였을 것이다. 1256년(고종 43) 7월에는 강도정부가 몽골의 압박에 대응하여 정인경의 야별초(기록에는 '마별초'로 되어 있음) 군을 아산만 일대에 투입하였다.[20] 강화도의 외곽이 되는 아산만 연안의 지배권을 놓치지 않기 위한 강도 무인정권의 대응책이었다.

1253년(고종 40) 9월 동해안을 따라 내려온 몽병이 10월 21일 양주성襄州城(양양)을 함락하였다. 일연스님이 지은 『삼국유사』에서는 이때 전란 속에서 가까스로 보존한 수정염주와 여의보주의 보물에 대한 이야기가 실려 있다. 이 보물은 일찍이 의상대사가 신비한 경험을 통해 직접 얻은 것으로 낙산사에 오래 보관되어 있었다. 전란으로 양주성으로 가져와 성이 함락되기 직전 걸승乞升이라는 사노寺奴가 땅에 묻어 가까스로 보존하여 명주(강릉) 관아에 보관하던 것을 강도로 옮겨왔다. 수정염

---

20) 정인경의 「정안」에 의함. 이 자료는 남권희·여은영, 「충렬왕대 무신 정인경의 정안과 공신녹권 연구」, 『고문서연구』 7, 1995 ; 최종석, 「고려시기 치소성의 분포와 공간적 특징」, 『역사교육』 95, 2005 참고.

주와 여의보주의 두 보물을 전란 속에서 강릉에서 강화도로 옮기는 작업은 10명의 야별초에 의하여 수행되었다.[21] 야별초는 종종 전란 속의 특수 임무를 수행하는 역할을 담당하고 있었던 것이다.

이상과 같은 본토에서의 삼별초의 동향은 소병력의 단위부대가 수시로 파견되어 적을 기습하거나, 산성 입보책을 뒷받침하면서 전황에 대한 정보를 수집하는 것이었음을 추측할 수 있다. 다만 이들의 주업무가 적을 직접 요격하는 것이라기보다는 각 지역의 입보 실태, 전황 파악, 지원 등 배후 업무의 수행이었던 것으로 생각된다. 즉 강도정부는 수령과 방호별감의 파견을 통하여 산성과 해도에의 입보를 강력히 추진하는 한편 야별초 소부대를 수시 파견하여 그 진행상황을 점검하고, 지원하면서 상황을 파악하였던 것이다. 그러나 전쟁 말기에 입보책이 강화되면서, 야별초는 입보책의 추진에 직접 동원되고 있다.

1254년(고종 41)경 경상도수로방호사에 임명된 야별초 출신의 대장군 송길유는 해도입보책의 추진에 야별초를 동원하고 있다. 즉 "야별초를 이끌고 각 주현을 순회하면서" 해도에의 입보를 강압하였는데, 불복하는 자에 대해서는 "때려죽이거나 긴 끈으로 여러 사람을 묶어 별초들을 시켜 물속에 집어넣어 기절하면 끌어내고 살아나면 다시 그렇게 했다"는 것이다.[22] 1259년(고종 46)에는 동북면의 반민들이 몽골군을 끌고 공격을 감행해오자 인제 한계산성에 입보해 있던 방호별감 안홍민安洪敏이 야별초를 이끌고 나가싸워 몽골군을 모두 섬멸시켰다.[23] 이 무렵 강도에서는 금강성을 구원하기 위하여 별초 3천 병력을 급파하였다.[24] '별초 3천'은 삼별초의 병력을 가늠할 수 있는 자료라는 점에서 주목된다. 한계산성의 야별초도 바로 이 강화도에서의 3천 병력의 일부일 가능성이

---

21) 『삼국유사』(3, 탑상 4)에서는 이 사건을 1254년(고종 41) 10월의 일로 언급하고 있고, 양주성의 함락이 10월 22일의 일이었다고 적고 있다.

22) 『고려사』 122, 송길유전.

23) 『고려사』 130, 조휘전.

24) 『고려사』 24, 고종세가 46년 정월.

있다. 전쟁 말기에 야별초 부대가 강원도 여러 지역에서 입보를 직접 지휘한 것을 보면 이 무렵 야별초(삼별초)에 의한 입보책의 추진이 상당히 일반화되고 있었다고 생각된다.

무인정권 붕괴 직전인 1270년(원종 11) 2월, 강도의 집정자 임연이 여러 도에 야별초를 파견하여 섬으로의 입보를 다시 추진하고 나서는데,[25] 이 역시 야별초가 입보책에 투입되었던 기왕의 역할에 의한 것이다. 1265년(원종 6) 7월 장군 안홍민에 명하여 삼별초군을 보내 왜구를 막게 한 기록도 확인할 수 있다. 전쟁이 길어지면서 야별초는 산성 및 해도입보책 추진의 중요한 동력으로 작용하였던 것이다. 이는 전쟁의 장기화에 따라 삼별초의 병력 규모도 처음보다 크게 확대되었음을 의미하는 것이기도 하다.

한편 야별초의 활동 이외에 지방에 따라 역시 별초 부대가 조직되어 운용되었다. 몽골 침입 초기인 1231년(고종 18) 충주에서는 '노군 잡류 별초' 혹은 '양반 별초'가 조직되어 있었고, 3차 침입기인 1236년(고종 23) 10월 '부령별초 의업거인' 전공렬이 부안 고란사 부근에서 몽병을 저격하여 적 2인을 죽이고 말 20여 필을 취한 예가 있다.[26] 1256년(고종 43) 4월 대부도 별초가 밤에 인주 소래산 부근에 나와 "몽병 100여 인을 몰아냈다"고 하고, 다시 1258년(고종 45) 10월 충주별초가 박달현에 매복하여 몽병을 저격하여 포로된 인물, 우마, 무기 등을 빼앗았다. 이것은 아마 중앙의 야별초를 본 딴 것으로 지방에 따라 자율적으로 운용되는 것이었을 것이다.

---

25) 『고려사절요』 18, 원종 11년 2월 무자.
26) 『고려사』 23, 고종세가 23년 10월 계축.

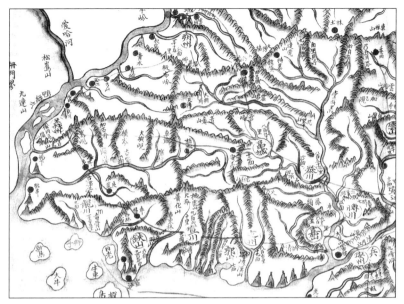

북계 지역 「팔도지도」

2. 북계, 고려를 지키는 방루

북계(서북면)는 동계(동북면)와 함께 고려시대에 외적의 침입을 일차적으로 받는 국경 지역이다. 이 때문에 고려는 처음부터 '계界'라는 군사구역으로 국경 지역을 편성한 것이지만, 계에 있어서도 군사 거점의 중심은 역시 산성이었다. 고려는 이 북계 지역을 군사적 방어선으로 설정하고 태조 이래로 집중적인 방어 시설을 구축해갔기 때문에 몽골 전란에서도 북계 지역은 가장 치열한 전투가 치러지는 현장이었다. 몽골과의 전투를 치르면서 고려가 왜 양계 제도를 시행하였는지를 이해하게 된다.

중부, 혹은 남부 지역은 고대 이래의 산성이 많이 발달한 지역이지만, 이에 비하여 북계 지역은 고려시대에 이르러 새롭게 국경 지역이 형성된 만큼 북계 지역의 산성 대부분은 고려 초 이래 영토의 확대 과정에서 대부분 새로 구축된 것이었고 치열한 전투와 수성을 전제로 축성된 것이었다. 몽골과의 전투가 북계 지역에 처음 치열하게 전개된 것은 당연한 일이었던 것이다.[27] 1231년 살리타이의 몽골군이 고려에 침입하였을 때 지금의 평안북도에 소재한 철주성, 귀주성, 자주성 등은 치열한 전투지로서 꼽힌 곳이다.

1) 여몽전쟁 최초 격전지, 철주성

1231년(고종 18) 8월 몽골군의 내침으로 고려에서 처음으로 치열한 전투가 벌어진 곳이 철주鐵州(평북 철산)이다. 성안의 군민이 끝까지 필사적으로 버티었기 때문에 성이 함락되자 '도륙'이라는 참담한 고통을 경험했던 곳이기도 하다. 고려에서는 1253년 춘천 봉의산성(춘주성)과 함께 몽골군에 의하여 성이 통째로 도륙되었던 대표적 항전처로 꼽히는데, 몽골은 전략의 일환으로 저항하는 성을 함락 이후 도륙해버리는 작전을 종종 채택하고 있다. 인근 지역의 저항의지를 꺾는 일종의 기세 제압이었던 것이다.

몽골군이 철주에 이른 것은 대략 8월 중순이었다. 철주성은 현재 평안북도 철산군 서림면 서림동의 서림성西林城으로서, 압록강을 넘어 남하하는 적이 반드시 통과해야 하는 요지에 위치해 있다. 몽골군은 포로로 잡은 방수장군 조숙창 등 고려의 지휘관들을 내세워 철주성의 항복을 설득하려 하였다. 이때 몽골의 강요로 앞장세워진 고려의 낭장 문대文大는 "가짜 몽골군이니 항복하지 말라"고 오히려 반대로 철주성에 외쳤다가 몽골군에게 죽임을 당하고 말았다. 항복 요구에 철주민들이

---

27) 북계 지역 고려 성곽에 대한 주요 논문은 다음과 같다. 윤무병, 「고려 북계 지리고」, 『역사학보』 4, 5, 1953 ; 신안식, 「고려 전기의 북방정책과 성곽체제」, 『역사교육』 89, 2004 ; 신안식, 「고려시대 양계의 성곽과 그 특징」, 『군사』 66, 2008.

응하지 않자 몽골군은 성을 맹공 하였고, 공방전은 보름이나 이어졌지만 결국 몽골군에 의해 처참히 짓밟히고 말았던 것이다. 성이 함락의 위기에 직면하자 철주 방어사 이원정李元禎과 판관 이희적李希積은 스스로 처자들을 죽이고 자결하였다.

철주성에 끌려온 문대 「동국신속삼강행실도」

철주성은 성종대 거란의 1차 침입 직후 강동 6주의 하나로 비로소 고려 영토에 편입된 지역이다. 『여지도서』에서 "서림은 직로直路의 요충이므로 축성하여 관방을 삼았다"고 하였고, 『동산지銅山誌』에서는 이 서림성이 바로 고려시대의 철주성이라고 밝히고 있다. 『신증동국여지승람』에서는 이 철주성에 대하여 "철산군 북쪽 35리 지점, 개흘현〈屹縣 북쪽에 있으며, 돌로 쌓았고 그 나머지는 토축이다. 둘레 10,500자, 성안에 우물이 7개"[28]라 하여, 석성과 토성의 두 가지 방식으로 구축하였음을 전하고 있다. 철주성은 험준한 지형의 요지로서 풍부한 수원水源을 확보한 국경의 전략적 요충이었다.

철주성 전투로부터 10년이 지난 1240년(고종 27) 4월, 마침 몽골에 사신으로 가던 김구金坵는 국경 부근 철주성을 지나다가 철주에서 있었던 참담하면서도 영웅적인 전투 이야기를 듣게 되었다. 이때의 감회와 탄식을 그는 한 줄 시로 후대에 남겼다.[29]

서로 반달이나 버티어 백골로 불 때어 밥을 지었고

---

28) 『신증동국여지승람』 53, 철산군 고적.
29) 『止浦集』 1, 過鐵州.

낮에 싸우고 밤에 지키니 용과 범이 지쳤네

형세 다 하고 힘 꺾였어도 오히려 여유 보이느라고

다락 위의 악기管絃는 소리 더욱 슬프네

창고官舍가 하루 저녁 붉은 불길 내뿜자

달갑게 처자와 함께 뛰어들어 재가 되었네

충성스런 영혼과 장한 넋, 어디 향해 갔는가

　　김구는 '철주성'이 끝내 함락과 도륙의 참화를 입은 뼈아픈 아쉬움을
마지막으로 덧붙였다. "영원한 고을 이름, 부질없이 '철'자로 기록하였
네." '철주'라는 이름에도 불구하고 철옹성 같은 '철주'가 되지는 못했다
는 표현이다.[30] 그후 조선조 16세기 윤의중(1524~?)이 순찰사로 이곳에
왔을 때, 그의 꿈에 갑옷 입은 두 사람이 나타났다. 3백여 년 전 순절한
이원정과 이희적이었다. 그리하여 이 두 사람을 추모하는 '쌍충사'라는
사당은 후대에까지 오래 전해졌다. 여몽전쟁 최초의 격전지로서의
철수성의 면모를 보여주는 것이다.

2) 여몽전쟁 최대 공방지, 귀주성

　　몽골군이 고려에 침입한 것은 징기스칸이 등장하고 대외원정의 방향
으로 나아간 지 20여 년 뒤의 일이다. 그 사이 몽골군은 갖가지 치열한
전투 경험을 세계 각처에서 겪을대로 겪고 난 다음이었다. 1231년,
몽골군에 있어서 고려는 이때만 해도 단번에 압도하고 말 보잘것없는
정복 대상이었을 것이다. 그러나 전투는 그렇게 간단하지 않았다. 고려
는 지정학적 조건을 이용하면서, 산성을 거점으로 싸움을 맞받았기
때문이다.

---

30) 철주성 전투에 대해서는 윤용혁, 「지포 김구의 외교활동과 대몽인식」, 『전북사
　　학』 40, 2012, pp.20~24 참고.

1231년 몽골군의 첫 침입에서 영웅적 전투로 끈질긴 몽골군의 파상공세를 물리친 대표적 격전지가 귀주성이었다. 귀주성 전투는 9월부터 12월, 1차 전쟁 내내 승패를 가르지 못한 채 치열한 공방전을 끝까지 지속하였다. 마침내 몽골의 노장군은 이렇게 고백하였다. "내가 어려서부터 종군하여 천하 성지城池의 공방전을 여러 번 보았으나, 일찍이 이런 맹렬한 공격에도 끝내 항복하지 않는 것은 처음 보았다." 그것이 귀주성이었다. 귀주성은 1019년(현종 10) 거란의 3차 침입 때에도 강감찬의 고려군이 거란을 대파한 대첩의 현장이기도 하다. 귀주는 993년 거란 1차 침입 때 서희의 담판에 의하여 얻은 이른바 '강동 6주'의 하나로, 바로 이듬해 994년 성이 축성되었다. 서희는 993년 담판에 의하여 거란군을 물리친 것만이 아니라 이후 고려의 국가 방어체제 구축에도 절대적인 기여를 한 셈이다.[31]

몽골군이 처음 귀주에 이르러 성을 포위한 것은 1차 침략 개시 다음 달인 1232년(고종 18) 9월이었다. 이후 몽골군은 12월까지 대략 4회에 걸쳐 대대적인 공격을 감행하였다. 당시 귀주의 지휘관은 북계 병마사 박서朴犀였다. 그의 휘하에는 2천의 군사가 확보되어 있었다. 몽골군은 귀주성을 여러 겹으로 포위한 후 서·남·북문을 동시에 공격하였다. 각종 공성무기가 동원된 몽골의 공격을, 고려군은 정신력과 기지로서 대응하였다.

10월 중순 몽골군은 귀주성에 대한 재공격을 감행하였다. 곧 인근 북계의 여러 성에서 모집한 고려의 항복민을 앞세워 공격하였을 뿐 아니라 전보다 더 많은 공성무기를 동원하였다. 박서는 성안의 주민들로 하여금 무너진 성곽을 바로 수축케 하여 몽골의 재공격에 대비하였다. 몽골군의 3차 공격은 11월 중순에 재연되었는데, 포차砲車를 이용해 성곽을 파괴하였다. 당시 몽골은 이미 전세의 주도권을 장악하여 개경

---

31) 임용한, 『전쟁과 역사 2(거란·여진과의 전쟁)』, 혜안, 2004, pp.89~108.

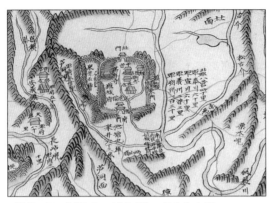

귀주성 지도 『해동지도』(서울대학교 규장각 소장)

정부와의 화의를 진행시키고 있는 실정이었지만, 귀주는 병마사 박서 휘하 군사들과 인근 농민들이 일치단결하여 적의 공격을 막아내었다. 『동국통감』에는 귀주성 전투에 대하여 "나라를 산악처럼 우뚝 서게 하였다"고 하고, 안시성 이후의 가장 의미 있는 전투라는 평을 하였다. 박서는 "문재에 무용도 있고, 무용이 있으면서 문재도 있는 인물"[32]이라는 평을 들었으나, 전쟁이 끝나자 고향으로 귀향 조치를 당하고 말았다. 몽골의 눈치를 본 때문이었다. 그럼에도 불구하고 귀주는 1231년(고종 18)에 정원대도호부定遠大都護府로 승격되었다. 1231년의 일이라면 바로 이 '귀주대첩'의 승리에 대한 포상 및 북계 방어체제 보완의 일환이었을 것이다.

귀주성은 현재 평안북도 구성시에 위치해 있다. 구성龜城, 또는 귀주龜州라는 이름은 산줄기들이 수많은 가지를 뻗쳐 시내를 가로·세로로 내리지른 모양이 마치 거북등 같다는 데서 온 것이라 한다. 귀주성은 내성과 외성으로 이루어져 있는데, 내성은 옛 구성을 에워싼 것이며, 외성은 내성의 서북쪽에 덧붙여 쌓은 것이다. 내성의 둘레는 약 5km이고, 외성 길이는 2km라 한다. 내성의 동쪽벽과 북쪽벽은 동문천 쪽의 절벽을 따라 쌓았으며 서쪽벽은 능선의 바깥 면에 대체로 편축으로 쌓고 남쪽의 평지대에 연결된 일부분만은 협축으로 쌓았다. 굴곡이 심한 능선의 기슭을 따라 구불구불 쌓은 성벽에는 치雉를 설치하였던 자리가 20여

---

32) 『동문선』 26, 趙挺珪 「朴文成. 官誥」(박문성은 박서의 다른 이름).

군데나 남아있다.[33] 성 안에 "우물과 샘이 50"이라 하였는데,[34] 조선조 숙종년간에 10년 대공사를 통하여 국경 지역의 중요 방어 시설로서 다시 자리매김 하였다.[35]

3) 자주성을 지켜낸 순천 자주성

1231년 몽골과의 1차 전쟁에서 끝까지 항복을 거부하며 고려의 자주성 自主性을 지킨 대표적 전투가 바로 자주성慈州城에서 벌어졌다.

자주는 조선시대의 자산慈山이며, 앞의 귀주보다 청천강을 건너 후방에 위치한 평남 순천군順川郡 지역이다. 전투는 11월 쯤의 일이었다. 이 전투에 대해서는 자주부사 최춘명崔椿命이 백성들과 함께 끝내 성을 고수하였다고 되어 있지만, 전투의 양상이 철주 혹은 귀주와 같이 치열하였을 것이다. 12월이 되자 몽골은 고려측 관원을 앞세워 자주성의 항복을 설득하였다. 처음에는 내시낭중 송국첨이었는데 먹혀들지 않자 왕족 회안공 정, 최우와 밀접한 인물인 대집성까지 파견하여 적극 자주의 항복을 압박하였다. 그러나 이러한 강력한 출항 권유에도 불구하고 최춘명은 왕명을 직접 받지 못했다하여 끝내 항복을 거부하였다. 이 때문에 최춘명은 전쟁이 끝난 후 '항복하지 않은 책임'에 몰려 처형당할 뻔하였다.

자주성은 순천군 평산면 성중동 소재 조선조의 자모성慈母城으로서, "성안 골짜기마다 샘물이 솟아나는데 세상 사람들이 말하기를 99우물이라 한다. 군영의 옛터가 있고 또 군창이 있다"[36]고 하여 장기적인 수성전에 유리한 거점이었음을 암시하고 있다. 이들 기록은 조선 후기에

---

33) 리창언, 『고려유적 연구』, 사회과학원 출판사, 2002, pp.166~167.
34) 『신증동국여지승람』 51, 구성도호부 읍성.
35) 서치상, 「숙종년간의 구성읍성 축조공사에 관한 연구」, 『대한건축학회논문집』 21-12(206호), 2005, pp.225~234.
36) 『신증동국여지승람』 54, 자산군 성곽.

자모성이 본격적으로 개축되기 이전의 기록이며, 따라서 성내에 있다는 '군영의 옛터' '군창' 등은 고려시대 시설의 흔적일 것이다. 조선조의 지도에서 현지의 지형 조건을 살펴보면 자모성은 험준한 산에 의해 둘러싸여 있고 물이 풍부하며 자연적인 수성 여건이 매우 뛰어난 요충이었다.

어떤 의미에서 자주성은 몽골에 항전하는 고려 자주성의 상징으로 평가받을 만하다. 그러나 난공불락이었던 자주성도 그후 3차 침입기인 1236년(고종 23) 8월 몽골군의 포위 공격으로 한 달 만에 함락되고 만다. 이때 자주부사 최경후崔景侯, 은주부사 김경희金景禧 등이 함께 순절하였다. 이들은 성안의 입보민들과 함께 몽골에 항복하지 않고 끝까지 목숨을 바쳐 싸웠던 것이다.

4) 중앙군이 안주했던 안주성

몽골과의 항전은 중앙군이 거의 전면에 나서지 않은 기이한 전쟁이었다. 북쪽으로부터 외적이 침입하면 양계 지역에서 치열한 공방전이 전개된다. 그 사이에 정부는 중앙군을 3군 혹은 5군으로 재편하고 보완하여 전선에 파견한다. 그리하여 중앙군과의 본격적 전투가 전개되는 것이 대체적인 줄거리이다. 이 같은 일반적 양상이 거의 적용되지 않은 채 전선의 앞뒤도 없이, 끝없이 그저 이어졌던 것이 여몽전쟁이었다. 어느 전쟁보다 지역의 농민, 노비, 혹은 피지배층의 참여가 불가피했던 것이 바로 여몽전쟁의 이 같은 특성과 관련이 있다. 군대가 싸웠던 전쟁이 아니라, 애매한 농민과 노비, 소민과 부곡민, 한마디로 국가로부터 별다른 덕을 입지 못하던 민중의 전쟁이 바로 여몽전쟁이었던 것이다.

이 여몽전쟁에서 유일하게 중앙군이 전선에 파견된 것은 1차 전투에서의 일이었다. 그리고 이때 파견된 방어군이 거점을 삼은 곳이 바로 청천강변의 안주성이다. 1231년 몽골이 침입하자 개경에서 3군이 조직

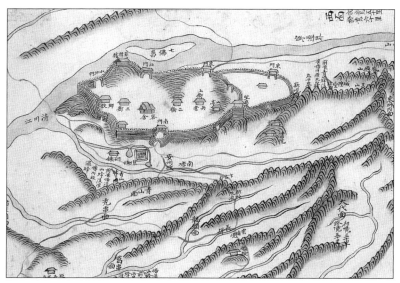

안주성 『해동지도』(서울대학교 규장각 소장)

되어 출발한 것이 9월 9일, 하순에 황주 동선역에서 첫 접전이 이루어진 다음 안북부의 안주성에 이른 것이 10월 21일의 일이었다. 안주성의 3군은 섣불리 작전을 전개하지 못하고 안주성에서 "성을 높이고 참호를 깊이 파면서 지킬 줄만 알았다."[37] 그러나 성곽중심의 견벽고수堅壁固守를 기본으로 하는 주진군과는 달리 중앙군은 보다 적극적으로 작전을 전개해야만 하는 군대였다는 점에서 '안주'의 책임을 면하기 어렵다. 몽골군과의 접전은 이 때문에 몽골의 선공이 시작되어서의 일이었다. 막상 전투가 벌어져서도 지휘관들은 거의 성안에서 나오지 않았다. 11월 22일 정부는 5군을 재편성하여 파견한다는 조치를 취하였지만, 이미 실효성 없는 것이었다.

안북도호부는 원래 북계 병마사영이 설치된 곳인데 안북부의 안주성 은 청천강 남안에 위치한 요충으로서 서경에 이르는 직로의 요충이다. 압록강을 건너 함신진(의주)에 이르면 철주, 정주 등을 거치는 서북

---

37) 『동문선』26, 「閔義爲千牛衛上將軍 知御史臺事官誥」.

연변의 노선과 귀주를 경유하는 내륙노선으로 갈리게 되는데 이 두 길은 모두 청천강변 안주에서 합류한다. 3군이 주둔했던 당시 안주성이 어디였는지 명확하지 않지만, 『신증동국여지승람』에는 안주에 읍성과 고석성古石城의 2개소가 기록되어 있다. 당시의 읍성은 둘레 4,255척, 높이 12척에 샘과 우물이 18개나 설치되어 있는 성이다. 석성은 치소에서 동쪽 6리, 읍성에서 근접해 있는데 둘레는 6,050척, 높이 9척이라 하였다.[38] 근년의 계측치는 내성 2,280m, 외성 3,650m라 하였다.[39]

1231년 몽골의 1차 침입으로 한때 개경이 포위되고 적의 일부는 충주까지 남하하기도 하였다. 그러나 치열한 전투가 북계 여러 곳에서 여전히 치열하게 전개되었다. 고려가 국방을 위하여 왜 북계 동계의 양계제도를 설정하였는가 하는 것을 잘 이해할 수 있는 대목이다. 그러나 1차 침입 이후 고려 양계의 방어력은 현저히 떨어졌다. 이 때문에 이후 몽골군은 북계를 거쳐 보다 자유롭게 고려의 중부, 남부지역 으로 출입하게 된다.

3. 항전의 거점이 된 현장

1) 살리타이 불운의 현장, 용인 처인성

1232년 7월, 고려정부는 강화도에의 천도를 단행하였다. 이것은 몽골 군이 철수한 지 불과 반 년 만의 일이다. 이에 의하여 여몽 간의 전쟁은 새로운 양상을 맞게 된 것인데, 천도 이후 강화도 무인정권의 긴장과 불안을 크게 해소시킨 것이 처인성에서의 승첩이었다.[40]

---

38) 『신증동국여지승람』 52, 안주목, 성곽 및 고적조.
39) 리창언, 『고려유적 연구』, 사회과학원 출판사, 2002, p.168.
40) 처인성 전투에 대해서는 윤용혁, 「몽고의 2차입구와 처인성승첩」, 『한국사연구』 29, 1980 ; 「1232년 용인 처인성에서의 대몽승첩」, 『고려시대의 용인』, 1998(『여

처인성 원경

1592년 임진왜란이 일어나자 충청도 의병장 조헌趙憲은 의병을 모집하는 다음과 같은 격문을 각지에 보냈다. "원충갑이 북을 한번 치고 매를 날려 치악산에서 합단적哈丹賊을 꺾고, 김윤후는 화살 하나로 돼지를 맞혀 죽여 황성黃城에서 몽병을 물리쳤으니, 이들은 모두 유儒나 승僧이었고, 무를 숭상하는 자나 뛰어난 장수가 아니었던 것입니다."[41] 승려의 신분으로 '화살 하나로 돼지를 맞혀' 죽인 인물, 그가 바로 1232년 12월 16일 경기도 처인부곡(처인성)에서 살리타이撒禮塔를 사살한 김윤후이다. 360년 후, 미증유의 전란이 다시 일어나자 의병장 조헌은 승려 신분으로 사람들을 규합하여 국난을 극복케 한 김윤후의 사건을 떠올렸고, 그것이 바로 의병 봉기의 선구였음을 선포한 것이다.

1232년 12월 처인성에서 적장 살리타이를 사살한 전투는 강화 천도 이후 고려의 대몽항전이 장기적으로 전개될 것을 예고하는 중요한

몽전쟁과 강화도성 연구』, 혜안, 2011 재록) 참고.

41) 『重峰集』 13, 「起義討倭檄」.

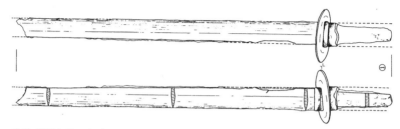

용인 처인성 출토의 칼 [42]

분수령이었다. 몽골과의 전쟁에서 가장 이해하기 어려운 사건의 하나가
처인성에서 살리타이가 화살에 맞아 사살 당한 사건이다. 살리타이는
무엇 때문에 이곳을 지나게 되었는지, 둘레 겨우 350m에 불과한 토축의
작은 언덕에서 날아온 화살에 역전의 무장 살리타이가 거꾸러졌다는
것은 믿어지지 않는 사실이다. 처인성 현지에 오르면 이 같은 의문은
더욱 실감된다.

경기도 용인시 남사면 아곡리 낮은 구릉에 위치한 처인성은 옛날
처인부곡에 부속되어 있던 토축의 작은 성이다. 백현원白峴院의 승려
김윤후가 이끄는 처인 부곡민과 몽골군의 전투가 벌어진 것은 고종
19년(1232) 12월 중순의 일이다. 몽골군은 용인에 이르기 전 광주산성廣州
山城(남한산성)에서 일대 공방전을 벌였지만, 소득 없이 피해만 입고
물러난 상황이었다. 몽골군이 육박해 오자 처인부곡민들은 난을 피하여
이 작은 성에 입보하였고 살리타이가 이끈 몽골군과 공방전을 벌인
것이다.

처인성에 입보하여 있던 김윤후의 활약으로 아연 살리타이가 사살됨
으로써 몽골군은 고려로부터 철수하게 되었다. 이 전투는 막강한 몽골
전쟁 중 고려가 거둔 가장 큰 승리로 알려져 있지만 구체적인 전황은
확인되지 않는다. 또 어떻게 해서 살리타이가 이 처인성에 이르게
되었는지도 의문이다.[43] 심지어는 당시 강도의 무인정권조차 정확한

---

42) 충북대 중원문화연구소, 『용인 처인성-시굴조사보고서』, 용인시, 2002, p.130.

상황을 파악하지 못할 정도였다. 이 때문에 승전에 대한 포상 과정에서도 혼선이 야기되고 있다. 다만 전투 이후 처인부곡이 부곡에서 현으로 승격된 사실이 주목되는데, 이는 당시 전투에서 부곡민들의 승전에 대한 보상이었을 것이다. 이로써 강화도로 서울을 옮겨간 고려 정부를 압박하려 했던 몽골의 전략은 큰 차질을 빚게 되었다.

처인성은 평면이 정방형에 가까운 사다리꼴이고, 높은 곳은 깎고 낮은 곳은 다지는 식으로 성을 쌓았다. 지형의 높이를 고려하였기 때문에 성벽의 높이는 4.8~6.3m로 차이가 난다. 이 성에서 약 200m 거리로 마주 보이는 곳에 살리타이가 화살을 맞고 전사하였다는 '사장死將터'(혹은 살장殺將터)라는 곳이 전한다. 1999년도에 충북대 중원문화연구소에 의하여 성에 대한 부분적인 시굴조사가 이루어진 바 있는데, 이때 성 안에서 많은 양의 기와, 토기류와 함께 철모鐵鉾, 철제 도자刀子, 철제 대도大刀, 철촉 등 무기류가 확인되었다. 끝 부분 일부가 부러진 상태의 대도大刀의 길이는 61.7cm, 철촉은 끝이 뱀머리 모양으로 되어 있다. 고려시대 유적에서의 무기류가 의외로 희소한 예에 비추어 매우 중요한 자료일 뿐 아니라, 처인성이 몽골군과의 중요한 전투지였음을 입증하는 것이기도 하다. 세련된 인동문이 놓인 암막새 기와류는 처인성의 축조가 적어도 통일신라까지 소급되는 것을 뒷받침하고 있다.[44]

2) 제2의 귀주대첩, 안성 죽주성

경기도 안성에 있는 죽주성은 원래 중부 지역 교통의 요지였다.

---

43) "살리타이는 약탈을 면한 처녀지를 찾아 오산, 안성 방면으로의 진출을 모색했고, 사납고 겁 없는 몽골군답게 소수 병력을 거느리고 정찰을 나섰거나 야영할 곳을 점검하다가 처인성에 오게 된 것은 아닐까?"(임용한, 『전란의 시대(전쟁과 역사 3)』, 혜안, 2008, p.173).

44) 차용걸, 「처인성터의 구조와 성격」, 『고려시대의 용인』, 용인시, 1998 ; 충북대 중원문화연구소, 『용인 처인성-시굴조사보고서』, 용인시, 2002.

봉업사지에서 바라본 안성 죽주산성 원경

후삼국시대에는 기훤의 근거지였고, 귀주성 전투의 영웅 박서의 고향이
기도 하다. 이 죽주성에서는 북계 귀주성 전투를 방불하는 전설적
전투가 3차 침입기인 1236년(고종 23) 9월에 다시 벌어졌다. 지휘관은
귀주성에서의 참전 경험이 있는 방호별감 송문주宋文冑였다.

죽주성 전투는 보름간 이어졌는데, 몽골군은 먼저 고려의 항복을
권유하더니 사방을 포위해서 포로 부수고, 혹은 짚에 사람기름人油을
뿌려 성을 화공으로 공격하였다. 화공에서 사람기름을 뿌리는 것은
불을 피워올리는 성분이 있기 때문이라 한다. 몽골의 강력한 공격에도
불구하고 성 안의 죽주민들은 임기응변으로 적절히 대응하여 적의
공격을 막아내었을 뿐만 아니라, 가끔 밖으로 출격하여 많은 몽골군을
사살하였다. 그리하여 몽골군은 포위 15일 만에 공성 기구를 태우고
물러나고 말았다.

안성시 이죽면 죽산리, 매산리에 있는 죽주성은 중부 내륙의 길목이어
서 일찍부터 서울 혹은 삼남으로 통하는 중요한 요충으로 여겨져 왔다.

144

죽주산성의 포대

고려시대 진전사원眞殿寺院의 하나인 봉업사지奉業寺址를 비롯하여 성 주변에 석탑, 불상, 사지 등 풍부한 불교 문화 유산이 흩어져 있는 것도 이 같은 지리적 조건 때문일 것이다. 그 가운데는 처인성 전투의 김윤후, 혹은 죽주성의 송문주 장군을 추모하기 위하여 조성하였다는 전설의 불상도 존재한다. 매산리의 태평미륵불상이 그것이다.

  죽주성은 2001년도에 단국대 매장문화재연구소에 의하여 성지 일부에 대한 발굴조사와 함께 간략한 지표조사가 실시된 바 있다. 이에 의하여 산성의 최초 축조는 백제시대에 이루어져 이후 군사적 용도로 계속 사용되면서 여러 차례 수축의 과정을 거친 것으로 판명되었다. 그러나 아쉽게도 무기류는 아직 확인되지 않았다.[45] 죽주성에 대한

---

  45) 죽주산성에 대해서는 단국대학교 매장문화연구소,『안성 죽주산성 지표 및 발굴조사 보고서』, 2002 ; 충북대학교 중원문화연구소,『안성 낙원공원, 죽산공원, 죽주산성 입구 석물 및 역사 조사보고서』, 2005 ; 한백문화재연구원,『안성 죽주산성 동벽 정비구간 문화재발굴조사 보고서』, 2008의 조사 자료에 의하여 정리하였다.

학술조사에서 밝혀진 중요한 사실의 하나는 죽주성이, 내성·중성·외성이라는 3중성으로 구축되었다는 사실이다. 이에 의하여 내성 1,125m, 중성 1,322m, 외성 602m, 문지는 내성에 2개, 중성 4개, 외성 1개 등 도합 7개소가 확인되었다. 그 밖에 수구문과 외성에 있는 도합 3개의 치성이 확인되었다. 전체 성벽의 길이는 3,049m가 되는 셈이다. 조사단의 견해에 의하면 죽주성의 축성은 시기를 달리하여 3차에 걸쳐 이루어졌다. 고려시대의 상태는 중성이고, 내성과 외성은 조선조에 쌓았다는 의견이다.[46)]

위의 조사과정에서 내성 구간중 내성의 북벽 395m는 종래 알지 못했던 것을 새로 발견한 것이었다. 그런데 이때 내성의 상당 부분은 이미 '복원작업'을 마친 상태였다. 결과적으로 성벽의 상태가 정확히 확인되지 않은 상태에서 성벽 복원작업이 상당히 진행되었던 것이다. 근년에 많이 이루어지고 있는 성곽에 대한 '문화재 복원' 작업은, 이처럼 원상을 무시하고 축대를 쌓듯 작업을 진행하여 도리어 성곽을 훼손하는 많은 문제를 야기하고 있다.

3) 지역민의 입보 항전, 아산 성안말 산성

아산만 지역은 강도와 가까운 거리이며 삼국, 후삼국의 쟁란기에는 경쟁 세력 간의 각축장으로서 그 전략적 중요성이 부각되었던 곳이다. 즉 수륙 양면에서의 전략적 유효성을 가진 지역인데, 1894년 청일전쟁 때 청일 양국군이 아산만을 통하여 상륙한 것도 몽골 전란기에 있어서 아산만 연안에서 전개된 일련의 전투에 대하여 시사를 주는 것이다.

1236년(고종 23) 온양 향리 현려玄呂가 지휘한 온양에서의 전투는 정규군사가 아닌, 지역민들이 중심이 되어 적극적인 방어전을 펼쳐 몽골군을 격파한 사건이었다는 점에서 주목되는 전투이다. 9월 3일

---

46) 단국대 매장문화재연구소,『안성 죽주산성 지표 및 발굴조사 보고서』, 2002, pp.41~50.

아산의 읍내동산성

몽골군이 성을 포위하자 향리 현려는 성문을 열고 적을 요격, 크게 적을 격파하였다. 현려에 의한 온양 전투의 현장이 구체적으로 어느 곳인지에 대해서는 기록에 명시되어 있지 않지만 온양 구읍치에 소재한 읍내동산성 혹은 성안말산성으로 추정된다. 읍내동산성은 '온주아문'이 있는 읍치의 진산인 연산燕山 해발 100m 내외 동서 2개의 봉우리에 테뫼식으로 조성한 935m 길이의 석성이다. 남·동·북문과 우물지가 확인되었으며 특히 남문지와 동문지 부근에 건물터가 밀집되어 있다.

읍내동산성의 동측 방향에 바로 근접해 있는 성안말산성은 구릉을 둘러싼 포곡식의 토축성이다. 평지와 좀 낮은 산지를 둘러싸고 있어서 위치가 덜 험하지만 나말여초 전란기에 배방산성의 견훤과 맞선 왕건의 고려군이 주둔하였다는 전설이 있다. 성의 규모는 '성안말'이라는 지명이 암시하듯 보다 넓은 지대를 점유하고 있다. 당시 온양읍치의 관리와 주민들은 읍내동, 성안말, 배방산성 등 읍치 주변 여러 성에 분산되어 있었으며, 군리 현려는 온양의 수령과 별도의 주민들을 이끌고 바로 이 성안말산성에 입보하여 있었던 것으로 보인다. 이점은 성지의 형태 및 성내에서 수습되는 유물상과도 대체로 부합한다.[47]

1256년(고종 43)에는 아산만 연해 해상에서 전투가 벌어졌다. 4월에는 선장도(아산시 선장면)에 입보한 천안민들을 몽골군이 선공하자 이 지역의 입보책 추진을 담당한 충주도순찰사 한취韓就가 군선을 동원하여 적을 섬멸하였다. 6월에는 강도에서 파견한 이천李阡의 수군이 온양에 이르러 몽병을 격퇴하였으며, 다시 7월에는 무인집정자의 마별초(혹은 야별초)군이 아산만 일대에 투입됨으로써 이 지역의 전략적 중요성을 입증하였다.

대몽항쟁기 중앙군의 파견, 혹은 무인집정자의 야별초(마별초) 지방 파견은 일반적인 사례가 아니었다는 점에서 아산만 지역에 대한 무인집정자의 각별한 관심을 보여준 것이었다.[48] 더욱이 1236년에는 온양에서의 전승에 대한 포상으로 향리 현려를 호장戶長으로 승진시키고, 온양 성황신의 신호神號를 더하는 포상 조치가 있었으며, 1256년 이천李阡의 수군에 대해서는 집정자 최항이 은 6근으로 사졸들을 직접 포상하기도 하였다. 1992년 우리나라에서 제작한 최초의 국산 잠수함 '이천함'은 바로 이 이천 장군의 이름에서 유래한 것이다.

무인집정자의 아산만, 아산지역에 대한 각별한 관심은 결국 아산지역의 전략적 중요성에 기인하는 것이며, 그것은 무엇보다도 강화도의 안전판을 확보하는 일이었다. 아산만이 적에게 장악될 때 강화도는 울타리가 제거된 집처럼 위기에 처하기 때문이다. 아산만 일대의 풍부한 생산력, 강도에 연결되는 조운로의 문제에 있어서도 아산만 확보는 강도정부와 무인정권에 있어서 매우 중요한 관건이었던 것이다.

---

47) 서정석, 『아산 읍내동·성안말산성』, 한얼문화유산연구원, 2009 및 윤용혁, 「고려의 대몽항쟁과 아산」, 『순천향인문과학논총』 28, 순천향대학 인문과학연구소, 2011 참조.

48) 윤용혁, 「1236년과 1256년 아산지역 전투」, 『여몽전쟁과 강화도성 연구』, 혜안, 2011, pp.213~218.

4) '충주성'은 대림산성인가

충주 대몽항전 전승비

충주시 하늘재 중턱에는 기념비 하나가 높게 세워져 있다. 1253년에 벌어진 '충주산성 전투'의 승전을 기념하는 비이다. 비문의 찬자는 밝혀져 있지 않으나 원래 필자가 초안을 잡았던 문안을 수정한 것이다. 충주에 대몽항전 기념비가 세워진 이유는 충주가 여몽전쟁 사상 치열한 전투가 가장 지속적으로 전개되었던 지역이기 때문이다. 1231년 이후 거의 10회에 이르는 충주지역 전투 가운데 가장 대표적인 것이 1253년(고종 40) 방호별감 김윤후에 의한 충주산성 전투이다.[49]

1253년 10월 충주에 당도한 몽골군은 예구也窟가 지휘하는 주력군이었으며 남진과정에서 항복한 고려인들을 공격에 이용하고 있었다. 당시 몽골군은 승승장구 남하를 거듭했지만 충주산성에 입보한 충주 관민들의 항전에 부딪혀 더 이상 남진하지 못하게 되었다. 충주산성 포위가 진전을 보이지 못한 상태에서 다음 달 예구는 지휘부 내의 갈등 때문에 몽골에 소환되고 말았다. 이후 부장 아모간과 반역자 홍복원 등이 충주산성 공격을 계속하였지만, 충주산성은 끝까지 사수되었다. 방호별감 김윤후가 충주산성을 사수할 수 있었던 비결은 농민과 노비 등 민중들의 항전력을 결집, 점화시키는 데 성공한 때문이었다. 당시 김윤

---

49) 충주에서의 전투에 대해서는 윤용혁, 「충주민의 대몽항전과 몇가지 관련 문제」,
『예성문화』 16·17합, 1996 ; 「충주민의 대몽항전과 다인철소」, 『여몽전쟁과
강화도성 연구』, 혜안, 2011 참고.

후는 장기적인 포위로 식량이 바닥이 나고 민심이 동요하자 "귀천을 가리지 않고 관작을 내려" 포상하겠다고 약속하고 관노의 서류를 공개적으로 불태우면서 항전을 독려하였다. 처인성 전투의 영웅 김윤후의 뛰어난 결단력이 엿보이는 대목이기도 하다. 그리하여 무려 70여 일에 걸친 끈질긴 공격을 방어해 냄으로써 충주민은 5차 침략의 몽골군을 좌절시켜 더 이상의 남하를 막을 수 있었다. 몽골군이 철수하자 약속대로 사졸에서 관노, 백정에 이르기까지 관작이 주어졌고, 충주는 국원경으로 승격되었다.

몽골군을 물리친 충주산성의 위치가 어디인지는 아직 분명하지 않다. 한동안 충주산성은 남산성으로 비정되어 왔다.[50] 그러나 이에 대한 지표 및 발굴조사 결과 남산성의 중심시기가 통일신라기이며 13세기 충주민의 입보성으로 보기 어렵다는 결론을 얻게 되었다.[51] 이후의 논의를 통하여 충주지역의 성곽 가운데 충주산성을 충주시 살미면 소재 대림산성大林山城으로 비정하는 견해가 주목되고 있다. 한편 이때의 전투가 '충주산성'이 아닌 충주성, 즉 충주읍성에서 치러졌던 것이라는 주장이 여전히 있다. 그것은 관련 기록에 '충주산성'이 아닌 '충주성'으로 기록되어 있기 때문이다.[52] 근년 충주읍성에 대한 조사에 의하면 성은 내, 외성곽 2중으로 구성되어 있는데 외성곽 둘레는 약 6km, 내성곽은 1,225m 길이이다. 원래 신라 진흥왕 혹은 문무왕대 축성으로 보이며, 성벽 기저부에서 출토한 목탄의 절대연대가 B.P.730±50(A.D.1260)으로 나옴으로써 몽골 전란기와의 관련성을 입증하기도 하였다. 그러나 시내 중심부에 위치하기 때문에 대부분이 훼손된 상태이다.[53]

50) 충주공전대 박물관, 『충주산성 종합지표조사 보고서』, 1984 ; 『충주산성 및 직동고묘군 발굴조사보고서』, 1986.

51) 충북대 중원문화연구소, 『충주산성 – 동문 남측 저수지 시발굴조사보고서』, 2005.

52) 차용걸, 「충주지역의 항몽과 그 위치」, 『대몽항쟁 승전비 건립을 위한 학술세미나』(발표자료집), 1993.

충주 대림산성 성벽

'충주성'은 1231년 몽골의 1차 침입 때 노군 잡류별초의 치열한 항전으로 성을 지켜낸 곳이며 1256년(고종 43) 4월에는 몽골군에 의하여 도륙되었다. 그러나 1250년 당시 파견된 김윤후의 직명이 '충주산성'의 방호별감이었고, 70여 일에 걸치는 치열한 전투를 과연 평지의 읍성에서 치를 수 있었는지는 의문이다. 몽골 주력군의 대거 침입에도 불구하고 인근의 많은 산성을 놓아두고 방호별감이 읍성에 그대로 눌러앉아 있었다는 것도 납득하기 어렵다. 충주산성을 '충주성'이라 한 이유는 아마 몽골 전란을 맞아 충주 관아를 아예 산성 안으로 옮겨갔기 때문이 아닐까 하는 생각이다.

『신증동국여지승람』에는 대림산성에 대해 "돌로 쌓았는데 둘레가 9,638자이고 안에 우물 하나가 있다"고 기록하고 있다. 충청도 지도에는 대림산성이 충주의 대표적인 성으로 그려져 있으며, 같은 책 충주목조에

53) 충청북도 문화재연구원,『충주읍성 학술조사보고서』, 2011, p.128 ; 김호준,
『고려 대몽항쟁기의 축성과 입보』, 충북대 대학원 박사논문, 2012, pp.155~156.

는 대림산성을 충주의 진산이라고 밝히고 있다. 대림산성은 계립령(또는 대원령)길이나 조령길이 연결되는 길목에 위치한데다가 달천강으로 진출하는 수륙교통로에 위치한 요충이라는 점에서 그 지리적 중요성이 인정된다. 대림산성은 충주의 치소에서 불과 4km의 거리에 있으면서 깎아지른 천험의 절벽을 끼고 둘레 4,906m의 방대한 규모로 축성됨으로써 충주읍성이 위험에 처하는 경우 대피하여 적의 침입을 막아내는 최후의 보루 역할을 수행해 내기 적합한 산성이라는 것이다. 성 안에는 건물이 있었던 흔적이 많이 있으며, 우물터와 함께 다량의 고려기와 편이 발견되고 있어서 이곳이 1253년 '충주산성' 전투의 현장이었을 가능성을 내포하고 있다.[54]

김윤후의 승전 이듬해인 1254년(고종 41) 쟈릴타이(車羅大)의 몽골군도 이 '충주산성'을 공격하였다. "쟈릴타이가 충주산성을 공격하는데 갑자기 비바람이 크게 휘몰아쳤다. 성안의 사람들이 정예를 뽑아 맹렬히 반격하자 쟈릴타이가 포위를 풀고 드디어 남쪽으로 내려갔다"[55]는 것이다. 김호준은 이 '충주산성'은 대림산성일 가능성이 높다고 보았다.[56]

충주산성은 대몽항전의 대표적 전투의 하나이며, 특히 신분을 초월한 항전의 거점이었다. 이러한 점에서 당시 전투의 현장을 밝히는 것은 매우 중요한 의미를 갖는다.

4. 깊어지는 전쟁, 산악지역의 입보성

전란은 국경에서 시작되어, 들로 번지고, 그리고 그 다음에는 산줄기

---

54) 상명대학교 박물관, 『충주 대림산성 ― 정밀지표조사 보고서』, 충주시, 1997 및 최규성, 「제5차 여몽전쟁과 충주산성의 위치 비정」, 『상명사학』 6, 1998 참고.
55) 『고려사』 24, 고종세가 41년 9월.
56) 김호준, 앞의 『고려 대몽항쟁기의 축성과 입보』, p.104.

가 겹겹이 겹친 산악지역까지 퍼진다. 일본의 몽골사학자인 스기야마 마사아키杉山正明는 고려의 이 '무한 도전'에 대하여 이렇게 평한 적이 있다. "몽골 진공에 직면한 유라시아 각지의 그것에 대비된 고려의 항전은 탁월하기 이를 데 없었다. 그렇지만 조금은 지나치게 싸웠다. 민중을 희생하고 한반도 전제를 초토화시킨 반세기 가까운 장기전을 치르는 것 외에, 정말 다른 방법이 없었을까."[57]

이 같은 치열한 항전의 배경에는 고려 각지에 축성된 산성이 있다. 이제 이 산성은 몽골군의 공격을 피하여 점점 깊고 높은 산 속에 조성된다.

1) 강변의 비극, 춘천 봉의산성

소양강변에 자리한 춘천은 원주와 함께 강원도 내륙의 거점 도시이다. 그 도시의 중심, 강변에 우뚝 솟아 있는 봉의산(300m)의 산성(춘주성)은 고종 40년(1253) 9월 몽골 5차 침입군에 의하여 함락과 도륙의 비극을 경험한 유적이다. 봉의산 정상에서 북쪽 소양강으로 흐르는 계곡을 포용하고 북쪽을 견제하는 포곡식 산성으로, 군사적 성격과 입보처로서 기능하였다. 그러나 봉의산성은 그 규모로 보아 장기간 수성할 수 있는 입보처는 아니었다. 치소에 근접하게 위치한 성으로서 평상시에 중요한 군 장비를 보관하고 소수의 인원이 머무르면서 여러 지역을 관측하며, 위급한 상황에서는 일시적으로 산성에 대피하고 봉수를 통하여 다른 지역에 전달하는 역할을 수행하기에는 부족함이 없었을 것으로 여겨진다.[58]

춘주성은 춘주(춘천)의 관아에 인접한 성이다. 몽골군이 춘천에 박두하자 관민들이 안찰사 박천기朴天器의 지휘 하에 모두 이 성에 입보하여 난을 면하고자 하였다. 그러나 성을 포위한 몽골군은 봉의산성을 여러

---

57) 杉山正明, 『몽골세계제국』(임대희 등 역, 신서원, 1999), pp.267~268.
58) 춘천시, 『춘천 봉의산성 – 지표조사보고서』, 1993.

춘주성 (봉의산성) 원경

겹으로 포위하고 거기에다 2중의 목책과 참호를 설치함으로써 성을
철저히 고립시켰다. 몽골군의 전술은 춘천 사람들의 항전 결의에 자극된
일종의 보복이었고, 이후의 작전에 그 위력을 선전하려는 의도이기도
하였다.

　당시 춘주성(봉의산성) 안에는 박천기 휘하 약간의 사졸과 입보한
춘천 사람들이 있었다. 전투가 장기전으로 접어들자 성안의 물이 고갈되
면서 소·말을 잡아 그 피를 마실 정도로 비참한 형편이었다. 한계를
느낀 박천기는 마침내 결사대를 조직, 적의 포위망을 돌파하는 최후의
시도를 감행하지만 이 시도는 몽골군이 사전에 파놓은 저지선에 걸려
좌절되었다. 입보민의 한 사람 조효립曺孝立은 성이 함락되기 직전, 처와
함께 불에 뛰어들어 스스로 목숨을 끊었다.[60] 1253년 9월 20일 성이
함락되자 성 안의 춘천 사람 대부분은 적에게 도륙 당하고, 일부 죽음을

　59) 강원고고문화재연구소, 『춘천 봉의산성 발굴조사보고서』, 2005.
　60) 『고려사』 121, 조효립전.

불태워진 봉의산성 건물의 터 [59]

면한 사람들은 포로로 잡혀간다.

강도 정부에서 재직하고 있던 춘천 사람 박항朴恒(1227~1281)은 춘주성이 함락되고 성안의 사람들이 모두 죽임을 당했다는 소식을 듣고, 부모의 시신이라도 찾기 위하여 급히 귀향하였다. 성 안팎에 시체가 산처럼 쌓여 있는데, 이미 부모의 신원 확인은 어려운 상태였다. 박항은 시체더미에서 부모로 생각되는 시신을 모두 거두어 묻으니 그 수가 3백에 이르렀다. 그의 모친이 포로로 잡혀가 원의 대도大都에 생존해 있다는 소식을 접한 것은, 한참 뒤의 일이었다. 그는 두 번이나 모친을 찾아 대도에 갔으나 끝내 상봉은 이루어지지 못하였다.[61] 박항은 몽골과의 강화 이후, 1269년부터 1278년에 걸쳐 도합 6회 사신으로 원에 파견되었다.[62]

61) 『고려사』 106, 박항전.
62) 한성주, 「고려시대 박항의 생애와 활동에 대하여」, 『전북사학』 37, 2010, pp.14~16 참조.

춘천 봉의산성은 강원 춘천시 소양로 1가, 춘천의 진산인 봉의산의 가파른 능선에 쌓은 성이다. 축성의 규모는 1,284m로 계측되었으며, 2004년의 발굴 조사에 의하여 성 서쪽에 위치한 건물지 3동이 조사되었고, 노쇠의 화살촉, 혹은 '官草(관초)' 등의 명문와가 수습되기도 하였다.[63] 조사된 건물지가 모두 불탄 흔적을 남기고 있어, 화재로 인한 일시 폐기로 추정된다는 점도 흥미있다. 특히 정면 2칸, 측면 8칸의 2호 건물지의 경우는 건물의 소실 당시 폐기 상태가 여실히 확인되었다.[64] 대략 20m에 가까운 긴 장방형 건물은 목탄을 포함한 흑갈색 사질토에 다량의 토기편, 자기편과 용도 불명의 철기, 자물쇠 등까지 출토하여서 1253년 몽골 전란 당시 화재로 소실된 창고 건물이었던 것으로 추측된다. 봉의산성 기슭에는 1253년의 비극과 충절을 기념하는 항몽순의비가 세워져 있다.

2) 쟈릴타이를 꺾은 상주 백화산성

김윤후의 충주성 싸움에 비견되는 대표적 싸움이 이듬해 1254년 승 홍지洪之의 지휘로 상주 백화산성에서 벌어진 상주산성 전투이다.[65] 1254년(고종 41) 6차의 고려 침공을 감행하였던 쟈릴타이車羅大는 9월 충주산성 공격에 실패하자 상주를 공략, 고려·몽골간의 대대적인 공방전이 상주에서 벌어진다. "쟈릴타이가 상주산성을 공격하자 황령사黃嶺寺의 승려 홍지洪之가 제4관인을 사살하였으며, 사졸로 죽은 자도 반이 넘어 적이 드디어 포위를 풀고 퇴거하였다"고 한 것이 그것이다.[66]

---

63) '官草'명은 '관에서 제작한 기와'라는 뜻으로, 안성 망이산성, 양주 대모산성, 홍성 석성산성 등지에서도 확인된 바 있다. 강원고고문화재연구소, 『춘천 봉의산성 발굴조사보고서』, 2005, p.157 참조.
64) 강원고고문화재연구소, 『춘천 봉의산성 발굴조사보고서』, 2005, pp.64~112.
65) 상주산성 전투에 대해서는 윤용혁, 「1254년 상주산성 승첩과 백화산성」, 『여몽전쟁과 강화도성 연구』, 혜안, 2011 참고.

당시 홍지는 휘하 황령사의 승도들을 중심으로 주변에서 입보한 상주민을 규합, 자체적인 방어체계를 갖추어 쟈릴타이의 공격에 대항한 것으로 보인다. 이 전투에서 몽골군은 고급 지휘관이 사살 당하였으며, 사졸 중에서 '죽은 자가 과반'이라 할 정도로 큰 타격을 입었다.

승려 홍지의 지휘로 쟈릴타이를 물리쳤던 상주산성은 상주 서쪽 50여 리 지점의 백화산성白華山城이었다. 백화산성은 비교적 물이 풍부하고 방어 요건이 좋기 때문에 입보한 주민들이 홍지의 지휘 하에 적에게 막대한 타격을 입혔던 것이다. 이곳은 S자형의 깊은 골짜기가 특히 발달하여 당시 성안에 입보하여 있던 상주민들이 이러한

(상) 상주 백화산 「형제급난도」(상주박물관 소장)
(하) 상주항몽대첩 기념탑 2010년 건립

지형적 특성을 이용, 일종의 유격전에 의하여 적을 패퇴시켰을 것이다. 이러한 큰 승리가 겨우 승전 사실 정도만 간략히 전하는 것은, 상주산성에서의 전투가 순수한 지역민들의 자위적 항전이었기 때문에 그 내용이 간과되고 묻혀버렸기 때문이다.

상주시 모동면 수봉리 소재 백화산성은 '금돌성今突城'이라는 이름으로

---

66)『고려사』 24, 세가 고종 41년 10월 무자.

상주산성 성벽 축성 상태

지정되어 있다. 백화산 정상부의 능선과 골짜기를 따라 쌓은 성으로,
완전하게 무너진 성벽을 일부 복원하였다. 내, 외 2중으로 구축되었는데
내성 4,231m, 외성 2,018m, 전체 둘레는 6,248m로 계측되었다. 성벽의
구축은 지형과 지세에 따라 차이가 있다. 단애를 이루는 곳은 암반의
자연 지형을 성벽에 대신하고, 산봉과 산봉 사이의 낮은 고도의 지점은
내탁 기법에 의한 편축, 암반 위는 대체로 협축의 축성을 하고 있다.
성돌은 주변에서 구할 수 있는 산돌을 가공없이 그대로 사용하였고
구축 상태도 정교하지 않아 비교적 단기간에 서둘러 축성한 느낌을
준다.[67] 이 같은 축성 내용은 백화산성이 주로 몽골 전란기에 축성되었음
을 암시하는 것이다. 이 성이 신라시대 금돌성으로 알려져 있기는
하지만, 현재의 전체적 구도는 대체로 몽골에 대항하는 입보처로서
조성된 것이었다고 할 수 있다.

　백화산성에 대한 최초의 자료는 『삼국사기』에 금돌성金突城이라는
이름으로 나타난다. 백제 정벌의 신라군을 격려하기 위해 660년 6월

　67) 경상북도문화재연구원, 『백화산 문화유적 지표조사보고서』, 1998, pp.164~170.

무열왕이 직접 금돌성(백화산성)에 행차한 후 백제가 항복하여 부여 소부리성을 떠난 같은 해 7월까지 약 한 달 남짓 머물렀던 것으로 알려져 있다.[68] 백화산성 안에 있는 '안 대궐 터' 또는 '바깥 대궐 터'라 불리는 곳이 무열왕이 머물렀던 행재소였을 것이라 믿어지고 있지만, 실제 시표 조사 결과에 의하면 수습되는 와편과 자기편의 상한 연대는 고려시대이다. 조선시대의 와편과 자기편도 많이 수습되는데, 이는 임진왜란 때의 피란처로 많이 활용되었던 사실에 부합하는 것이다.

백화산에는 몽골과의 전투와 관련한 여러 이야기가 전한다. '저승골'에는 홍지가 몽골군을 물리친 일화가 전해져 온다. '한성봉'은 몽골군이 이 성을 넘지 못해 한스러운 성의 봉우리라는 뜻, '방성放聲재'는 적의 잔병이 패퇴하여 방성대곡하여 넘었다는 고개, '전투갱변'은 몽골군과 싸우던 강변, 호장 김조金祚가 7살 먹은 딸 만궁萬宮과 함께 몽골군을 피하여 백화산에 올랐다가 헤어지고 말았는데, 만궁은 호랑이 젖을 먹고 살아 있었다는 전설 등이 그것이다.[69] 저승골은 백화산의 남쪽 능선에 해당되는데, 동북쪽으로는 절벽이라 길이 없고, 서쪽은 구수천龜水川을 향해 난 계곡에 유일한 오솔길이 있으나 매우 가파르고 험한 길이다. 계곡의 끝은 구수천변에 이르며 30m 정도의 폭포를 이루어 길은 거의 끊어진 것처럼 보인다. 몽골의 침입 때 이곳 지리에 밝은 승려 홍지가 야음을 틈타 몽골군을 이 계곡으로 유인해 협공하여 초겨울 빙판폭포 밑으로 추락시킴으로써 적병을 전멸시켰다는 것이다.[70] 이들 이야기 가운데 일부는 후대에 지명에 의거하여 만들어진 이야기도 포함되어 있을 것이다.

백화산성이 있는 백화산맥白華山脈은 태백산맥에서 분지해서 남쪽으로

---

68) 『삼국사기』 5, 신라본기 태종왕.
69) 노천가·박민화, 「백화산 전설」; 조희열, 「성」, 『백화산』, 상주문화원, 2001, pp.370~392, pp.473~479.
70) 상주청년회의소, 『상주』, 1992, p.19.

뻗어 내린 소백산맥의 한 지류로, 주봉은 한성봉漢城峰(해발 933m)이다. 백화산맥의 주능선은 남쪽과 동쪽으로 분기하고 그 사이로는 계곡이 형성되어 있다. 이들 능선들은 암반단애 및 급경사를 이루며 천연의 요새처럼 험준한 줄기를 만들고 있다. 다음은 '도량고첩刀良古堞'이라는 제목의 백화산성에 대한 강세진(1717~1786)의 시 한 구절이다.[71]

> 도량현刀良縣은 이곳의 옛 이름인데
> 무너진 성첩이 산의 언덕에 있다.
> 갈라지고 찢어져 신라 고려 감회 깊은데
> 연대는 그 얼마나 지났던가

백화산과 산성은 임진왜란 때도 상주민의 피란처로서 기능하였다. 임란 때 의병을 일으켰던 이전·이준李埈 형제가 백화산으로 피신하는 도중의 위급했던 일화가 유명하다. 이 이야기는 '형제급난도兄弟急難圖'라는 그림으로 남겨지고 많은 이들이 시를 지어 그 우애를 칭송하였다. 이 같은 상황은 몽골 침입시에도 일어났었을 법한 일이기도 하다.

상주 시민들은 홍지에 의한 백화산성에서의 역사적 전투와 그 현장을 기념하고자 백방 노력을 기울여왔다. 2008년 11월에 학술 세미나를 개최하여 그 의미를 부각시키고, 일제에 의하여 '포성봉捕城峰'으로 바뀐 '한성봉漢城峰'의 이름을 다시 찾은 것도 그러한 사업의 일환이었다. 2013년 2월, 시민 모금을 기초로 하여 높이 11.5m의 '상주 항몽대첩 기념탑'을 제막하였다.[72]

---

71) 권태을, 「상주 백화산 권역 한문학」, 『상주백화산 개발방안 모색을 위한 세미나』 (세미나 자료집), 상주시 지역혁신협의회, 2008, p.40.
72) 기념탑에 대한 내용 및 건립 경과에 대해서는 상주 항몽대첩탑 건립추진위원회, 『항몽대첩과 백화산』, 2013, pp.12~34 참고.

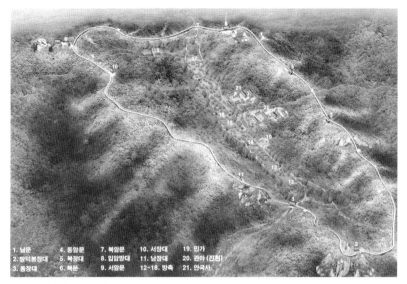

1. 남문　　4. 동암문　　7. 북암문　　10. 서장대　　19. 민가
2. 방덕봉장대　5. 북장대　　8. 입암망대　　11. 남장대　　20. 관아 (진헌)
3. 동장대　　6. 북문　　9. 서암문　　12~18. 방축　21. 안국사

장성 입암산성 개념도[73]

3) 호남 제일의 보장처, 장성 입암산성

몽골군의 침입은 전라도의 경우도 예외가 아니었다. 그러나 몽골의
주력이 주로 경상도 방면을 지향하였기 때문에 상대적으로 전라도
지역은 피해가 적은 편이었다. 몽골군은 1256년(고종 43)에 전라도
남부지역에 그 전력을 집중시켰고 특히 압해도 등 서남해 연안의 섬을
적극 공략하려 하였다. 이는 입보처에 대한 직접적 공격이었을 뿐
아니라 강도에 연결되는 조운로에 대한 중대한 위협이었다. 이에 대응하
여 같은 해 정월 강도정부는 이광李廣 등에게 중앙군 3백을 주어 내려
급히 내려 보냈다. 이것은 영광 부근에서 몽골군을 수륙 양면에서
공격하는 작전이었지만, 사정은 여의치 않았던 듯하다.

이때 송군비宋君斐의 군은 노령산맥 줄기 장성의 입암산성에 입보하여
있었다. 입암산성은 전라지역의 가장 대표적인 입보처로서 당시 주변의
군현에서 다수의 백성들이 이미 전란을 피하여 들어와 있었다. 몽골군은

「**입암산성도**」 『해동지도』(서울대학교 규장각 소장)

입암산성을 공격해 들어왔다. 포위 공격이 장기화 히면서 견디지 못한 성안의 입보민은 몽골에 투항하기 시작하였다.

3월 입암산성에 입보한 송군비의 군사들은 성 안에 고립되어 있었지만 기지를 발휘하여 적을 이완시킨 다음 갑작스런 공격으로 몽골군을 대파하였다.[74] 송군비는 약한 사람 몇 명을 성 밖으로 내보냈다. 몽골군은 성안의 식량이 다한 것으로 알고 공격군을 성 밑까지 들여보내자 갑작스런 기습 공격을 감행한 것이다. 이 전투에서 많은 수의 몽골군이 살상되고 몽골의 고급 장교 4명을 포로로 잡았다.

전남 장성군 북하면 신성리 일대에 위치한 입암산성은 1993년 사적 제384호로 지정되었다. 전라도의 가장 중요한 보장처로서 높이 626m인 입암산의 계곡 능선을 따라 만든 포곡식 산성으로 전체 길이는 약 5.2km이다. "4면이 높고 가운데는 넓어, 성을 밖에서 올려보아 안을 볼 수 없도록 되어 있다. 성안은 사방에 장애가 전혀 없고 샘과 못이 풍부하여 1만 마리 말도 먹일 수 있다."[75]는 천연적 지형을 가지고 있다. 조선시대의 경우는 "대방축이 3, 소방축이 6, 큰 샘이 9"라 하여 충분한 저수 시설이 갖추어져 있었다. 지표조사 때 7개소의 방축을

---

73) 명지대학교부설 한국건축문화연구소, 『장성 입암산성 종합정비 기본계획』, 장성군, 2004.
74) 『고려사』 24, 고종세가 43년 3월 기미.
75) 『대동지지』 장성 성지.

확인하였으며, 그중 4개소의 대방축은 3~10m 크기이다.[76] 몽골 전란기에 이미 이 같은 저수 시설이 유지되고 있었을 것이다. 산성의 축성 시기는 상주 백화산성과 같이 대략 고려시대로 짐작되지만 초축의 시기는 통일신라기로 소급될 가능성이 많은 것으로 보인다. 입암산을 지칭하는 듯한 '장성'이라는 이름은 고려기의 것이지만, 통일신라 때 이미 '갑성岬城'이라는 이름을 가지고 있었기 때문이다.

1980년대 초, 학생들과 함께 현지를 답사한 적이 있는데, 성 안에 민간인은 거의 거주하지 않고 외부로부터의 접근이 어려운 입지인데도 상당히 넓은 농지가 조성되어 있어 유사시의 보장처堡障處로서 절호한 입지라는 점을 확인할 수 있었다. 성곽시설물로는 성문, 암문, 치첩, 장대 및 포루가 존재하였다.[77] 입암산성 전투에서 공을 세웠던 송군비는 원종조 벼슬이 추밀원 부사에 이르고 특히 임연정권에서 정치적 영향력을 행사하였지만, 1270년 무인정권이 붕괴되면서 유배 당한다.

4) 한계점에 이른 여몽전쟁, 인제 한계산성

"설악산 골짜기 성벽에 앉아 생각해 본다. 어찌하여 이토록 험하고 먼 곳에 성을 쌓았을까." 시인 이정주는 한계산성 문턱에 올라서 그렇게 감상을 적었다. '천년의 성터에서 듣는 바람소리', 그것이 1259년 몽골과의 마지막 전투를 치른 한계산성에 대한 글의 제목이었다.[78]

강원도 인제 산악지대인 한계산에서의 전투는 몽골과의 마지막 전투의 하나로 꼽힌다. 철군 직전인 고종 46년(1259) 정월 무렵에 전투가 벌어졌기 때문이다. 고종 46년(1259) 조휘趙暉 등이 반란을 일으켜 몽골에

---

76) 명지대학교부설 한국건축문화연구소, 『장성 입암산성 종합정비 기본계획』, 장성군, 2004, pp.72~74.

77) 명지대학교부설 한국건축문화연구소, 『장성 입암산성 지표조사 보고서』, 장성군, 2003.

78) 이정주, 『옛 성을 찾아가다』, 일진사, 2004, pp.213~214.

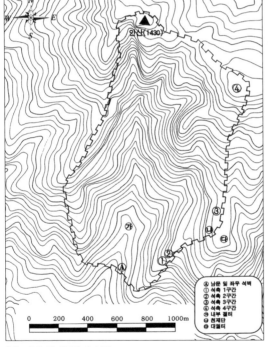

(상) 인제 한계산성의 성벽
(하) 인제 한계산성 실측도 [79)]

투항한 후 몽골군을 이끌고 한계성을 공격하자, 방호별감 안홍민安洪敏이 야별초를 이끌고 나가싸워 모두 섬멸시켰다. 당시 방호별감이 중앙으로부터 파견되어 산성을 수축하고 비상시에는 인근 주민들을 모두 성 안으로 입보시켜 몽골군과 전투를 벌였던 것을 생각하면, 안홍민이 몽골군을 물리칠 때에도 역시 주변 지역으로부터 많은 사람들이 성안에 입보하여 있었을 것이다.

한계산성은 워낙 험악하고 깊은 산악 지형이라서 몽골군이 단독적으로 작전을 수행하기는 쉽지 않다. 따라서 고려에 반역한 부몽분자 조휘의 도움으로 몽골군이 작전을 수행하였다는 점이 특징이다. 한계산성은 강원 인제군 북면 한계리에 있는 성곽으로, 1973년 강원도기념물 제17호로 지정되어 있다. 성곽은 태백산백 서쪽 산기슭, 내설악지역에 위치하여 있는데, 그 자리는 강원도 인제군이 소재하고 있는 원통에서 동해안의 양양으로 통하는 국도가 뚫려 있는 한계령을 향하여 동쪽으로 13km정도 떨어진 곳에 위치한다. 한계산성은 가장 높은 지역이 해발 1,200m인데, 한계3리 북쪽인 해발 1,430m의 안산鞍山 8부 능선인 해발 1,100m 되는 곳에서 시작된 성벽은 남쪽으로 점차 내려가면서 쌓았는데 둘레는 거의 1.8km에 이르고 있다. 천연적으로 험준한 지형을 이용하여 지어진 산성으로, 성안에 계곡을 품고 산을 둘러쌓았다.

성안에는 우물터, 대궐터, 절터가 전하며, '지정 18년'(공민왕 7, 1358) 연대가 적힌 기와편이 수습되어 대대적인 산성의 수축이 이 시기에 있었음을 알 수 있다.[80] 또 성안에서는 글자가 새겨진 3위의 천제단天祭壇이 확인되어 제사처로서도 매우 중요하였음을 입증하고 있다. 이는 원래 축성 이후 제사처였던 곳이 기능이 폐해진 후 근대에 이르러 신종교의 천제단으로 다시 되살려진 것으로 추정된다.[81]

『세종실록지리지』에는 이 한계산성에 대하여 "석성이 모두 2개인데 인제현 북쪽 15리에 있다. 위에 있는 성의 둘레는 729보이고 샘이 하나 있는데 가물면 물이 마른다. 아래에 있는 성의 둘레는 1,872보인데 세 골짜기의 물이 합류하여 하나의 작은 계곡물을 이루었다. 계곡이 길어 마르지 않는다"고 기록하고 있다. 한계산성이 위·아래 2개의 성으로 구성되어 있음을 지칭한 것이다.

몽골과의 전쟁을 수행하는 데 있어서 입보용 대형 산성이 일반화하는 것은 중요한 특징이 되고 있다. 이러한 경향에 대해서는 입지상 험준하고

---

79) 육군사관학교 육군박물관, 『강원도 양구군·인제군 군사유적 지표조사보고서』, 2002, p.61.

80) 강원대학교 박물관, 『한계산성 - 지표조사보고서』, 1986 및 육군사관학교 육군박물관, 『강원도 양구군·인제군 군사유적 - 지표조사보고서』, 2002.

81) 김도현, 「한계산성 천제단의 성격과 가치」, 『인제 한계산성의 역사문화적 가치와 정비·활용 방안』, 한국성곽학회·강원대중앙박물관, 2012, pp.143~144.

높은 지대가 선정된다는 점, 단애 지대가 많은 험준한 곳을 입지로 선정하여 전 성벽선중 한정된 구역만을 축성하여 공역을 줄이고 있는 점, 축성의 계획성이 떨어지고 석축이 허술한 점, 낮은 평여장을 선택한 다는 점, 삼국시대의 것에 비하여 규모가 훨씬 대형이라는 점 등이 그 특징으로 지적된 바 있다.[82] 그 이유는 전쟁 양상 변화, 특히 입보에 의한 장기전의 전개 등 전투 방식의 변화와 밀접히 연관되어 있다.

전투지역의 변화는 몽골과의 전쟁이 시간이 흐름에 따라 점점 깊어지고 있음을 입증한다. 그러나 동시에 그것은 고려의 고민과 고통이 함께 깊어진 것이었고, 출구가 잘 보이지 않는 어둡고 긴 터널 속의 시간이기도 하였다. 새로운 돌파구와 변화는 피할 수 없는 것이었다. 1258년 최씨 정권의 붕괴, 그리고 1259년 몽골군의 철수 및 고려 태자의 몽골 입조 등은 바로 그 긴 터널의 끝에 이어진 새로운 변화의 시작이었다.

---

82) 유재춘, 「한계산성의 역사와 유적의 현황」, 『인제 한계산성의 역사문화적 가치와 정비·활용 방안』, pp.87~88.

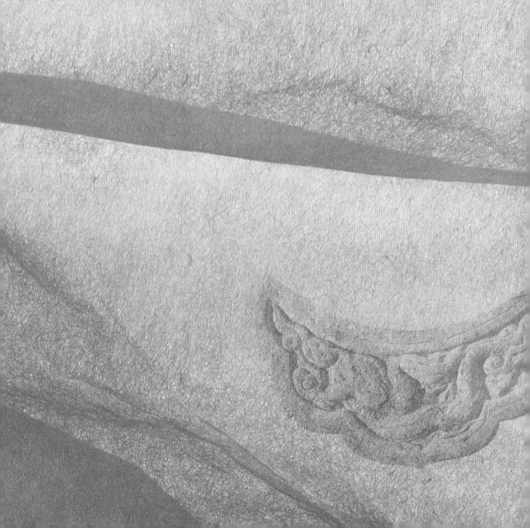

제4장
삼별초와 진도

1. 삼별초, 강도에서 진도로

1) 무인정권을 무너뜨린 삼별초

1270년 5월 15일, 100년 무인정권이 막을 내린 날이다. 그런데 최후의 무인집정자 임유무林惟茂를 제거하여 백 년만의 왕정복고를 가능하게 한 것은, 다름 아닌 삼별초의 군사력이었다. 삼별초는 무인정권을 지탱하는 핵심적 군사 기반이었지만, 무인정권을 무너뜨린 동력이 또한 삼별초였던 것이다. 삼별초의 이 같은 동향은, 삼별초라 하더라도 그 행동 양상과 지향이 반드시 일사불란했던 것은 아니었다는 생각도 가능하게 한다.[1]

1258년 최씨정권 붕괴 이후에도 김준, 임연 등에 의하여 무인정권은 10여 년을 더 유지하였다. 그러나 이 원종조의 무인정권은 최씨정권과는 차이가 있었다. 무인정권과 왕권의 관계는 이제 양립이 불가능한 치열한 상쟁相爭의 대상이었기 때문이다. 그 결정적 사건이 1269년(원종 10) 6월, 임연에 의한 원종의 폐위 사건이었다. 임연은 원종을 대신하여 원종의 동생인 안경공 창을 왕위에 올렸지만, 쿠빌라이의 강경한 압박으로 임연은 5개월 만에 결국 원종을 복위시키지 않으면 안되었다. 무인정권의 집권력과 위신에 결정적 타격이 가해진 것이다. 복위한 원종은 그해(1269) 연말 몽골(원)에 입조하여, 복위에 대하여 사례하고 이듬해 (1270) 5월 귀국하게 된다.[2]

개경에의 환도를 선언하고 몽골병의 호위를 받아 귀국 중이던 원종은

1) 박재우, 「김방경-삼별초 평정과 일본정벌을 이끈 고려군 최고지휘관」, 『한국사 인물열전』, 한영우교수 정년기념논총간행위원회, 2003, pp.254~255.
2) 윤용혁, 「원종조의 대몽관계」, 『고려 삼별초의 대몽항쟁』, 2000, pp.117~126 ; 강성원, 「원종대의 권력구조와 정국의 변화」, 『역사와 현실』 17, 1995, pp.98~103 참조. 이명미는 원종 폐위가 과거 중국왕조와는 다른 여몽관계의 새로운 국면을 충분히 이해하지 못한 데서 취한 조치였다고 하였다. 이명미, 「몽골 복속기 권력구조의 성립」, 『한국사연구』 162, 2013, pp.307~313.

임유무 제거작업에 돌입하였다. 방법은 삼별초의 군사력을 끌어들여 임유무를 무너뜨리는 것이었다. 원종은 이분성李份成을 몰래 강도에 보내 임유무의 자부姉夫 어사중승 홍문계洪文系, 洪奎를 설득하였다. 홍문계는 대장군 송송례宋松禮와 협의, 그의 아들들인 장군 송염宋琰·송분宋玢(1239

1270년 제거되는 임유무 세력 『신속삼강행실도』

~1318)을 끌어들이는 데 성공하였다.

송분은 신의군의 장군으로 있었기 때문에 휘하 신의군의 동원이 가능하였고, 거사 과정에서 그는 신의군 이외에 야별초 일부까지 동원하는 데 성공한다. 이는 당시 임유무 정권이 삼별초를 충분히 장악하고 있지 못했음을 말해준다.[3] 송송례(1207~1289)는 1258년 낭장으로서 최의를 제거하는 정변에 가담하여 공을 세운 경력을 가지고 있는, 당연히 삼별초와도 밀접한 관계를 유지해온 인물이다. 그러나 다른 무반들과는 달리 원래 문반 가문의 인물이라는 점이 주목된다.[4] 이 같은 점에서

---

3) 이승휴는 당시 임유무의 처단과 무인정권 종식에 대하여, "庚午年 上自上國還朝 時林衍子惟茂 處花都逆命 公擧義誅之 出都迎駕 復政宮室"이라 하였다(『동안거사집』 행록 4, 「十二日金岩途中 次宋相國詩云」).

4) 吳漢卿이 지은 묘지명의 본문에 근거하여 17세기에 재작성된 묘비문에 의하면, 송송례의 선대는 원래 향리 출신이며 祖 淑文이 정당문학, 부 希植은 좌참찬을 지낸 것으로 되어 있다. 박종기, 「고려시대 묘지명 신례」, 『한국학논총』 20,

'왕정복고' 혹은 친왕적 거사의 명분에 쉽게 움직일 수 있는 인물이었던 것이다.

5월 14일 밤 움직이기 시작한 송분의 신의군은 15일 새벽을 기다려 임유무의 집을 기습, 임유무를 체포하여 저자에서 처단하였다. 100년 무인정권의 종막이었다. 3개월이라는 단명의 집정자였던 임유무는 임연의 군사적 기반을 계승하기는 하였지만, 이미 몽골의 영향력이 드리워진 상황에서 정치적 장악력에 한계를 안고 있었다. 원래 집정자 임연의 무력 기반은 야별초에 있었는데, 무인정권 붕괴에 동원된 군사력은 신의군이 주력을 이루었다. 신의군은 그 조직과 기원에 있어서 야별초에 비하여 사병화가 덜 진행되었고, 따라서 '왕정복고'와 같은 명분론에 동요할 수 있는 요소가 비교적 많았던 것 같다. 1258년 최씨정권이 붕괴할 때도, '왕정복고'라는 대의명분에 신의군이 주력으로 움직였다는 사실이 이점에 있어서 시사하는 바가 있다.[5]

2) "나라를 지키려는 자는 모이라"

배중손이 지휘하는 삼별초는 1270년(원종 11) 6월 1일 승화후 온을 새 왕으로 옹립하고 대장군 유존혁劉存奕, 상서좌승 이신손李信孫을 좌, 우승선으로 임명함으로써 신정부의 출범을 선포하였다. 이어 6월 3일 삼별초는 1천 척 선박에 분승하여 강화도를 출발하여 남쪽 진도를 향하였다. 그러나 강도에서의 삼별초의 봉기 시점은, 그 이전 5월 23일자의 일이었다. 5월 23일, 삼별초는 정부의 개경환도 공시에 대하여 반발하여 "마음대로 부고府庫를 열었다"[6]고 하였는데 이것이 바로 봉기의 기점이라 할 수 있다.

　국민대, 1998, pp.39~45 참조.
　5) 허흥식, 「1262년 상서도관첩의 분석(상)」, 『한국학보』 27, pp.40~49.
　6) 『고려사』 26, 원종세가 11년 5월.

용장성 입구에 세워진 삼별초 기념탑

　『원고려기사』에서 세자 심諶의 '보고'를 인용, "반란군叛兵이 부고府庫를 약탈, 도적圖籍을 불태우고 바다로 도망하였다."[7]고 하였는데, 이는 5월 23일 삼별초 봉기의 개시와, 이어 6월 3일 강화로부터의 철수 사실을 전하는 것이다. 5월 23일 삼별초 봉기의 계기는 5월 14일 임유무 무인정권의 붕괴에 의하여 마련된 것이라 할 수 있다.

　강화도로부터의 삼별초의 철수 준비는 상상 이상으로 매우 신속히 진행되었다. 『원고려기사』에 의하면 신정부 선포 다음날인 6월 2일 이미 철수 작업이 진행 중이었다. 이것은 삼별초가 여몽군의 강화도 공격을 예상하고, 이들의 군사적 조치가 취해지기 이전에 철수를 서둘렀다는 점을 말해준다. 이것은 신정부 수립 이전에 이미 상세한 시나리오가 만들어져 있었음을 의미한다.

　1270년 5월 23일 원으로부터 귀국하면서 개경에 입경한 원종은 사판궁沙坂宮에 처소를 정하였다.[8] 이 날 강도에서는 개경 환도에 대한 일정이

---

　7) "世子諶報 叛兵刼府庫 燒圖籍 逃入海中"(『원고려기사』 지원 7년 6월).

공시된다. 원종의 개경 환도 선언에 대하여, 이때 삼별초는 "다른 마음異心을 품고, 마음대로 부고府庫를 열었다"고 한다. 사실상의 봉기가 시작된 것이다. 25일 원종은 상장군 정자여鄭子璵를 강도에 들여보내 삼별초에 대한 회유를 시도하였다. 회유작업이 실패하자 29일에는 장군 김지저金之氐를 보내, 삼별초의 혁파를 통보하고 그 명단을 가지고 돌아왔다. 그러나 삼별초의 혁파는 여러 갈래로 동요하던 삼별초로 하여금 하나로 결집하여 봉기하도록 하는 결정적 계기를 만들었다. 5월 15일 무인정권 붕괴 이후, 6월 1일 삼별초에 의한 새 정부 수립, 그리고 6월 2일부터 강화도로부터의 삼별초의 철수 등 일련의 상황이 숨가쁘게 진행되었던 것이다.

삼별초가 봉기하였을 때 그들은 우선 노비문서를 포함한 각종 국가의 기본 문서들을 소각하였다. 1271년 몽골에 보낸 고려의 표문表文에 의하면, 개경으로 출륙하는 주인들의 가산家産 정리를 위해 강화도에 돌아갔던 노비들을 삼별초가 모두 끌고 갔다고 하였다. 이들 노비의 상당수는 신분 해방의 욕구에 의거하여 스스로 삼별초에 합류하였을 것이다. 삼별초가 진도 거점기인 1271년 1월, 개경에서는 관노 숭겸崇謙과 공덕功德 등이 노비들을 모아 개경의 다루가치와 관직자를 살해하고 진도에 투항하려 했는데, 이 역시 당시 개경과 진도 지배 집단 간의 신분적 차이를 배경으로 하고 있는 것이다.

신분적 격차 이외에 지방출신이 삼별초 정권을 주도하였다는 점도 특징이다. "상주, 청주, 해양(광주)은 진도 적괴賊魁의 고향이니 주현의 칭호를 강등해야 한다"9)고 한 것이 그것이다. 즉 진도 삼별초 정권의 지도부가 상주(경상도), 청주(충청도), 해양(전라도) 등 지방 출신 집단이었음을 말해주는 것이다. 청주의 경우는 집정자 임연林衍이 청주 관하

---

8) 이승휴는 당시 원종의 환도에 대하여, "陛下 還自上朝 克復松都"(『동안거사집』 행록 3, 「次韻 丹陽洪承制 石床歌」)라 표현하였다.

9) 『고려사절요』 19, 충렬왕 2년 8월.

의 진천 출신이라는 점에서 이에 부합하고 있고, 집정자 김준은 광주光州 (海陽)가 외향外鄉이어서, 광주와의 연관성이 확인된다. 배중손의 출신지는 잘 알 수 없지만, 임연이 청주, 김준이 광주와의 연고가 있는 것을 생각하면 혹 배중손은 경상도 상주지역과 연고가 있는 인물인지도 모른다. 배중손이 진도 출신일 것이라는 의견도 있는데, 진도 임회臨淮 지역 성씨로 배씨가 포함되어 있는 것을 주목한 것이다.[10]

상주 인근 지역 성주星州의 토성土姓으로 배씨가 포함되어 있고, 성주에는 '배중손裵仲孫'은 아니지만 '배중선裵仲善'이라는 인물의 이름이 기록에 나온다. 성주목 팔거현八莒縣 사람 삼사좌윤三司左尹 '배중선'의 딸(낭장 이동교李東郊의 처)이 향리鄉里에서 왜구에게 살해당한 사실이 1380년(우왕 6)의 기록에 남겨져 있다.[11] 이러한 점에서 불확실하기는 하지만, 배중손이 상주 방면 출신일 가능성도 있지 않은가 조심스럽게 추측해본다.

3) 남으로 내려가는 길

강화도를 포기한 삼별초 세력은 진도로 남하하여 '고려' 새정부를 수립하고, 이듬해 1271년 진도가 함락되자 다시 제주도를 거점으로 1273년까지 최후의 항전을 벌인다. 강화도 - 진도 - 제주도에 이르는 삼별초의 길은 2014년 4월 16일의 '세월호'의 길을 연상케 하는 것이었다.

1270년 6월경 삼별초의 강화도로부터의 철수는 매우 신속히 진행되었다. 이것은 철수와 관련한 기본적 시나리오가 이미 마련되어 있었음을 말해주는 것이기도 하다. 강화도의 삼별초는 일단 진도를 거점으로 신정부를 수립하고, 여의치 않으면 제주도에까지 이를 수 있다는 예상이 이미 정리되어 있었던 것이다. 인천에서 진도를 지나 제주항에 이르는

---

10) 『세종실록지리지』 전라도 海珍郡.
11) 『고려사』 121, 열녀전 李東郊妻 배씨.

삼별초의 남하 진도 삼별초공원 전시관 영상자료

세월호의 항로는 말하자면 '삼별초의 길'에 해당하는 셈이다.

철수가 이루어진 지점, 삼별초가 진도를 향하여 출항한 강화도의 항구가 어디였는지는 확정되어 있지 않다. 강화도의 통로가 어디였는지는 강도시대 강화도의 공간 이용에 대한 중요한 정보라는 점에서도 의미가 있다. 강화군 서쪽 연안 외포리 항구에 세워진 '삼별초 유허비'는 이곳이 바로 1270년 삼별초의 출항지임을 표시하고 있지만, 실제 이곳을 출발지로 보기는 어렵다. 외포항은 지금은 강화에서 가장 큰 항구이지만, 바다에 바로 접해 있는 해안이어서 7백 년 전 고려시대의 항구 입지로서는 전혀 부합하지 않기 때문이다.

강도(강화읍)는 원래 도시 자체가 선박 출입이 가능한 도시였다. "성시城市가 포구이니 문 밖이 바로 배라. 꼴 베러 가거나 나무해 올 때도 작은 배에 둥실 실어 육지보다 길 빠르니"[12]라는 강도에 대한 최자의 시에서도 이점을 확인할 수 있다. 강도를 건설할 때 해로를 통하여 지방과 직접 연결이 가능한 위치를 선택하였기 때문이다. 따라서 삼별초 군도 봉기 이후 강도에서 직접 출항하는 것이 예상되고 있었다. 봉기 직전 개경으로 빠져나간 이승휴가 삼별초의 격파 방법으로 남하하는 삼별초 선단을 착량窄梁에서 중간 차단하는 방안을 제시한 것도 이에 근거한다. 이것은 삼별초 선단이 강도를 빠져나와 강화도와 김포의

---

12) 최자의 시, 「삼도부」(『신증동국여지승람』 12, 강화도호부).

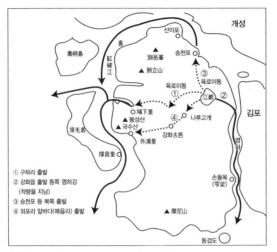

① 구하리 출발
② 강화읍 출발 동쪽 염하강
　(착량을 지남)
③ 승천포 등 북쪽 출발
④ 외포리 앞바다(매음리) 출발

삼별초 강화 출항지에 대한 여러 주장[17]

사이 갑곶강(염하)을 이용하여 남으로 통과하는 것을 예상한 것이기 때문이다.

삼별초의 출항지를 찾는 일은 강도시대 강화의 군사적 상황, 그리고 연안 해로에 의한 지방 여러 군현과 강도의 연결 고리로서의 항구를 찾는 작업과도 연관이

있기 때문에 일찍부터 관심이 두어졌다. 서해 연안, 외포리 위쪽의 구하리 일대가 기왕에 그 출항지로 제시된 바 있다.[13] '구포'라는 사료에 등장하는 지명이 아직 남아 있는 이 지역은 지금은 평야로 변해 있지만, 강도시대에는 배가 닿는 항구로 이용되었을 가능성이 많다. 필자는 이에 대한 현지조사를 통하여 내가면 구하리 일대를 삼별초의 출항지로 비정한 견해가 사실에 부합한다는 결론을 정리한 바 있다.[14] 즉 삼별초는 강도에서 강화의 동쪽 갑곶강을 통하여 내려간 것이 아니라, 강도 서측에 있는 구포 항에 집결하여 강화도의 서안을 따라 빠져 나갔다는 것이다. 이에 대해 현지 향토사학자들은 강화읍,[15] 구음포(삼산면 매음리 포구),[16] 혹은 승천포·산이포와 같은 강화 북안의 포구 등 여러 가지를

---

13) 김상기, 『동방문화교류사논고』, 을유문화사, 1948, pp.197~198.
14) 윤용혁, 「삼별초의 봉기와 남하에 관하여」, 『고려 삼별초의 대몽항쟁』, 일지사, 2000, pp.151~157.
15) 양태부, 「삼별초 강화도출발지 추정에 대한 고찰」, 『삼별초 연구자료집』, 강화군 삼별초연구회, 2000, pp.91~97.
16) 홍재현, 『강도의 발자취』, 강화문화원, 1990, p.42.

거론하여 왔다.

삼별초 출항지에 대한 필자의 의견에 대하여, 이후 김기덕은 이와는 다른 의견을 제시하였다. 삼별초는 서쪽이 아니라 강화의 동쪽 갑곶강을 이용하였다는 것이다. 그런데 강도를 출발하여 갑곶강을 이용하여 남쪽으로 내려간 것은 아니고 오히려 북쪽으로 돌아서 다시 강화도 서안을 타고 남하하였다고 하였다. 삼별초의 출발지라 할 수 있는 '구포'를 '착량 밖에 있다在窄梁外', '항파강'을 '통진通津 항산도缸山島'라 한 김정호의 『대동지지』에 근거하면서, 삼별초의 출발 장면을 '구포에서 항파강까지自仇浦 至缸破江'에 연결한 견해이다.[18] 그러다 보니 삼별초 선단은 강화도의 4분의 3을 일주하여 남으로 내려갔다는 결론에 이른 것이다. 탈출하는 삼별초 선단의 초기 진로가 도리어 개경 쪽에 근접해 가는 것이라는 점에서 이 견해는 납득하기 어렵다. 그런데 『대동지지』의 동일한 기록에 근거하면서 강도를 출발한 삼별초가 갑곶강을 이용하여 바로 남으로 내려갔다는 의견이 이정란에 의하여 수정의견으로 다시 제기되었다. 사실 강도를 출항하여 갑곶강을 통하여 남으로 내려간다는 것은 가장 상식에 부합하는 노선이기도 하다.

이정란은 『대동지지』에서 김정호가 언급한 '착량 밖'과 '항산도'를 비롯하여, 『고려사』에서 언급된 '구포' '부락산'에 이르기까지 각종 지지류의 자료를 꼼꼼하게 정리하였다. 이에 의하여 '착량'은 손돌목(혹은 덕포), '항산도'는 강화 섬의 서남단(갑곶강의 남단)에 있는 '황산도'이고, '구포'는 손돌목, '부락산'은 손돌목에 가까운 섬 '부래도'라고 정리하였다. 즉 '구포에서 항파강까지自仇浦 至缸破江' 늘어선 1천여 척의 선단이란 덕포(손돌목)에서 항(황)산도까지, 갑곶강의 남쪽으로 내려가는 삼별초의 모습이었다는 것이다.[19] 이렇게 논의가 이어지면서, 삼별초의 출항

17) 양태부, 「삼별초 강화도출발지 추정에 대한 고찰」, 『삼별초 연구자료집』, 강화군 삼별초연구회, 2000.
18) 김기덕, 「고려시대 강화도읍사 연구의 쟁점」, 『사학연구』 61, 2003, pp.108~113.

지와 초기 노선의 문제는 의외로 혼돈을 거듭하게 되었다.

삼별초 강도 출항설의 사료적 근거는 '항파강'을 '항산도', '부락산^{浮落山}'을 '부래도^{浮來島}'로 비정한 김정호의 『대동지지』에 있다. 그러나 항파강이 왜 항산도인지에 대해서는 더 이상의 설명이 없다. '부락산'은 이숙진, 윤길보 등이 "적(삼별초)을 구포에서 추격하여 5명을 죽이고, 부락산에 이르러 바다에 임하여 군사의 위세를 올렸던" 곳이다. 삼별초는 이들의 "위세를 바라보고 두려워서" 도망하였다는 것이다.[20] 갑곶강에 있는 부래도는 현재 김포시에 속하는 곳으로 강화도보다는 김포 육지 쪽에 가까이 떠 있는 작은 섬으로 부락산이라는 '산'으로 지칭할 만한 섬이 아닐 뿐 아니라 남으로 내려가는 삼별초 위세를 과시할 만한 위치에 있지 않다. 『대동지지』의 통진현 조에서는 '부래도'를 '항산'의 남쪽에 있다고 하였으나, 이 역시 양자의 지리적 관계가 정확하지 않다. 아무래도 『대동지지』의 기록은 삼별초가 강도에서 출항하여 갑곶강의 수로를 이용하여 이동하였다는 선입관에서 비롯된 견해인 것처럼 생각된다.[21] 핵심 지명인 '구포'의 위치에 대해서도 여전히 선명하지 않다.

'염해'라고도 불린 갑곶강은 고려 이후 조선조에 이르기까지 1천 년에 걸쳐 왕도에 이르는 중요한 해운의 루트였다. 강도시대 역시 강도에 이르는 가장 중요한 길목으로 이용되었을 것임에 틀림없다. 그러나 강도 동안^{東岸}의 지형이나 조류의 흐름상, 이곳에 많은 선박이 정박하고 자유롭게 출입하기에는 적합하지 않은 점이 있다. 더욱이 김포 대안^{對岸}에서 그 모든 출입 상황이 관찰 가능하다는 것은 치명적인

---

19) 이정란, 「강화의 삼별초 남행 시발지에 대한 고찰」, 『인천학연구』 4, 인천대 인천학연구원, 2005, pp.40~52.

20) 『고려사절요』 18, 원종 11년 6월.

21) 이정란은 삼별초 봉기 당시 蔡謨가 '花山'에 있는 內府에 파견되어 귀중품을 옮기는 일을 담당한 것에 근거하여, "강화도 남쪽 방면에 있는 화산에 급히 파견된 것"이, 삼별초가 강도 남쪽으로 이동했던 것과 연관있는 것으로 파악하였다(이정란, 앞의 논문, p.51). 그러나 여기에서 말하는 '화산'은 강화의 남산을 의미하는 것이 아니라 강도 자체를 의미하는 강도의 별칭이었다.

문제점이기도 하다. 이 같은 점 때문에 강도시대의 해운 루트는 동, 서안을 모두 사용하지 않을 수 없었다. 더욱이 많은 선박이 안전하게 정박할 수 있는 곳은 역시 서안西岸의 포구였다고 할 수 있다.

삼별초의 강화도에서의 출항지는 이처럼 의견이 엇갈려 명확하지 않은 점이 있지만, 강도의 출입에 있어서 서안의 포구가 담당한 교통상의 기능은 앞으로 보다 유의되어야 할 점이 많다.

4) 새로 구축되는 대몽골 방어선

1270년 삼별초가 강화에서 진도로 이동할 때, 개경에 출륙한 관인의 처자들이 다수 남으로 내려가게 되었다. 삼별초가 이들의 이탈을 막았기 때문이다. 그런데 1년 후 진도가 함락되었을 때, 개경의 관인 중 곤혹스러운 입장이 된 이들이 적지 않았다고 한다. 그 사이 개경에서 새 여자를 얻어 가정을 꾸렸기 때문이었다. 진도 함락에 의하여 본처들이 개경으로 돌아오게 되었을 때 이러저러한 핑계로 이들을 받아들이지 않아 사회적인 문제가 될 정도였다는 것이다.[22] 이것은 개경의 관인들이 예상했던 것보다 훨씬 쉽게, 그리고 일찍 삼별초가 진압된 것이었음을 의미한다. 몽골군이 적극적으로 진도를 공략하지 않았다면 고려는 개경과 진도로 양분된 체제로 정착되었을 가능성이 충분히 있었던 것이다.

몽골의 정복 대상이 된 동아시아는 중국을 중심으로 그 외곽에 고려와 일본 열도가 위치하고 있다. 일본 열도는 동아시아의 끝, 해양의 국가이며 고려는 중국이라는 대륙과 해양의 일본을 연결하는 지점이었다. 중국에 대한 몽골의 군사작전은 1234년 금의 정복에 의하여 그 절반을 달성하고, 1270년대에는 남송에 대한 막바지 공격의 고삐를 강화하고 있었다. 이 시기 몽골의 시야는 고려와 몽골만이 아니고, 일본 열도에까

---

22) 『고려사』 84, 형법지 1, 원종 13년 정월.

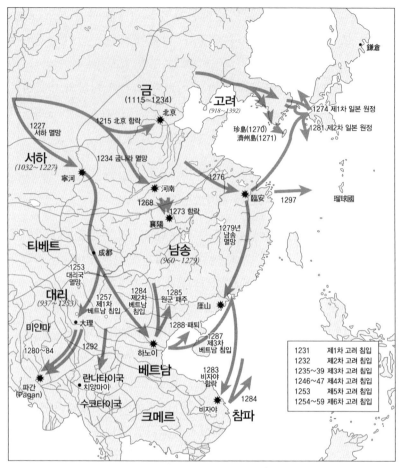

13세기 몽골의 아시아 침입도 [23]

지 미쳐 있었다. 일본 열도까지의 제압에 의하여 동아시아 정복은 비로소 마무리 되기 때문이었다.

남송 정복 이후로 몽골은 다시 동남아시아 지역을 넘보게 된다. 몽골은 1257년 베트남安南: 陳王朝에 처음 출병한 후, 1279년 남송이 멸망하

---

23) 村井章介,「高麗の元寇, アジアの元寇」,『週刊朝日百科 日本の歷史』 9(蒙古襲來), 1986, p.271의 지도에 근거하여 필자 재작성.

자 남송군을 이용하면서 동남아 지역에 대한 침략을 본격화한다. 1283년 베트남 중부 참파占婆 왕조를 복속시키고, 이어 1284년 베트남에 대한 2차 출병, 1287년 미얀마 파칸 왕조 멸망과 베트남 3차 침입, 1292년 인도네시아 자바 침입 등으로 이어진다.[24] 일본에 대한 침입은 잘 알려진 바와 같이, 삼별초 진압 직후인 1274년 개시되어 1281년 2차 침입이 이루어졌다.

몽골의 동아시아 전략에 있어서 고려 정복은 이후 일본 정복의 전 단계, 남송 정복은 다시 동남아시아 제국에 대한 침략의 전 단계에 해당하는 것이었다. 이 같은 추이를 전체적으로 보면, 금 정복 이후로도 거의 40년을 끌었던 고려의 끈질긴 저항은 결국 이후의 전략 확산에 차질을 가져오는 하나의 오랜 장벽이었던 셈이다. 그러나 삼별초 혹은 고려의 관인들은 고려 복속 이후 몽골의 군사적 공격이 장차 어디에까지 이를 것인지에 대해서는 구체적인 인식이 미흡했던 것처럼 생각된다. 지속적 공략에 대한 위험성이 있는 것은 사실이지만, 고려의 경우에서 보는 것처럼 섬을 거점으로 일정한 시간을 끌 수 있고, 그러는 사이에 새로운 정세 변화를 기대할 수 있다는 여러 가능성을 함께 가지고 있었던 것처럼 생각된다.

삼별초의 진도 거점 설정으로 인하여 대몽골 전선은 이제 '고려'로부터, 고려 남부의 해양 지역에 새로 설정되었다. 즉 남부 연안지역과 해양의 도서를 거점으로 설정한 일종의 해양 전선이 반몽골 전선의 새로운 축이 된 셈이다. 대몽골 전선이 그 군사적 압력으로 후퇴한 것이 사실이지만, 바다를 장애물로 삼는 해양 전선의 재구축에 의하여 몽골에 대한 방어 전선을 재구축한 것이라는 점에서 삼별초의 진도

---

24) 송정남, 「쩐(陳)조의 대몽항쟁에 관한 연구」, 『부산사학』 34, 1998 ; 송정남, 「중세 베트남의 외교-대몽항쟁을 소재로」, 『국제지역연구』 10-1, 서울대 국제학연구소, 2006 ; 윤용혁, 「중세 동아시아에서의 해양 방어시설-방어시설의 축조 배경과 성격」, 『중세 동아시아의 해양 방어시설』(학술대회 자료집), 국립해양문화재연구소, 2013, pp.22~24 참조.

거점 설정은 동아시아 군사 정세의 새로운 국면을 보여주는 것이었다. 이 같은 해양 방어전선 구축의 개념에 일본을 끌어들이는 전략은 삼별초가 당연히 시도할 수 있는 새로운 방안이었다. 그 중심점에 이제 진도가 있는 것이다.

2. 또 하나의 '고려' 정부가 수립되다

1) 준비된 거점, 진도

"산 높고 물 깊으며 땅이 또한 기름지고, 목장에는 비단 같은 말들이 들을 덮고, 귤나무, 구슬나무가 수풀을 이루고 있으니, 그야말로 보물의 광藏이요, 재물의 곳집府으로 남쪽고을의 으뜸이다." 이숙함李叔緘의 기문에 나오는 진도 군수 박후생朴厚生의 진도에 대한 묘사이다.[25]

삼별초의 새로운 거점으로 설정된 진도는 서남해의 요충으로 육지와 도서를 연결하는 교차점이고 남해와 서해의 조운로가 만나는 지점이기도 하다. 이 때문에 남부 서남해 연안 지역으로부터의 세금을 확보할 수 있는 결정적 거점이다. 진도 삼별초 이후 개경 정부가 "군량·사료·종자를 징수하여도 운반할 길이 없다"[26]고 난감해했던 것도 이 같은 진도의 지리적 특성 때문이었다. 더욱이 서남 해안 일대는 경제적 혹은 종교적으로 무인정권의 중요한 기반 지역의 하나였다. 최씨 정권의 최항이 집권 이전에 진도의 절에서 활동한 경력이 있는 것도 이점에서 유의되는 점이다.

삼별초의 진도에의 이동은 봉기 이후 남하 과정에서 비로소 결정된 것이었다는 것이 그동안의 일반화된 인식이었다. 그것은 진도가 처음부

---

25) 『신증동국여지승람』 37, 진도군 누정.
26) 『고려사』 27, 원종세가 12년 3월.

김준에게 올린 마도 3호선의 음식 담은 도기들 국립해양문화재연구소

터 목적지였다는 점을 암시하고 있는 기록이 없기 때문이다. 그러나 진도 용장성 조사 결과, 성내의 건물군이 매우 치밀하게 계획되고 건설되었다는 사실이 확인되었다.[27] 그것은 천도의 북새통 속에서 1년 미만의 기간 동안 이루어질 수 있는 일이 아니었다. 따라서 진도에의 천도 계획은 삼별초 봉기 이전에 이미 수립되고 진행되어 있었다고 보아야 한다. 그렇다면 진도천도의 계획이 마련된 것은 구체적으로 어느 시점에서의 일이었을까. 결론을 먼저 제시하면, 그 시점은 아마 김준 집권의 말기, 구체적으로는 1268년(원종 9)의 일이었을 것으로 추정한다.[28]

1258년 왕정복고를 명분으로 최씨정권을 무너뜨리고 등장한 노비

---

27) 최성락, 「진도 용장성의 발굴성과와 삼별초」, 『목포권 다도해와 류큐열도의 도서해양문화』, 민속원, 2012.
28) 근년 필자는 진도 용장성의 건설이 임연 집권기, 1269년의 일일 것으로 추정한 바 있다(윤용혁, 「고려 삼별초의 항전과 진도」, 『도서문화』 37, 2011, p.110). 그러나 여기에서는 1년을 더 거슬러 김준 시기인 1268년으로 수정하고자 한다.

진도 금골산 5층석탑 13세기에 조성된 것으로 추정된다.

출신의 실력자 김준金俊은 다시 1인 독재의 중심에 서서 1265년(원종 6)에는 최고의 지위인 문하시중에 올랐고, 이어 해양후海陽侯에도 책봉된다. 그러나 원종과는 정치적 대립각이 형성되고 있었고, 몽골에 대해서는 개경 환도를 계속 미루면서 그 요구에 미온적으로 응함으로써, 김준은 몽골측 쿠빌라이의 불신의 대상이 되어 있었다. 1268년(원종 9) 김준은 정치적으로 막다른 골목에 봉착한다. 내부적으로 개경 환도에의 압박이 점증하고 있는데다, 쿠빌라이가 조서를 보내 김준과 그 일족(아들과 동생 충)의 소환까지 명했기 때문이다. 출륙 등 몽골의 요구가 받아들여지지 않은 이유가 바로 김준 때문이라는 것이 공식화된 셈이다.

위기를 벗어나기 위하여 김준이 생각한 것은 강화도로부터 더 먼 섬으로의 천도였다. 경우에 따라서는 원종을 폐위하고 자신이 왕위에 오르는 것까지도 생각에 넣고 있었다.[29] 1268년 김준의 천도 시도는 쿠빌라이의 귀에까지 들어갈 정도로 공공연히 알려져 있었다.[30] 그러나

---

29) "王若不聽 奉俊 爲王"(『고려사』 106, 嚴守安傳).

김준의 재천도 시도는 동생 김충(김승준)의 완강한 반대로 성사되지 못한 상태에서 그 해(1268) 12월 김준은 원종과 임연에 의하여 제거되고 만다. 이에 의하여 천도 문제는 수면 하로 잠복하였다.[31]

1268년 김준에 의한 해도 재천再遷의 시도에서 그 대상지가 어디였는지는 밝혀져 있지 않다. 그러나 바로 2년 후인 1270년 봉기한 삼별초군이 진도로 거점을 삼았던 점, 진도 용장성 내의 건물지(왕궁지)가 매우 치밀하게 계획된 대규모 건축 사업이었던 점을 생각하면, 바로 이 시점에서 진도는 천도지로 상정되어 도성 건설 작업이 착수된 것으로 보인다.

강화도 이후 천도지가 될 만한 곳은 남쪽으로 멀리 떨어진 진도와 제주도였다. 강도정권이 전란에도 불구하고 장기적으로 유지될 수 있었던 데는 남부지역으로부터의 조세와 공물이 뒷받침되었기 때문인데, 진도의 경우라면 이 같은 경제와 물류 시스템의 운용에 어려움이 없었다. 일단 진도를 거점으로 하면서 나주를 확보하면, 나주를 교두보로 활용하여 전라도 지역을 장악할 수 있었다. 여기에 서남해안 일대의 해상루트를 더하면 독립정부의 최소한의 기반이 마련되는 셈이다. 이러한 점에서 진도 천도는 해상과 육지에 걸치는 삼별초가 구상한 새로운 정부 건설 전략의 핵심이 담겨 있다.[32] 1268년경 김준에서 시작된 용장성 거점 계획은 임연에 의하여 계승되고, 삼별초 봉기에 의하여 1270년 구체적으로 실현되었던 것이다.

---

30) 같은 해(1268) 11월 賀正使로 원에 파견된 李淳益은 쿠빌라이가 宣州. 麟州 사람들을 통해 입수한 再遷都 소문에 대하여 사실 여부를 직접 확인한 사실을, 귀국 후 전하고 있다(『고려사』 26, 원종세가 10년 2월).

31) 1268년 김준 집권기의 해도 재천론 및 김준이 제거되는 戊辰政變에 대해서는 윤용혁, 「원종조의 대몽관계」, 『고려 삼별초의 대몽항쟁』, 일지사, 2000, pp.112~122 참조.

32) 삼별초의 새로운 거점 후보로서 진도, 제주도 이외에 남해안의 남해도, 거제도를 포함하는 견해도 있으나(강재광, 「1250-1270년대 신의군의 대몽항전과 정치활동」, 『한국중세사연구』 23, 2007, p.272), 이들 도서는 조운에 의한 수세 체제에 극히 불리하다는 점에서 삼별초 정부의 천도 후보지로서 포함하기는 어렵다.

강도시대의 끝 무인정권과 왕권과의 갈등은 원종조에 두 가지로 표출되었다. 첫째는 1268년(원종 9) 12월 집정자 김준을 왕이 제거한 사건이고, 새로 집권한 임연이 반 년 후인 1269년(원종 10) 6월 왕(원종)을 폐위하고 동생 안경공 창을 새 왕으로 옹립한 것이 두 번째이다. 그러나 임연의 원종 폐위는 쿠빌라이의 개입으로 벽에 부닥쳤고, 그해(1269) 연말 원종을 다시 복위시키지 않으면 안되었다. 원종과 무인정권은 이미 공존하기 어려운, 서로를 무너뜨려야 하는 대결관계에 접어든 셈이다. 고려의 이른바 '해도 재천론', 혹은 삼별초의 봉기 등도 이러한 원종조의 대몽관계 및 왕권과 무인정권 간의 갈등과 밀접히 연결되어 있었던 것이다.

2) 국제적 연대를 추구하다

다음은 삼별초의 진도 입거에 대한 문제이다. 흔히 삼별초가 진도에 들어온 시기를 봉기 이후 8월 19일(1270)로 잡는다.[33] 이는 삼별초 진도 입거에 대한 언급이 8월 19일(병술)자의 『고려사』기록에 처음 등장하기 때문이다. 그러나 19일에는 이미 진도를 거점으로 주변 지역 '여러 고을'에 대한 삼별초의 공격, 그리고 일대 주민들의 섬으로의 입보를 촉구하는 작업을 진행하고 있었다. "삼별초가 진도에 들어가서 여러 주군州郡을 침략하며, 황제의 명령이라고 속여 전라도안찰사에게 백성을 독촉하여 추수를 서둘러 끝내고 섬으로 옮겨 살게 하였다."[34]고 한 것이 그것이다. 그렇다면 삼별초의 실제 진도 입거 시기는 이보다

---

33) "삼별초가 진도에 입거하기는 원종 11년 8월 19일(병술)이었으니, 그들의 강도 출발로부터 74일 후의 일이다. (중략) 삼별초는 一路 진도로 향한 것이 아니라 서해 일대의 도서를 경략하면서 남하한 것이 아닐런가 한다."(김상기, 「삼별초와 그의 란에 대하여」,『동방문화교류사논고』, 1948, p.167)는 것은 이 같은 추이를 정리한 것이다.

34) 『고려사』 26, 원종 세가 11년 8월.

훨씬 이른 시기여야 한다. 용장성에 대한 발굴조사는 강화도에서 출발한 삼별초의 목적지가 처음부터 진도였으며, 따라서 생각보다 일찍 진도에 진입하였을 것임을 암시해주고 있다.

강화도에서 진도까지는 10일정日程이면 대략 가능한 거리이다. 따라서 대규모 집단 이동이라는 당시의 특수 사정을 감안하더라도 20일, 혹은 30일 후인 6월 하순, 늦어도 7월 초에는 진도에의 입거가 이루어졌다고 보아야 한다. 이승휴가 삼별초의 진도 남하에 대하여 "배를 날려 남쪽으로 내려갔다飛船南下 巢於珍島"[35)라는 표현을 사용한 것도, 당시 삼별초의 진도 이동에 소요된 시간이 상식적인 수준에서 크게 벗어난 것이 아니었음을 암시한다. 삼별초의 진도 입거를 6월 하순으로 설정하게 되면, 삼별초의 진도 거점기간은 거의 1년에 육박한다. 따라서 1270년 8월부터 이듬해 5월에 걸치는 진도시대 '9개월'이라는 계산은 수정을 필요로 한다.

진도를 거점으로 한 삼별초정부의 수립에 대하여 지방에서 일정한 호응이 있었다는 것은 삼별초의 항전에 있어서 매우 중요한 점이다. 이것이야말로 삼별초가 제주도가 아닌 진도를 거점으로 설정한 설명의 일부가 되기 때문이다. 1271년 정월 밀양 사람 방보方甫, 계년桂年 등은 개국병마사改國兵馬使를 자칭하며 주변 군현에까지 세를 확대하였다. 이 민란은 무엇보다도 진도에의 호응을 전제로 한 것이었다. 그 규모는 수천에 달하고 죽은 자만 200여 명을 헤아렸다고 한다. 같은 시기(1271년 1월) 개경에서도 진도에 호응하는 관노들의 움직임이 있었다. 관노인 숭겸崇謙·공덕功德 등이 무리를 모아 몽골의 관원인 다루가치와 정부 관인을 죽이고 진도로 투항할 것을 꾀한 것이다. 대부도에서는, 섬에서 약탈을 자행하던 몽골군 6명을 죽이고 봉기하였다. 경상도, 개경, 그리고 경기지역 서해안 입보처에서 각각 발생한 봉기들은 지역적으로 서로

---

35) 이승휴, 『동안거사집』잡저, 「旦暮賦 幷序」.

멀리 떨어져 산발적으로 일어난 것이었지만 성격상 반몽, 반개경정부, 그리고 진도에의 호응을 전제로 한 것이었다는 점에서 공통적인 성격을 갖는다.[36] 이 같은 지방 각처에서의 반 개경을 표방한 민란의 촉발은 12세기 이래 지방에 만연되었던 민중 봉기의 맥락을 계승한 측면을 갖는 것이다.

삼별초는 진도를 거점으로 전라도 일대와 해상의 루트를 장악하여, 몽골과 직접 교섭하여 개경과 대등한 독립정부의 지위를 확보하고, 개경정부하의 여러 반정부 세력을 규합하고자 하였던 것이다. 이러한 점에서 나주, 전주 등 전라도 지역을 장악하지 못한 것은 삼별초의 원래 계획에 커다란 차질을 가져온 것이었다고 할 수 있다. 삼별초는 구 후백제 지역과 남부 해안지역을 아우르는 연안 해양세력권을 기반으로 하여 개경정부에 대항하는 한편 몽골의 압력에 대응하는 방편으로 일본에 사신을 보내 몽골에 대한 공동전선을 구축하려 하였다. 몽골의 일본 공격을 경고하면서, 식량과 병력으로 협조해 줄 것을 구체적으로 요청하는 내용이 전하고 있다.[37]

도쿄대학 사료편찬소 보관문서인 「고려첩장 불심조조高麗牒狀不審條條」는 이때 진도 삼별초에서 보낸 서신 내용을 메모한 것인데, 이에 의하여 원래 서신에 몽골에 대한 비난과 반몽 의지가 명백히 표현되었음을 알 수 있다. 가령 몽골을 '위취韋麗(짐승의 가죽)라는 말로, 혹은 몽골풍속(문화)을 '피발좌임被髮左衽', 즉 '오랑캐의 습속'이라 표현한 것이 그것이다. 당시 삼별초는 진도정부가 정통의 '고려' 정부임을 강조하고 있었고, 동시에 몽골 침략의 위기를 일본과 공동으로 타개해 나갈 것을 소망하는 기대를 가지고 있었다.[38]

---

36) 윤용혁, 「삼별초 진도정부의 수립과 전개」, 『고려 삼별초의 대몽항쟁』, 일지사, 2000, pp.186~190.

37) "件牒狀趣 蒙古兵可來責日本 又乞糴 此外乞救兵歟 就狀了見區分"(『吉續記』문영8년 9월 5일)(장동익, 『일본 고중세 고려자료 연구』, 서울대출판부, p.139).

38) 石井正敏, 「文永八年來日の高麗使について」, 『東京大學史料編纂所報』 12, 1978 ; 柳

삼별초의 대일 첩장은 일본과의 연대에 의한 공동 대항이 일차적 목표였지만, 다른 한편으로는 위기시 배후 피란지를 확보한다는 의도도 포함되어 있었던 것 같다. 삼별초는 제주도 이외에 일본 열도의 유용성에 대해서도 관심을 가지고 있었던 것이다.

1271년 일본에 파견된 진도 삼별초의 사신은 진도 정부의 붕괴 이후에도 한동안 외교적 활동을 전개하였던 것으로 보인다.

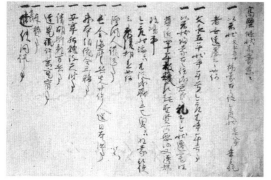

(상) 진도 삼별초공원의 자료전시관 개관식(2013)
(하) 삼별초의 외교문서에 대한 내용을 전하는 '고려첩장' 도쿄대 사료편찬연구소 소장

같은 해 9월 19일 내일한 원사 조양필趙良弼 관련 기록에서 '탐라'의 삼별초가 남송과 함께 조양필의 외교 활동을 방해하였다는 사실이 지적되어 있기 때문이다. 조양필이 도착하자 "송인과 고려탐라가 함께 그 일을 방해沮澆하려 하였다"는 것이다.[39] 여기에서 '고려의 탐라'는 삼별초를 지칭하는 것임에 틀림없는데, 아마도 고려첩장을 가져온 진도

永哲, 「高麗牒狀不審條條의 재검토」, 『한국중세사연구』 1, 1994 ; 윤용혁, 「삼별초와 여일관계」, 『몽골의 고려·일본 침공과 한일관계』, 동북아역사재단 편, 경인문화사, 2009.

39) "旣至 宋人·高麗聘羅 共沮澆其事"(『元朝名臣事略』「野齋李公撰墓碑」) 山本光朗, 「元使趙良弼について」, 『史流』 40, 北海道教育大學 史學會, 2001, p.31 참조.

삼별초의 사자가 귀국하지 않고 외교 활동을 전개한 것으로 보인다.[40]

가마쿠라 막부의 일본은 삼별초의 반몽 연대 제의에 대해 무관심하였다. 그러나 사실 일본은 삼별초 대몽항전의 가장 큰 수혜자였다. 1273년 제주도에서 삼별초가 최후를 맞게 되자, 여몽 연합군은 드디어 진로를 일본으로 향하여 1274년과 1281년의 2회에 걸쳐 일본 침공을 감행하였다. 이들의 군사 작전은 성공적이지 못하였다. 특히 1281년에는 태풍으로 인하여 연합군이 커다란 타격을 입었고, 이후 후속적인 군사적 침입을 다시 시도하지 못하였는데, 만일 삼별초의 저항이 없었더라면 필시 일본의 역사는 달라졌을 것이다.

3) 화약무기가 투입된 전투 현장

진도 거점의 삼별초는 남해 연안과 도서지역 일대를 그 세력범위로 확보하고 있었다. 삼별초의 세력범위 확정 과정에 있어서 중요한 고비가 되었던 것이 9월(1270) 나주를 둘러싼 공방전, 그리고 11월 제주도 점거였다. 전자는 실패하였고, 후자는 성공하였다. 나주 공략의 실패에 의하여 진도는 취약한 활동 반경을 갖게 되었으나, 반면 제주도 확보에 의하여 유사시를 대비하는 새로운 기반을 갖추게 되었다.

진도의 삼별초가 진도 거점 초기에 처음 승부를 걸었던 것은 나주지역의 확보였다. 삼별초가 육지 영역의 거점으로 삼고자 했던 나주는 도리어 연합군의 진도 공격을 위한 거점이 되었고, 이에 의하여 연합군은 진도에 근접한 위치에서 정찰과 공격을 직접 진행할 수 있었다. 진도 삼별초에 대하여 나주를 거점으로 한 연합군은 이를 기반으로 그 힘을

---

40) 徒單公 履가 찬하였다는 石刻史料 「贊皇復縣記」에서도 조양필의 공적을 언급하는 가운데 "반적 탐라가 그 길을 막았다(叛賊耽羅蔽其衝)"고 적고 있다. 1271년 삼별초의 대일 외교 활동이 여전히 진행 중이었던 것이다. 太田彌一郎, 「石刻史料 '贊皇復縣記'にみえる南宋密使瓊林について-元使趙良弼との邂逅」, 『東北大學 東洋史論集』 6, 1995, p.378 참고.

진도 해남 사이의 명량(울돌목) 용장성에 이르는 관문에 해당한다.

진도 공격을 위한 전진기지 구축으로 연결한다.

김방경의 고려군, 아해阿海 몽골군의 연합군은 용장성의 건너편 진도 대안인 삼견원三堅院에 연합군의 교두보를 확보하였다. 해남 삼견원은 진도 벽파정의 대안으로서 진도와 육지를 연결하는 길목에 해당하여, 해남 일대 본토에 대한 진출을 차단하면서 동시에 명량 수로와 진도 일대의 동향을 파악하는 데 극히 유리한 전략 지점이다.41) 아마도 연합군은 목포 앞바다를 거쳐 해남의 화원반도의 만입부로 들어와 삼견원을 장악하였을 것이다.

이는 영산강 유역의 확보에 의하여 가능하였던 것이며, 삼별초의 나주 공략 실패가 진도 삼별초의 존립에게는 얼마나 큰 위협이 되었는지를 실감시키는 것이기도 하다.

---

41) 삼견원은 지금의 三枝院(三支院)이다. 주변 해남군 문내면 원문리에는 '院門城'이라는 성터의 흔적도 남겨져 있다. 삼지원의 교통 관문으로서의 성격에 대해서는 강봉룡, 「진도 벽파진의 고중세 '해양도시'적 면모」, 『지방사와 지방문화』 8-1, 2005, pp.46~48 참조.

1270년 진도에 대한 개경측의 최초 공격은 8월에 장군 양동무楊東茂와 고여림高汝霖에 의하여 시도되었으나 여의치 않았다. 9월 개경정부는 김방경을 전라도 추토사追討使로 임명하여 몽골 원수 아해와 함께 군 1천을 진도에 투입시켰다. 당시 삼별초군은 전선戰船에 괴상한 모양의 동물을 그려 상대에게 위협감을 주었다. 훈련이 잘된 정예의 삼별초군은 그 움직임이 날아다니는 것처럼 신속하였다. 삼별초군은 징과 북을 동원하여 큰 소리를 치면서 요란한 기세로 몽골군을 압도하였다.

진도 전투에서의 삼별초의 전투 방식은 배에 깃발을 수없이 꽂고, 징과 북을 동원하여 요란한 소리를 진동케 함으로써 전투에 앞서 먼저 상대의 기세를 압도하는 것이었다. 그런데 1274년 후쿠오카에 상륙한 여몽 연합군이 바로 이 전술을 일본군에 대하여 구사하고 있다.[42] 「몽고습래회사蒙古襲來繪詞」라는 당시의 전투 그림 자료에도 여몽군이 큰 북과 징을 앞세우고 진을 친 대열을 보여주고 있다. 아마도 이것은 본래 고려군의 전술의 하나였을 것이다. 아니면 여몽군이 삼별초와의 전투를 통하여 발전시킨 하나의 전술인지도 모른다. 이듬해 1271년 정월 아해는 파면되고 흔도忻都로 대체되었다.

진도 삼별초가 여몽군을 맞는 주 전장인 벽파진 일대는, 3백여 년 후 1597년 이순신의 명량대첩 현장과 그대로 일치한다. 진도 공격에서 필승을 기하기 위하여 몽골군은 당시 전투 현장에서 실용화되고 있던 화약무기까지 도입하였다. 진도 대공세를 준비하고 있던 몽장 흔도는 화창火槍, 화포火砲 등의 신무기 사용 승인을 쿠빌라이에게서 받았다.[43] 이 화약무기는 1271년 진도, 그리고 이어 1273년 제주도에서도 사용되었다. 진도·제주도 전투에서 "불을 지르고 협공하니 적(삼별초)이 놀라 무너졌다"라든가, "관군이 외성을 넘어 들어가 불화살火矢을 4번 쏘니 연기와 불꽃이 하늘에 가득하고 적(삼별초)의 무리가 크게 혼란되었

---

42) 『八幡愚童訓』.

43) 『원고려기사』 지원 8년 5월.

(좌) 도탄(陶彈) 숭실대학교 박물관 소장
(우) 다카시마(鷹島)에서 발굴된 철포 나가사키현 다카시마 역사민속자료관 소장

다"44)는 것이 바로 그 내용이다. 화약무기는 1274년(충렬왕 즉위) 여몽군
의 일본 침입에서도 사용되었다. '철포鐵砲'라는 명칭으로『몽고습래회사
蒙古襲來繪詞』에 기록되어 있는 것이 그것이다.45) "철포로 철환을 발사했다.
발사하면 사방에 화염과 연기가 치솟아 주위를 모두 덮어버렸다. 또
소리가 우레와 같아 간담을 서늘하게 했다."46)는 관련 기록도 찾을
수 있다. 그 내용은 항파두성을 진입할 때 쏘았다는 '불화살'에 "연기와
불꽃이 하늘에 가득했다"는 것과 그대로 일치하고 있다.

　몽골군에 의하여 사용된 화기는 외피를 철로 만든 것도 있고, 도자기로
만든 것도 있다. 수장 경위는 잘 알 수 없으나 숭실대 박물관에는
도제의 포탄, 이른바 '도탄陶彈(磁砲)' 1점이 소장되어 있다. 높이 11.2cm,
폭 16.2cm 반구체半球體의 용기 표면에 21개의 돌기가 부착된 "마치
바다에 나는 멍게와 비슷한" 유물이다. 도기 안에 화약을 넣고 투척하여
폭발시키는 수류탄 같은 것이다.47) 철로 외피를 싼 '철포' 유물은 1281년
태풍으로 여몽군의 선단이 대거 침몰되었던 다카시마鷹島 해역에서도
여러 점 발굴되었다.

---

44)『고려사』104, 김방경전.

45) 所莊吉,「元寇の'鐵砲'について」,『軍事史學』11-1, 1975.

46)『八幡愚童訓』.

47) 임병태,「도탄에 대하여」,『최영희선생 화갑기념 사학논총』, 1987, pp.859~867.

4) 배중손은 변절하였나

(상) 정비되기 이전의 용장성 (1984년 사진)
(하) 배중손 동상 진도군 임회면

"바다가 갈라지네요, 길이 생기네요. 섬과 섬이 이어지네요." 진도 회동리 앞바다에 너비 40m, 길이 약 3km에 이르는 길이 만들어지는 '신비의 바닷길'에 대한 노래 가사이다. 1978년부터 매년 음력 3월 초 열리고 있는 이 '신비 축제'는 2013년에 35회를 기록하며 단번에 13만의 인파를 끌어들였다. 삼별초가 진도를 거점으로 하고 있던 1271년 봄, 아마 그때에도 이 바다는 멀리 모도茅島까지 갈라졌을 것이다.

1271년(원종 12) 5월 15일 여몽 연합군은 드디어 진도에 대한 총공격을 개시하였다. 제주도에 투입된 여몽군의 병력은 몽골군 6천, 고려군 6천 도합 1만 2천이라는 기록이 있는데,[48] 진도에 투입된 병력의 규모도 이와 큰 차이가 없을 것으로 생각되고 있다. 그러나 이개석은 몽골의 6천 병력은 정군正軍만을 의미하고 이 수치에 포함되지 않은 상당수의 보조 병력이 존재한 것으로 파악하였다.[49]

---

48) 『원사』 세조본기, 지원 11년 9월 기사.
49) 이개석, 「13세기 중엽 몽골제국과 고려, 그리고 삼별초」, 『13세기 동아시아

3군으로 편성된 연합군은 김방경과 흔도의 중군이 벽파정으로, 홍다구와 영녕공의 두 아들(희, 옹)이 이끄는 좌군이 장항樟項으로, 그리고 대장군 김석과 만호 고을마의 우군은 동면東面으로 진입하였다. 중군이 벽파정으로 진입하자 삼별초군은 이를 막으려고 벽파진에 병력을 집중하였다. 그 사이 홍다구의 군이 성안에 먼저 진입하였고, 혼란에 빠진 삼별초는 협공하는 연합군을 피하여 우군 쪽으로 몰려갔다. 중군이 벽파진에서 전투를 벌이는 동안 홍다구의 좌군이 먼저 성안에 진입하는 데 성공하였다는 것은 좌군이 용장성의 근접로를 택하여 진입하였음을 의미하고, 우군이 '동면'으로 진출하였다는 것은 반대로 좌군의 위치가 그와 상대되는 위치였음을 암시한다. 따라서 좌군의 진입로는 벽파진 서측일 가능성이 많다. 성안의 삼별초가 연합군의 우군 쪽으로 몰려가고, 이에 당황한 우군이 다시 중군과 합류하려 하였다는 것은 우군과 중군의 작전 지점이 비교적 가까운 지점이었음을 암시한다.[50]

용장성이 함락되면서 용장성의 삼별초는 2대로 나누어 퇴각하였다고 한다. 김통정 등은 의신포로, 배중손 등은 남도포로 향했다는 것이다. 김통정 등이 제주로 탈주한 지점에 대해서는 의신포, 혹은 금갑포 등으로 되어 있고, 남도성南桃城은 배중손의 전사지로 설명되었다. 그러나 배중손의 남도성 전사설을 뒷받침할 만한 근거가 있는 것은 아니다. 남도성이나 금갑진성은 조선 초에 축성된 것으로, 뒤에 왜구에 대한 대응책으로 마련된 것이었다. 따라서 삼별초 항전기에 이들 지역이 어떠한 전략적 중요성을 가졌는지는 의문의 여지가 있다.[51]

진도의 운명과 함께 주변의 보조 거점 역할을 했던 완도도 거의 비슷한 시점에 연합군에 의하여 장악된 것으로 보인다. 완도는 장군

세계와 진도 삼별초』, 목포대 박물관, 2011, pp.16~24.

50) 윤용혁, 「고려 삼별초의 항전과 진도」, 『도서문화』 37, 2011, pp.99~100.

51) 남도석성의 남도포진이 설치된 것은 1438년(세종 20)의 일이었고, 성 안에서는 지금까지 고려시대 구조물의 흔적이 발견된 바가 없다. 고용규, 「진도 남도포진 (성)의 역사와 공간구조」, 『진도 남도석성』, 목포대 박물관, 2011, pp.74~78.

송징宋徵이 자리잡고 있었는데, 지리적으로 진도와도 근접한 위치에 동쪽 경상도 방면으로 연결하는 조운로의 요충이어서 그 의미가 적지 않았다. 완도 법화사지 조사시 확인된 동종의 파편, 화재 흔적, 혹은 12, 13세기에 집중되어 있는 청자 자료의 편년은, 거의 같은 시기 완도가 맞았던 운명에 대한 암시로 생각된다.[52]

진도가 함락되자 삼별초의 잔여세력은 근거를 제주로 옮겼다. 흔히는 김통정이 진도 삼별초를 지휘하여 제주도로 들어간 것으로 추측하고 있지만, 김통정은 이미 제주에 자리잡고 있던 탐라 주둔 삼별초의 사령관이었을 수도 있다. 살아남은 자 가운데 연합군에 의하여 포로된 자는 1만여 명을 넘었고, 미처 떠나지 못한 전함도 수십 척이 붙잡혔다. 진도에 비축되어 있던 군수품 중 쌀은 4천 석 분량이 확인되었고, 그 밖에 미처 가져가지 못한 여러 가지 진귀한 물건 혹은 병기들은 모두 연합군의 전리품이 되었다. 원래 진도에 살고 있던 사람들은 가능한 한 본래 생업에 종사할 수 있도록 조치되었다고 한다.[53] 포로의 일부 혹은 현지 주민 일부는 몽골군에게 넘겨졌다. 1272년 정월, 진도전에 참여한 이후 본국으로 철수하는 몽골 장군 바얀伯秤에 의하여 "진도의 사녀士女들 중 잡혀가는 자가 매우 많았다"[54]고 한 것이 이를 말한다. 용장성 공함 이후 한동안 진도는 거의 공지화 하였던 것 같다.

진도에서 포로로 원에 붙잡혀갔다가 승려가 된 진도 사람 흘절사팔吃折思八의 가족 이야기가 있다. 원에 들어가 유력한 티베트 불교의 승려로 출세한 흘절사팔은 1294년(충렬왕 20) 고려에 파견되었다. 삼별초의 전란이 종식된 지 이미 20여 년이 지난 시점이었다. 고려에 일시 귀환한 그는 무엇보다 부모의 생사를 확인하고 싶었다. 수소문 끝에 그는 진도에서 난리통에 도망한 부모를 서림현(충남 서천)에서 찾아내었다.

---

52) 이에 대해서는 이 책의 제5장 중 완도 법화사에 대한 부분 참조.
53) 『고려사』 104, 김방경전.
54) 『고려사』 27, 원종세가 13년 정월.

196

그의 부모는 서림현에서 남의 집 머슴을 살며 겨우 목숨을 부지하고 있었던 것이다. 충렬왕이 쌀과 전토를 주어 개경에 가까운 섬 교동현에 집을 마련하여 주고 그 가족들을 모여 살게 하고 부역과 세납을 면제하여 주었다고 한다.55) 진도와 제주도 삼별초의 포로와 도망자들에 대한 이야기의 일단을 전하는 자료이다.

1271년 5월 진도 함락시 장군 배중손의 최후에 대해서는 기록에서 확인되지 않는다. 제주도에서의 삼별초 항쟁은 김통정金通精이라는 새 인물을 중심으로 활동하였기 때문에 배중손은 진도 전투 중에 전사한 것으로 인식되고 있다. 잘 이해되지 않는 점이 있지만, 배중손이 남도성南桃城에서 최후를 맞았다는 이야기도 있다. 온왕은 용장성 궁궐에, 배중손은 남쪽으로 반대편 남도성에 살았으며, 용장성이 함락되던 날 그는 술에 취해 낮잠을 자다 싸워보지도 못하고 당했다는 이야기 같은 것들이다.56) 여하튼 배중손이 용장성의 함락과 함께 그 운명을 같이 하였다고 보는 것이 상식적인 해석일 것이다.

그런데 이에 대하여 진도 공함 이전에 이미 삼별초 자체의 내분에 의하여 배중손은 권력자의 지위에서 '숙청'되었을 것이라는 의견도 있다.57) 삼별초 진도정권에는 투철한 반몽 세력 이외에 기회주의적인 온건 집단이 있었고, 배중손은 바로 이 온건 '동요분자'의 대표 인물이었다는 것이다. 배중손에 대한 이 같은 의문은 몽골과의 협상 과정에서 그가 보여준 모호한 태도에 근거하고 있다. 쿠빌라이가 조서를 보내 삼별초를 회유하자 배중손은 몽골에 복속할 것을 요청해 왔고, 또 진도 공격전에 새로 투입된 몽골군 사령관 흔도를 "비밀히 상의할 것이 있다"하여 진도 측에서 초대하기도 하였다.58) 이것이 배중손을 몽골에

---

55) 『고려사절요』 21, 충렬왕 20년 7월.
56) 김종, 『삼별초, 그 황홀한 왕국을 찾아서』 하, 바들산, 1994, p.155.
57) 村井章介, 「高麗三別抄の叛亂と蒙古襲來前夜の日本」(上), 『歷史評論』 382, p.45.
58) 『元史』 본기 지원 8년 및 『고려사』 27, 원종 세가 12년.

영합하여 타협을 추구하였다고 단정하는 근거이다.

그러나 배중손이 몽골과 비밀리에 흥정하려 했다는 것을 사실로서 받아들이기에는 납득하기 어려운 점이 있다. "몽골군이 철군히면 내부 하겠다"라든가, "전라도를 얻어 살게 하면 복속하겠다"는 등의 제안은 어디까지나 몽골에 대한 진도 측의 전략이었다는 점 때문이다. 진도 측의 '내부內附' 하겠다는 제안에 대해, 쿠빌라이가 "쓸데없는 말로 시간만 끄는 것"으로 일축한 것은 이 점을 잘 설명하고 있다. 연합군의 진도 대공세가 눈앞에 임박한 시점에 "반신 배중손이 사신을 억류하고 지리가 험한 것을 믿고 항복하지 않는다"[59]는 흔도의 쿠빌라이에 대한 보고문에 배중손이 언급되어 있는 것을 보더라도 배중손의 실각설은 역시 신빙하기 어렵다. 개경측이 진도의 내부 사정에 대해서 상당한 정보를 가지고 있었던데에다 이때는 진도 대공세를 불과 1달여 앞둔 시점이기 때문이다.

배중손을 '동요분자'로 분류하고 그의 실각설까지 확대하는 것은 논리가 비약한 것이라 생각하지만, 그러나 진도 삼별초 내부에 다양한 입장차가 실재하였고, 이것이 내부의 일체감 유지에 어려움이 되었으리라는 것은 사실일 것이다.

3. 진도 삼별초 유적

1) 용장성의 궁궐터

강화도에서 진도에의 이동은 삼별초에 있어서 도성을 옮기는 '천도'였다. 군사적 측면에서만이 아니라 고려 정통정부를 과시하기 위해서도 새로 지어지는 왕궁은 규모나 외관에 있어서 그에 걸맞는 권위를 나타내는 모양을 갖추어야 했다. 그것이 바로 용장성이며, 따라서 용장성은

---

59) 『고려사』 27, 원종세가 11년 4월 정미.

왕궁을 포함하는 고려 도성의 개념에서 파악되어야 할 사안이라 할 수 있다. "고려 원종 때 삼별초가 모반하여 강화부로부터 들어와 이 섬에 자리잡고 궁전을 크게 지었다."[60]고 한 것도 바로 이 점이 강조되어 있는 것이다.

용장성의 성내 중심 구역에는 경사면에 9단의 층단을 이룬 축대를 조성하여 건물을 지었는데, 이것이 삼별초 정부의 '궁전'이라고 후대 기록에 남겨져 있다. 삼별초의 용장성 거점 기간은 1년 미만의 짧은 기간이지만 그럼에도 불구하고 규모를 갖춘 시설이 배치되어 있었음을 암시하는 것이다.

용장성 건물지는 북쪽으로 열려 있는 지형적 조건 때문에 궁궐 건물이 북향을 하고 있고 9단의 축대는 높이 1~3m로서 약간의 차이가 있다. 건물지의 전체 면적은 약 7천 평에 이른다.[61] 건물이 조성된 대지의 폭은 대략 10~30m로서 편차가 있으며 초석의 배열이 축대에 근접하게 배치한 점이 특징이다. 즉 건축물이 축대 바로 위에 건립되고 마당이 그 안쪽에 설정됨으로써 일반적 건물 배치와는 상반한 것이다. 따라서 결과적으로 용장성의 건물들은 남향이며 아래쪽에서 바라보면 건물의 뒤편을 보도록 되어 있다. 이 같은 특이한 건물 배치는 무엇보다 북향 사면에 대지가 조성된 것과, 방호적 측면이 고려된 것으로 생각된다. 지표조사 결과에 의하면 최상단에 위치한 건물은 250평 대지에 정면 5칸, 측면 3칸 60평 규모의 건물이다. 확정하기는 어렵지만 아마 삼별초 정부의 온왕이 거처한 정전이었을 것으로 추측된 바 있다.

궁궐지에 대한 조사는 성내 건물지중 중앙에 해당하는 F지구에 대해 1989년 조사가 시행되었으나 조사가 본격적으로 이루어진 것은 2009년 이후의 일이다. 가장 상단에 위치한 A지구에 대한 조사에 이어 2010년부

60) 『신증동국여지승람』 37, 진도군 고적조.
61) 조사된 궁궐지의 내용에 대해서는 고용규, 「진도 용장산성의 구조와 축조시기」, 『13세기 동아시아 세계와 진도 삼별초』, 목포대학교 박물관, 2011 참고.

발굴중의 용장성 건물지(궁궐터) 전경 목포대학교 박물관

터 2013년에 걸쳐 건물지에 대한 전면적 발굴조사가 이루어졌다. 1989년 F지구에 대한 첫 조사에서는 정, 측면 각 3칸의 정방향 건물지가 주목되었다. 불두, 정병 편 등 불교 관련 유물의 반출도 있어, 이 건물은 삼별초 이전 용장사의 목탑지로 추정되었다. 2009년도와 2010년도 목포대 박물

관에 의한 진도 용장성 궁궐지에 대한 전면조사는 삼별초의 진도 이동이 강화 천도에 이은 또 하나의 천도라는 개념으로 이루어졌음을 보여주고 있다. 20여 동 이상의 건물이 치밀하게 배치되어 있는 건축의 양상은 개경의 만월대를 연상시키는 구조로서, 매우 섬세한 계획 하에 시공된 것임을 보여주는 것이었다. 이 때문에 진도 입거 이후에 비로소 용장성의 설계와 시공이 이루어진 것으로 보기는 어렵게 되었다. 적어도 진도 천도 이전에 이미 기본 설계와 작업의 일부가 이루어졌다는 것이다.

용장성내 건물지의 성격에 대해서는 상단의 건물과 하단의 회랑이 연결구조를 보이는 건물 배치(A, B지구)에서 개성 만월대의 건물구조와의 일치점이 파악된다는 점, 난방시설을 갖춘 생활공간(K, L지구)과 의례 등 특수기능을 갖는 공간(P지구)이 분리되어 있다는 점이 지적되고, 규모와 형태, 출토 유물로 볼 때 내, 외성 도성체제를 갖춘 '궁성'으로 파악할 수 있다는 의견이 제시되었다.[62]

용장성 건물지 조사를 통하여 다량의 와류가 출토되었는데, 그 가운데 연화문 수키와 와당이 오키나와 우라소에성의 '계유년고려와장조'명 기와와 공반되는 와당과 매우 흡사하다는 점이 많은 관심을 끌고 있다. 1271년 진도에서 삼별초 정부가 무너지고 잔여세력이 제주도로 철수하는 과정에서 일부가 류큐로 옮긴 것이 아닌가하는 주장이 여기에서 제기되고 있다.[63]

건축물 배치와 관련하여 또 한가지 특이한 것은 층단을 따라 조성된 건물과 건물 간을 연결하는 계단이나 통로가 대체로 불분명하다는 점이다. 계단을 설치하지 않고서는 상하 건물 간의 통행이 거의 어렵기 때문에 아마 나무로 만든 계단을 설치한 것이 아닌가 추측된다. 왜 처음부터 석축의 계단을 조성하지 않았는지 의문이지만, 전투 혹은

62) 최성락, 「진도 용장성의 발굴성과 삼별초」, 『목포권 다도해와 류큐열도의 도서해양문화』, 민속원, 2012, pp.37~43 참조.
63) 윤용혁, 「오키나와의 고려기와와 삼별초」, 『한국사연구』 147, 2009.

비상적 상황에서 임시 가설된 목제 계단을 제거함으로써 건물과 건물 간을 격리시키는 효과를 기대한 것이 아니었을까. 긴장 국면과 비상시를 대비한 건축을 처음부터 의도하였다는 것이다.

궁궐터 건물 가운데 주목되는 것은 중심부에 정방형의 방단方壇을 조성한 건물이다. 폭 31m×41m 크기의 대지 중앙부에 9m 크기의 방단이 조성되어 있는데 이는 탑과 같은 특수 건물을 예상케 하는 것이었다. 이 건물에 대해서는 1989년 목포대 박물관에 의하여 발굴 조사가 실시된 바 있는데, 그 결과 문제의 방단 석축은 9.5m 크기 정방형이고, 여기에 정면과 측면 각 3칸, 동서 6.9m, 남북 7.1m 크기의 거의 정방형에 가까운 건축물이 조성되어 있었다. 초석은 남아 있지 않고 적심만 확인되었는데 방단 중심의 약간 동측에 심초석 적심으로 생각되는 흔적이 나타났다. 방단의 석축은 바닥에서 1.3m, 현 지면에서 1m 높이이다. 아울러 방단 건물은 화재에 의하여 소실되었음이 확인되었다.[64]

방단 건물은 구조상 절의 목탑이 있었던 터로 추정되기도 하였다. 그러나 2010년도의 발굴에서 방단 주변의 여건이 확인되고, 건물지 주변에서 석탑의 탑재석塔身이 발견됨으로써 목탑의 존재를 인정하기는 어려워졌다. 따라서 용장성 궁궐의 중심부에 건립한 이 방단의 특수 건물이 어떤 용도의 것이었는지는 더욱 가늠하기 어렵게 되었다. 방단이 있는 F지구는 전체 대궐터의 중심부에 해당하고 대지의 너비가 가장 크다는 점에서 온왕이 거처하던 궁전이었다는 이야기가 전부터 있었기 때문이다.

궁궐의 건축 시기는 용장성 건물지에서 가장 궁금한 문제이다. 집정자 김준은 1268년(원종 9) 12월 임연에 의하여 제거되었다. 이듬해 1269년 (원종 10) 6월 임연은 원종을 폐위하고 안경공 창淐을 신왕으로 옹립하였 지만, 몽골의 적극적 개입으로 11월 원종이 복위함으로써 정치적으로

---

64) 최성락, 『진도 용장성』, 목포대학교 박물관, 1990.

궁지에 몰리게 된다. 이 같은 시점이 진도로의 천도를 계획하는 출발점이 되었다는 의견을 제안한 바 있다.[65] 그러나 이미 1268년 3월 김준은 강화도를 포기하고 다른 섬으로의 천도를 적극 추진하고 있었다. 그 계기는 몽골에서 개경환도를 강력 촉구하고 동시에 김준 부자의 입조를 요구하였기 때문이다. 이때 김준은 먼 섬으로의 천도와 함께 필요에 따라서는 자신이 직접 왕위에 오르는 문제까지를 포함한 일종의 쿠데타를 모색하고 있었다.[66] 이러한 계획은 동생 김승준의 강력한 만류로 실행에 옮기지 못하였지만 이로써 생각하면 김준의 '해도재천海島再遷' 추진 시점인 1268년(원종 9) 3월은 진도에의 천도가 구체적으로 추진되고 있었던 시점이었다고 생각된다. 따라서 2년여 후 강화도에서 봉기한 삼별초가 진도에 이르렀을 때는 공사가 거의 마무리 단계에 이르는 정도까지 진전되어 있었던 것이다.[67]

'대궐터'로 불려온 용장성의 건물지에서는 '금동합금의 가마釜'와 수조 水槽로 생각되는 구조물이 나온 적이 있다. 수조로 생각되는 구조물은 1960년 봄 용장리 거주의 마을사람(곽우방, 곽우철)이 용장성 우물 부근에서 발견하였는데, 크기는 석판재 3평 정도이고, 일종의 '욕조(목욕통)'로 생각된 석판은 직육면체 장방형 8개 분량이었다.[68] 이 유물은 현재 그 행방을 알 수 없기 때문에 실체가 무엇이었는지 단정하기 어렵다. 그러나 이것이 진도시대 삼별초 관련의 상황자료일 것임은 의심의 여지가 없다.

---

65) 윤용혁, 「고려 삼별초의 항전과 진도」, 『도서문화』 37, 2011, p.110.
66) 『고려사』 106, 嚴守安傳.
67) 강도정부의 해도재천 논의에 대해서는 윤용혁, 「삼별초의 봉기와 남천에 관하여」, 『고려 삼별초의 대몽항쟁』, 일지사, 2000, pp.140~150 참고.
68) 전라남도 교육연구원, 『용장산성의 충절』, 1979, p.266, p.276.

2) 용장산성, 언제 쌓았나

삼별초 진도정부의 치소는 진도의 해안교통의 관문에 해당하는 벽파정碧波亭의 부근, 진도군 군내면 소재 용장성龍藏城으로 설정되었다. 1964년도에 국가사적 제126호로 지정된 바 있는데, 용장성에 대해서는 "(진도) 현 치소로부터 동쪽 20리 지점에 있는데 석축으로 둘레 38,741척, 높이 5척이다. 고려 원종때 삼별초가 반란을 일으켜 강화부로부터 이 섬에 입거하여 궁전을 크게 지었다."[69]고 하였다.

지표조사 결과에 의하면 용장성은 주로 석축으로 구성되어 있으나 일부는 토축으로 되어 있다. 성의 둘레는 약 13km, 성안의 면적은 약 258만 평으로 추산되는, 방대한 규모로 설정되어 있다. 그중에 건물지로서 산 경사면을 따라 층단식으로 9단의 석축 기단이 남아 있다.[70] 성곽의 중심부는 둘러싸인 산줄기에 의하여 밖에서 잘 들여다보이지 않는 특별한 지형적 조건을 가지고 있다. 방어상의 필요를 감안한 공간 선택의 의도를 잘 엿볼 수 있는 것이다.

성곽의 축성은 평탄지에서는 내외벽을 쌓는 협축 방식으로, 경사지는 바깥쪽만 석축을 하는 편축 방식을 취하였다. 성의 기저부는 작은 돌로 지면을 고르고, 두께 10cm 정도의 부정형 판석을 12~15cm 밖으로 내어 기반을 조성한 다음 성돌을 구축하였다. 여장은 거의 남아 있지 않으나 일부에서 약간의 흔적이 확인되었다. 토성의 구축은 잡석을 섞어 혼축한 것이며, 조사 당시 밑 부분 폭 3m, 높이 2m 정도의 잔존 상태를 보였다.

용장성의 가장 높은 지점은 남측 해발 215m 서낭산의 정상부로서 여기에는 일찍이 테뫼식으로 소규모의 축성을 하였던 흔적이 있다.

---

69) 『신증동국여지승람』 37, 진도 고적조.
70) 삼별초정부의 거점, 용장성의 현황에 대해서는 은하건축설계사무소, 『진도 용장성 지표조사보고서』, 1985 참조.

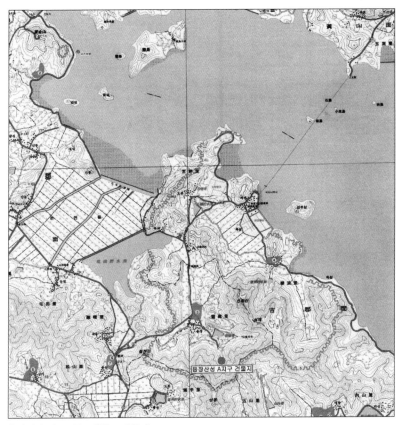

용장산성 지도 목포대학교 박물관

성 전체는 물론 주변 상황이 일목요연하게 관측되는 지점이어서, 망대와 같은 군사 시설이 설치되었음을 짐작할 수 있다.

2004년도 목포대 박물관의 용장산성 성벽에 대한 시굴조사에서는 북쪽 성벽의 16호 트렌치 등지에서 '대장大匠 혜惠' 혹은 '삼월三月'명의 암기와 명문와편들이 수습되었다. 이는 신안군 압해도 건물지에서 13~14세기의 청자와 함께 출토된 '대장혜인계묘삼월大匠惠印癸卯三月' 명문 와편과 동일한 기와로서 용장산성의 성벽 축조 시기를 암시한다는 점에서 매우 중요한 의미를 갖는다. 여기에서의 '계묘'년은 1243년(고종

용장산성 석축 목포대 박물관

30)으로 인정되기 때문이다. 따라서 이를 기준으로 볼 경우, 용장성은 삼별초 정부의 수립 이전, 약 30년 전에 이미 조성되었던 것으로 짐작된다. 즉 삼별초 군의 진도 항전 이전에 용장사와 함께 성과 용장성이 기본적으로 갖추어져 있었고, 이 같은 기반 시설을 활용하여 1270년 이곳에 삼별초군이 자리를 잡았다는 해석이 가능한 것이다.71)

용장성에 대한 학술적 조사는 1980년대 지표조사로부터 시작되어,72) 목포대 박물관에 의하여 성내 건물지 일부가 조사된 바 있지만,73) 산성에 대한 시·발굴 조사는 2004년에 비로소 시도되었다.74)

산 능선을 이용하여 축성한 용장산성의 길이는 12.85km(성내 면적 258만 평)로 계측된 바 있다. 처음 지표조사에서는 산성의 일부는 토축으로 정리하였으나, 목포대 박물관의 조사에 의하여 용장산성은 전 구간이 협축법에 의하여 구축된 석성으로 확인되었다. 성벽의 대체적 너비는 최소 270~280cm, 최대 340~410cm로 조사되었다. 산성의 높이는『신증동국여지승람』에서 5척이라 하였으나 잔존 높이는 1m 정도이다. 석축의 구축은 퇴적토를 암반층까지 걷어내고 황갈색 마사토를 깔아 지면을 정지한 후 판석형의 석재를 기단석으로 깔고 기단석에서 조금 뒤로

71) 목포대학교 박물관,『진도 용장산성』, 2006, p.49, p.102.
72) 은하건축설계사무소,『진도 용장산성 지표조사보고서』, 1985.
73) 최성락,『진도 용장성』, 목포대 박물관, 1990.
74) 목포대 박물관,『진도 용장산성』, 2006.

물려서 1단 성돌을 놓고 수직으로 쌓아올렸다. 성돌은 주변 암반층에서 거칠게 떼어낸 것으로서, 대부분 성벽 통과선 주변에서 직접 채석하여 사용한 것으로 확인되었다.[75] 강도의 중성, 제주의 항파두성이 토성으로 구축된 것과는 성격이 다른데, 이는 용장성의 지리적 특성에 기인한 것으로 생각된다.

용장산성의 축성 연대에 대해서 고용규는 삼별초 입거 30년 이전인 1243년(고종 30)을 지목하였다. 이는 성곽 조사과정에서 신안군 압해도 출토의 '대장혜인 계묘삼월大匠惠仁 癸卯三月' 명문와와 같은 기와의 파편이 나온 것에 근거한다. 명문와의 '계묘'가 전란기인 1243년(고종 30)으로 추정되고 있기 때문이다. 1243년 축성된 용장산성은 삼별초 입거 이전 지역민의 입보처로서 활용되었다는 것이다.[76] 한편 2009년도 성내 건물지에 대한 발굴조사 이후 고용규는 이 건물지(왕궁)를 둘러싼 석심토축石心土築의 궁장宮牆이 있었고, 이를 내성, 종래의 산성을 외성(나성)으로 지칭함으로써 용장성이 내외 2중의 도성체제로 구축된 것이었다고 정리하였다.[77]

용장산성의 1243년 축성론에 대하여 나는 산성의 축성 시기가 삼별초의 진도 입거(1271)에서 비교적 가까운 시기에 이루어진 작업의 결과로 본다는 의견을 피력한 바 있다. 용장산성 13km에 대하여 다른 성들을 비교하자면, 장성 입암산성 5.2km, 남한산성 8km, 조선시대 강화산성 7km 등이다. 『신증동국여지승람』에서는 용장산성의 길이를 38,741척이라 하였는데 이는 강도의 외성 37,076척, 내성 3,874척, 강화의 고려산성 19,372척 등 강도의 성지에 비해서도 오히려 더 큰 규모이다. 서남해안

75) 위의 보고서, pp.95~97.

76) 고용규, 「진도 용장산성의 재검토」, 『전남문화재』 13, 2006 및 「진도 용장산성의 구조와 축조 시기」, 『13세기 동아시아 세계와 진도 삼별초』, 목포대 박물관, 2010, pp.90~94 참조.

77) 고용규, 「진도 용장산성의 구조와 축조 시기」, 『13세기 동아시아 세계와 진도 삼별초』, 목포대 박물관, 2010, pp.103~117 참조.

일대는 전란기에 일시적으로 섬으로의 입보가 진행된 것은 사실이지만, 대규모 성지 건설에 의한 장기 입보의 필요성이 크지 않았다는 점에서 1243년은 대규모 입보 성곽의 수축 시점으로서 지나치게 빠르다는 것이다.[78]

용장성의 전체적 규모로 보아 산성과 궁성을 2~3년 사이에 동시에 구축하는 것은 쉽지 않았을 것이다. 이 때문에 산성이 먼저 조성되어 입보처로 활용되었다고 할 수 있지만, 그 시기는 빨라도 남부지역에 대한 몽골의 침략이 강화되고 해도입보가 활발히 이루어지는 1253년(고종 40) 이후의 시점이 되어야 할 것이다. 김준 집권 초기인 1260년(원종 1) 강도에서는 제주로의 천도론이 퍼졌고, 그 소문은 몽골 군영에까지 전해졌다.[79] 진도 궁궐 건축의 존재를 인정하기에는 아직 빠르지만, 용장산성의 축성만은 이 시기에 이루어지고 있었을 수 있는 것이다.

근년 조사된 강화도의 중성유적과 제주도의 항파두성은 모두 토축의 유사 기술에 의하여 이루어진 것이었다는 점에서 주목된다. 강화도에서 진도로, 그리고 다시 제주도로 이어지는 삼별초 거점의 이동과 그 맥락을 같이하는 것이기 때문이다. 그런데 시기적으로나 지리적으로 그 둘 사이에 위치한 진도의 경우는 토축이 아니고 석축에 의한 산성 구축이 특징으로 드러나고 있다. 이것은 일차적으로 진도 일대의 지리적 특성에서 연유한 것이기는 하겠지만 동시에 시기적으로 삼별초의 거점 이동시에 산성이 이루어진 것이 아니었음을 의미한다. 따라서 용장산성의 구축은 진도 천도로부터 조금 앞선 시기에 이루어진 것으로 보는 것이 적절하고, 이점에서 진도 천도의 대략 10여 년 전인 1260년경의 축성으로 보는 것은 어떨지 하는 의견을 갖게 된다.

---

78) 윤용혁, 「고려 삼별초의 항전과 진도」, 『13세기 동아시아 세계와 진도 삼별초』, 목포대 박물관, 2011, p.73.
79) 『고려사절요』 18, 원종 원년 2월.

승화후 온왕의 무덤 진도군 의신면 침계리 소재

3) 온왕과 삼별초 유적

의신면 침계리, 왕무덤재에 삼별초 온왕의 무덤으로 전하는 유적이
있다. 1988년에 전남도기념물(126호)로 지정되었으며, 아래쪽에 '말무
덤'으로 전하는 곳도 있다. 몽골군에 쫓기던 온왕은 급한 나머지 말
등을 거꾸로 타고 말꼬리를 잡고 달렸다는 이야기가 있다.

진도 삼별초의 임금 승화후 온溫(1223~1271)은 현종의 8대손(안산김씨
元惠太后와의 소생이며 문종의 동생인 평양공 기基의 7대손)으로 홍복원과
적대관계에 있었던 영녕공 준綧의 형이다. 온왕에게는 환桓이라는 이름
의 아들이 있었는데, 용장성 탈출 이후 추격하는 홍다구에 의하여 함께
비참한 죽임을 당하였다. 영녕공 준은 진도 함락시 온왕의 목숨을
구하고자 하여 전투에 참가한 아들 옹雍과 희熙에게 각별한 당부를 하였지
만, 홍복원의 아들 홍다구는 승화후 온을 고의로 참살하였던 것이다.[80]

---

80) 『고려사』 90, 종실열전 온.

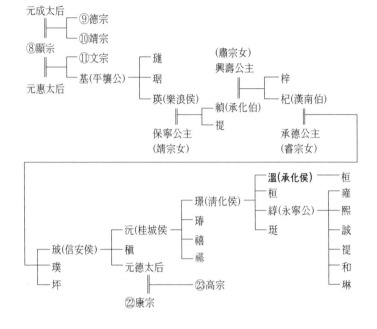

승화후 온왕을 보호하려 했던 영녕공 왕준과 온왕을 참살한 홍다구는 서로 풀 수 없는 오랜 숙원을 가진 사이이다. 온왕의 동생 영녕공 준은 1241년(고종 27) 고종의 아들로 위장하여 몽골에 입조하였다. 일종의 인질로서 왕자를 들여보내라는 몽골의 강력한 요구를 뿌리칠 수 없어서였다. 그는 몽골 황족의 여성과 혼인하고 그 관내에 살면서 대고려 관계에 일정한 영향력을 행사하였다. 홍복원이 총관으로 있던 요양에서는 홍복원과 갈등을 일으켜 그를 죽음으로 몰았던 구원舊怨이 있다. 1258년 홍복원은 '발로 차서' 죽임을 당하고 '가산을 몰수' 당하고, 아들 홍다구 등도 이때 심한 고초를 겪은 바가 있었다. 아들 홍다구는 그 원한을 두 번에 걸쳐 보복하였다.

81) 이정신, 「영녕공 왕준을 통해본 고려와 몽고관계」, 『고려시대의 정치변동과 대외정책』, 경인문화사, 2004, p.221.

삼별초의 낙화암, '여기급창둠벙'

　1261년 홍다구는 몽골에 의하여 요양지방의 고려인을 관할하는 군민
총관軍民總管에, 왕준은 1263년 심양지역의 고려인을 관할하는 군민총관
에 각각 임명되었으나 이때 홍다구의 참소로 왕준은 군민총관직을
박탈 당한다.[82] 다시 10년 세월이 지난 1271년, 홍다구는 진도에서
영녕공 준의 형의 목숨을 겨누고 추격하는 입장이었다. 온왕의 조카가
되는 준의 아들 옹과 희가 이 전투에 참여한 것은 왕준의 뜻을 받들어
홍다구의 칼날에서 온왕의 목숨을 보전하고자 하는 것이 가장 중요한
목적이었다. 그러나 불타오르는 홍다구의 복수의 칼날을 막을 수는
없었다.
　만일 왕준과 홍다구의 숙원이 없었다면, 아마도 온왕은 목숨만은
건질 수 있었을 것이다. 그러나 이 죽음으로 인하여 온왕은 삼별초와
함께 그 역사적 최후를 영원히 끝맺게 되었다. 그의 시신이 개경으로
옮겨지지 못하고 진도의 왕무덤재에 그대로 남겨진 것은 그가 '삼별초로

82] 이정신, 위의 논문, pp.237~246.

서 최후를 맞았다는 역사성을 그대로 간직하는 것이다. 2013년 봄, 온왕 무덤이 멀지 않은 첨찰산 자락 운림산방의 지척에 삼별초 공원이 개장하였다.

퇴각하는 용장성의 삼별초는 2대로 나누어져 김통정 등은 의신포로, 배중손 등은 남도포로 각각 퇴각하였다고 알려져 있다. 김통정 등이 제주로 탈주한 지점에 대해서는 의신포, 혹은 금갑포 등으로 되어 있고, 남도성은 배중손의 전사지라는 것이다.[83] 이러한 정리는 이후 연구자들에 의해서도 일반적으로 받아들여져 있는 상태이다.

논수골에서 큰 전투가 벌어지고, 의신포를 김통정 등이 제주를 향해 발선한 장소로 설정한 것은 매우 타당성 있는 것으로 생각된다. 용장성을 탈출하여 남으로 피란하는 삼별초가 승선할 수 있는 가장 가까운 포구가 의신포이기 때문이다. 의신천 물이 근년까지 창포리까지 들어와 창포가 우거져 있었다는 것도 이 지역이 원래 바닷물이 출입하던 곳임을 말해준다. 이곳은 의신면 돈지리, 창포리, 침계리 일대에 해당하는데, 여기급창 둠벙(삼별초 여기둠벙, 돈지리), 떼무덤 등이 있는 곳도 바로 이곳이다. 여기급창둠벙은 삼별초의 부녀자와 용장성의 기녀들이 몽골군에 쫓겨 투신하였다는 곳이다. 삼별초의 낙화암, 진도의 낙화암인 것이다. 지금은 작은 둠벙이지만, 원래 수심이 매우 깊어 절굿대를 넣으면 우수영이나 금갑 앞바다로 나온다는 전설이 있을 정도였다. 경지정리로 파괴되었던 것을 1997년 진도문화원에서 복원작업을 하였다고 한다. 돈지리의 떼무덤은 퇴각 중이던 삼별초 군이 여몽군의 공격으로 많은 사상자가 발생하여 한꺼번에 묻힌 곳이라 전한다.[84]

홍다구에 의하여 죽임을 당한 '전 왕온의 무덤'은 여기에서 멀지 않다. 온왕의 무덤이라는 사실이 확증된 것은 아니어서 '전(傳)'자를 떼지 못하고 있다. 무덤의 위치, '왕 무덤재'라는 지명, 무덤 앞의 고려 석인상

83) 진도군, 『진도군지』, 1976, p.95.
84) 박병술, 『역사 속의 진도와 진도사람』, 학연문화사, 1999, pp.531~532.

등 여러 자료로 보아 온왕의 무덤이라는 구전은 상당한 사실성을 갖는 것으로 생각된다. 무덤 앞의 석인상은 이 시기 강화도에서 많이 조성되었던 자료이기도 하다. 다만 '왕온의 묘'라는 것은 삼별초의 역사성을 인정하지 않는 명칭이라는 점을 지적하지 않을 수 없다. 이 때문에 지역에서는 '온왕릉'으로의 명칭 변경을 주장하고 있다. 돈지리의 삼별초 '여기급창둠벙'을 비롯한 주변 일대의 유적은 고고학적 근거를 충분히 확보하지는 못하였지만, 삼별초 유적으로서의 중요성을 환기하는 중요한 자료이다. 이 지역 일대가 삼별초의 격전지이며, 동시에 삼별초가 철수하던 포구였음을 증명하는 자료라는 점에서도 큰 의미를 갖는다.

4) 벽파항과 진돗개

벽파진은 용장성을 거점으로 한 삼별초에 있어서 가장 중요한 전략 지점이다. 『원고려기사』에서도 진도측의 형세에 대하여 "적(삼별초)들이 섬의 북쪽 해안에 전함을 정렬해두고 있었다"[85]고 묘사하였다. 이는 바로 벽파진을 중심으로 한 방어 체계를 묘사하고 있는 것이다. 벽파진은 용장성을 출입하는 관문항에 해당하기도 하지만, 원래 서남해안 조운로의 목에 해당하는 지점이었다.

후대의 자료이기는 하지만 『옥주지』에서는 1207년(희종 3) 이곳에 벽파정碧波亭이 창설된 것으로 적혀 있다. "남송 개희 3년(1207)에 정亭과 원院을 창설하여 사신이나 손님使客들을 위한 행주공수소行廚公須所를 두었다"는 것이 그것이다. 일종의 역원 역할을 하는 객관이었음을 의미한다. 아마 서해 연안의 군산정이나 안흥정, 경원정에 상응하는 시설로서 설치된 것이 아니었을까 생각된다. 벽파정의 건물지 위치는 잘 알수 없지만, 해발 60m 벽파마을 동산의 동쪽 해변, 지도상의 '벽파정당碧波

---

85) 『원고려기사』 지원 8년 5월.

진도 용장성의 입구 벽파항

亭堂'에 해당하는 것은 아닌가 추측되고 있다.[86] "숲속 길을 다 지나와 이내 포구의 뱃머리를 돌려 탄다. 물은 천리 땅을 둘러싸고 산은 한쪽의 하늘을 가로 막았다."는 고조기高兆基(?~1157)의 시가 남아 있어 이미 오래 전부터 그 기능이 활성화되어 있었음을 알 수 있다.[87]

벽파진 해변에서는 여러 해 전 뻘층에 박힌 원목렬圓木列의 존재가 확인된 바 있다.[88] 가장 대표적인 원목렬의 예는 장보고 유적으로 알려진 완도의 장도 해변의 것이다. 직경 35cm 내외의 원목을 해변을 따라 열을 이루며 촘촘히 박은 것인데, 이러한 원목렬(목책)은 조선시대 의 해안 군사기지에서 종종 확인되는 것이기도 하다. 원목렬의 성격은

86) 강봉룡, 「진도 벽파진의 고. 중세 '해양도시'적 면모」, 『지방사와 지방문화』 8-1, 2005, pp.58~59 참조.
87) 『신증동국여지승람』 37, 진도군 누정.
88) 벽파진 원목렬의 존재를 처음 전한 것은 김종이다. 주민 손재극, 김석길 씨와의 현지 면담을 통하여 노출된 원목의 량은 약 30여 개이며, 연합군의 접근을 막기 위하여 삼별초가 설치한 것일 거라는 추측을 소개하고 있다. 김종,『삼별초, 그 황홀한 왕국을 찾아서』 하, 바들산, 1994, pp.54~56 참고.

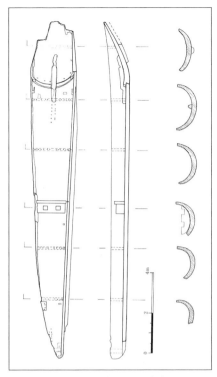

진도선 실측도 목포해양유물보존처리소

아직 정확히 확정된 것은 아니나 장도의 경우 방어용 목책의 성격이 있는 것으로 파악되었다.[89] 조선조 방어시설에서는 무안 다경진多慶鎭을 비롯하여 제포薺浦(진해)와 당포唐浦(통영) 및 고흥 발포진성 목책렬의 예가 있는데, 일종의 방어용 목책, 혹은 접안시설의 예로 인식되고 있다.[90] 조선조의 경우를 참고하면 진도 목책렬(원목렬)의 성격은 벽파진 항에 대한 방어용 목책의 일부로 생각된다. 삼별초 당시 삼별초군의 관문인 벽파항에는 항구와 선박을 보호하기 위한 방어용 목책이 해안에 구축되어 있었던 것이다.

이 벽파진 항은 통나무를 그대로 가공하여 만든 일종의 독목주獨木舟(통나무배)에 해당하는 진도선이 발견된 곳이기도 하다. 본체와 선수, 선미 부분 목재 3개를 이어붙인 3재독목주형三材獨木舟型이다. 원래는 돛대를 설치하여 운항한 것이고, 접합부에 중국 동전을 넣은 보수공保壽孔이 시설되어 있다. 보수공이란 항해의 안전을 기원하기 위하여 시설한 작은 공간이다. 복원 규모는 너비 2.5m에 길이 19m, 깊이 0.8m로 매우

---

89) 국립문화재연구소, 『장도 청해진유적 발굴조사보고서』 II, 2002, p.195.
90) 김성범, 「장도 청해진 유적의 성격」, 『장보고대사의 활동과 그 시대에 관한 문화사적 연구』, 해상왕장보고사업기념회, 2007, pp.35~43 및 심봉근 외, 『진해 제포 수중유적』, 동아대 박물관, 1999, pp.79~118.

세장細長한 형태로 만들어져 있는 것이 특징이며(잔존 크기는 너비 2m, 길이 16.85m, 깊이 0.7m), 돛과 함께 노를 사용하여 운항하는 배이다.[91] 벽파항에서 발견된 이 배에 대해서는 중국선, 혹은 일본선이라는 결론이 도출된 바 있다.

출토한 중국 송대의 동전(7종 8점, 하한 1111~1117), 보수공의 시설, 수령 750년 추정의 대형 녹나무가 중국 양자강 이남의 것으로 보인다는 것 등이 이 배를 중국선으로 보는 근거이다.[92] 이에 대해 진도선을 통나무와 판재가 혼합된 '준구조선準構造船'으로 파악하고, 그것이 13~14세기 일본에서 많이 사용되었던 형태라는 점에서 일본선으로 보는 견해도 제안되었다.[93] 진도선을 13~14세기에 제작된 일본선으로 본다는 것은, 아마 왜구에 의하여 사용되었다가 폐기된 선박으로 추정하는 것이라 할 수 있다.

진도선에 대한 이상과 같은 견해 가운데 풀리지 않은 의문은 이 배가 어떻게 중국(강남) 혹은 일본으로부터 진도에까지 이동할 수 있었는가 하는 점이다. 선박의 형태로 보아 이 배는 연안 사용의 것이고 큰 바다를 항해할 만한 선박이 아니기 때문이다. 이 때문에 이 배가 진도에서 발견된 것은 "태풍 등으로 인한 부득이한 항해의 결과"로 추측되기도 하였다.[94] 그러나 진도선이 발견된 장소는 현재의 벽파진 항에서 안으로 조금 떨어진 위치로서, 정상적인 항해와 정박의 결과라고 보지 않으면 안되는 곳이다. 원양 항해가 불가능한 구조의 선박이라고 한다면, 이 배가 13~14세기에 사용된, 진도 벽파진과 해남, 영산강 등지의

---

91) 목포해양유물보존처리소, 『진도 벽파리통나무배 발굴조사보고서』, 1993, pp.37~38.

92) 김재근, 「진도통나무배의 선박사적 의의」 및 박상진, 「진도통나무배 수종분석 연구」, 『진도 벽파리통나무배 발굴조사보고서』, 목포해양유물보존처리소, 1993, pp.86~87, pp.99~101.

93) 홍순재, 「진도선의 구조와 성격」, 목포대 대학원 석사학위논문, 2009, p.97.

94) 김재근, 「진도통나무배의 선박사적 의의」, 『진도 벽파리통나무배 발굴조사보고 서』, 목포해양유물보존처리소, p.87.

본토를 연결하는 고려의 연해선 내지 강선江船이었을 가능성을 제기한다. 동시에 13세기 후반 벽파진을 중심으로 전개된 여몽군의 대공세와 관련한 선박이었을 가능성도 전혀 없다고 말하기 어렵다. 아직 확정하기는 어렵지만 삼별초에 의하여 사용되었던 주변지역과의 연결 선박이었을 가능성도 앞으로 함께 검토될 필요가 있다는 것이다.

　진도 명물로 유명한 진돗개의 유래에 대해서는 여러 가지 설명이 있는데,[95] 삼별초와 연관지어 설명하는 것도 그 기원론의 하나로 되어 있다.[96] 고려의 경우는 잘 알 수 없으나 몽골의 경우 전투에서 개가 매우 유효한 도구로 사용된 것으로 알려져 있다. 그리고 이 때문에 계획적인 개의 사육과 훈련이 수반되었다.[97] 마르코폴로의『동방견문록』에 의하면 쿠육치貴由赤라는 맹견 관리자가 칸의 휘하에 임명되어 무려 5천, 혹은 1만 마리에 달하는 사냥개를 사육하고 있다는 증언을 하고 있다.[98] 쿠육치가 전문적 맹견 관원을 의미하는 것은 아니라하더라도,[99] 사냥과 전투를 위한 맹견의 대규모 사육은 사실임을 알 수 있다.

95) 조난한 남송 무역선에서 남겨진 남송의 개가 기원이라는 설, 조선 초 진도군 지산면에 설치된 국영목장에서 사용하던 몽골 수입견, 육지와 격리된 진도에서 혈통을 보존하게 된 우리나라 고유의 개, 그리고 삼별초 기원론이 그것이다(진도군, 『신비의 땅 진도』, 1993, p.69).

96) "몽고군이 삼별초군을 토벌하고 제주와 진도에 둔전군을 두고 養馬場을 설치할 때 양마의 목장견으로 그들의 개를 가져다 길렀으며 그 개가 오늘날의 진돗개가 되었다고 전해온다."(전라남도 교육연구원, 『용장산성의 충절』, 1979, p.309).

97) 박원길, 「13-14세기 몽골군의 전술」, 『배반의 땅 서약의 호수』, 민속원, 2008, pp.346~348.

98) "대군주의 신하들 가운데 바얀(Baian)과 밍간(Mingan)이라는 이름을 가진 두 형제가 있는데, 그들은 큐육치라고 불린다. 이 말은 사나운 개를 돌보는 사람을 뜻한다. 이 두 형제는 휘하에 각각 1만 명을 거느리고 있으며, (중략) 이들 1만 명 가운데 2천 명은 각기 거대한 맹견 한 두 마리 혹은 그 이상을 갖고 있으므로 그 숫자는 엄청나게 많다. 대군주가 사냥을 갈 때면 이들 형제 가운데 한 사람은 1만 명의 부하들과 거의 5천 마리의 개와 함께 그의 한 쪽 옆에서 가고, 또 다른 한 사람은 그가 이끄는 1만 명과 개들과 함께 다른 쪽 옆에서 간다."(김호동 역주, 『마르코폴로의 동방견문록』 93장, 사계절, 2000, pp.260~261).

『몽골비사』에는 '네 마리의 개四狗' '네 마리의 말四駿'이라는 용어가 등장한다. 징기스칸이 절대 신임하는 최측근을 일컫는 말인데, '네 마리의 말'은 보오르추(아르랏 족), 무칼리(쟈라일 족), 보로굴(화신 족), 칠라운(스르도스 족) 등이고, '네 마리의 개'는 쿠비라이忽必來(발라스 족), 젤메者勒蔑(우리양카이 족), 제베者別(베스트 족), 수베테이速別額台(우리양카이 족) 등이다. '네 마리의 말'은 측근 종사자, '네 마리의 개'는 명령된 작전지에 진군하여 탁월한 전투력을 발휘한 인물들이다.[100] "'가라!'고 했을 때/ 돌이라도 부수고/ '덤벼라!' 했을 때/ 바위라도 치며/ 흰 돌을 깨며/ 깊은 물을 끊고 있었다"는 것이 바로 '네 마리의 개'이다.[101] 이것은 몽골군의 전투에 있어서 개가 어떤 위치를 차지하고 있었는지를 암시하는 것이다. 몽골군은 말을 전투력의 핵심으로 이용하였지만, 동시에 용맹한 개를 사냥터에서 사용하듯 적절히 군사 작전에서 활용하였던 것이다.

한편 진도 삼별초가 진압된 이후이기는 하지만 1273년(원종 14) 12월, 원에서 호랑이를 잡는다고 하여 개 100마리를 한꺼번에 가지고 고려에 들어온 적이 있다.[102] 호랑이를 잡는 것은 성공하지 못하였지만 개를 풀어 호랑이를 잡을 생각을 한 것을 보더라도, 이 개들이 사냥에 매우 뛰어난 것이었음을 짐작할 수 있다. 충렬왕대에도 요양행성에서 고려 조정에 개와 말을 바친 일이 있다.[103] 개는 전투 과정에서 여러 가지

---

99) 김호동은 쿠육치의 원래 의미는 '走者'를 뜻하는 것으로, "칸의 개를 돌보는 것 이상으로 칸의 親軍으로 그를 호위하고 원정에 투입되는 등 중요 임무들을 수행"하였다고 하였다(김호동 역주, 위 책, pp.260~261의 주 69 참조).

100) 原山 猛, 「古來の盟友'駿', 慌らぶる戰鬪者'狗'」, 『チンギス―ハン』(上), 學習硏究社, 1991, pp.158~165.

101) 유원수 역주, 『몽골비사』 제9권 209절, 혜안, 1994, p.187.

102) "원나라에서 호랑이 잡는 사람 9명을 파견하여 개 100마리를 끌고 왔는데, 개들을 몰아 호랑이를 쫓았으나 개들만 죽고 호랑이는 끝내 잡지 못하였다."(『고려사』 27, 원종세가, 14년 12월 신유).

103) 『고려사』 30, 충렬왕세가 19년 5월.

유용성이 있었다. 완도에 거주했던 삼별초 장군 송징에 대한 임억령의 시 가운데 "만첩산중 외진 골짝에 몰래 둔을 치고서/ 들개들을 부려서 대낮에 짖어대게 하는萬疊窮谷聊爲屯 能教野犬吠白晝"104) 것에서 보면, 고려에서도 군사적 경계 업무에 활용되는 점이 있었음을 알 수 있다. 이상과 같은 점을 감안하여 생각하면 진돗개의 기원을 삼별초 혹은 당시 진도에 진입한 몽골군과 연결하여 검토하는 것은 근거 없는 발상이라고 단정할 수만은 없을 것이다.

---

104) 林億齡, 『石川集』 2, 「宋大將軍歌」.

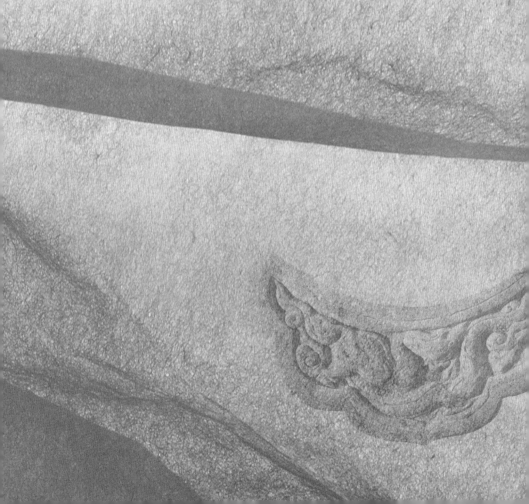

제5장
해상세력으로서의 삼별초와
서, 남해 도서

1. 여몽전쟁과 연안 도서

1) 강도를 뒷받침한 조운시스템

통일왕조 고려의 왕도 개경은 천년 역사를 자랑하는 경주의 정반대편에 위치해 있다. 이 때문에 고려 건국 이후 국토의 체계가 전면 재편되는 것은 불가피한 작업이 되었다. 고려는 왕도에 수렴되는 교통로의 확보 과정에서 기왕의 육로 이외에 내륙 수로와 연안의 해로를 충분히 활용하였다. 이에 의하여 고려는 중앙과 지방을 유기적으로 연결하는 동시에 개경으로 이어지는 각종의 물류 체계를 정비한 것이다. 이른바 '조운'이라 불리는 이 새로운 시스템은 고려시대에 정비되어 조선왕조에 이르기까지 봉건 왕조의 든든한 경제적 기반이 되었다.

건국 초기 개경 정부는 물류의 거점으로서 12조창漕倉을 설정하고 육로와 내륙수로, 연해해로를 연결하여 전국의 세수 및 주요 물품이 개경으로 수집될 수 있도록 치밀한 물류 체계를 성립시켰다. 이 조운로의 기능은 안정화의 과정을 거쳐, 그후 여몽전쟁의 전란기에도 훌륭하게 그 기능이 유지되었으며, 몽골의 강력한 압박에도 불구하고 '40년 강도시대'가 가능 하였던 중요한 배경의 하나는 바로 여기에 있었다.

12조창의 성립은 대략 정종靖宗 년간(1035~1046)의 일로 인정되고 있다. 정종 년간에 12조창의 조운선 수를 제정하고 있기 때문이다. 조운선의 수는 각 조창마다 1천 석을 적재할 수 있는 초마선哨馬船 각 6척 씩을 배치하되, 남한강에 위치한 덕흥창과 흥원창은 2백 석을 적재할 수 있는 평저선平底船 각 20척과 21척을 배치하도록 하였다.[1] 그러나 실제 조운제 성립 시기는 그 이전 현종조(1010~1031)였다고 생각된다. 고려에서 조운제가 정착되는 것은 지방제도의 정비와 밀접한 연관을 가지고 운용되었기 때문이다. 지방제도 정비의 추이를 고려한다면

---

1) 『고려사』 79, 식화지 2, 조운.

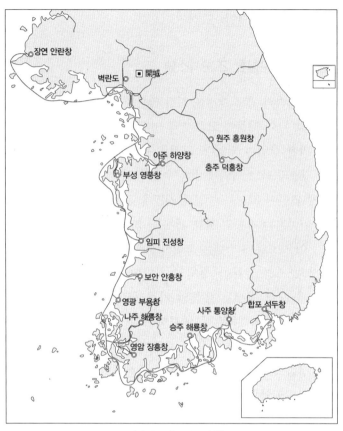

고려시대 조운로와 조창[3]

대략 현종조 말에는 조창제가 등장하였을 가능성이 상당히 많은 것으로 생각한다.[2] 12조창은 그후 문종 때 서해도에 안란창이 추가되어 13조창이 되었다. 조창의 위치는 종종 혼선이 없지 않았으나, 최근까지의 논의를 참고한 고려 13조창의 위치와 내용은 다음과 같다.

2) 한정훈, 「고려시대 조운제와 마산 석두창」, 『한국중세사연구』 17, 2004, pp.35~36.
3) 문경호, 「고려시대의 조운로」, 『고려시대 조운제도의 연구와 교재화』, 공주대 박사학위논문, 2012, p.207의 〈그림 13〉 지도.

연번	조창 이름	위 치	보유 조선
1	흥원창	강원도 원주시 부론면 흥호리	평저선 21척
2	덕흥창	충북 충주시 가금면 창동리	20척
3	하양창	경기도 평택시 팽성읍 노양리·본정리	
4	영풍창	충남 서산시 팔봉면 어송리 창개마을	
5	안흥창	전북 부안군 보안면 영전리	
6	진성창	전북 군산시 성산면 창오리	
7	부용창	전남 영광군 입암면 입암리 고법성	
8	해릉창	전남 나주시 다시면 회진리 풍호마을	초마선 각 6척
9	장흥창	전남 영암군 군서면 해창리	
10	해룡창	전남 순천시 홍내동·오천동 해룡산성	
11	통양창	경남 사천시 용현면 선진리	
12	석두창	경남 창원시 마산합포구 산호동	
13	안란창	황해도 장연군 해안면 구진리 덕동	

이상 13조창의 분포는 남한강 수로에 2개소, 남해 연안 3개소, 서해 연안 8개소이며, 지역별로는 경상도 2, 전라도 6, 충청도 2, 경기도·강원도·황해도 각 1개소 등이다.

조운제의 기초가 되는 조창은 일종의 행정구역적 성격을 가지며, 감독관이라 할 판관이 중앙에서 파견되어 배치되었다. 여러 고을의 조세는 부근에 있는 창고에 운반하였다가 이듬해 2월까지 운송하는데 개경에서 가까운 곳에서는 4월까지, 먼 곳에서는 5월까지 운송을 완료하게 된다. 이 시기 조운의 노선에 대한 기록은 적지만 후대의 자료를 참작하면 마산의 석두창(산호동)으로부터 통영·한산도 사이─고성 사량도 남방─남해 창선도 북방─남해도 북방(노량)─전라좌수영 남방(돌산도 북방)─고흥 나로도 북방─고금도 북방─완도 북방─보길도 북방─전라우수영·진도 사이(명량)─신안 자라도 동방─신안 지도·임자도 사이─영광 법성진 서방─부안 위도 동방─군산 계화도 서방─서

---

4) 문경호, 「조창제의 변화」, 『고려시대 조운제도의 연구와 교재화』, 공주대 박사학위논문, 2012, p.42.

천 연도 동방-보령 원산도 남방-태안 안흥진 서방-낭진 대난지도 서방-인천 월미도·영종도 사이-강화도·김포 사이-동, 서강을 거쳐 개경의 좌, 우창, 광흥창廣興倉과 풍저창豊儲倉에 이른다.[5]

조창은 주로 개경으로 운송할 세곡稅穀을 수집, 보관, 운송하는 것이 업무의 핵심이었다. 그러나 개경에서 지방에 수취하

국립해양문화재연구소의 태안해역 발굴조사보고서

는 것은 세곡만은 아니었다. 군현에서 징수한 상공常貢과 별공別貢의 각종 공물, 그리고 소所에서 생산된 다양한 생산물이 개경으로 운송되었다. 『신증동국여지승람』 등 문헌에는 도합 275건의 소가 기재되어 있는데, 이는 실제의 수보다 훨씬 적은 수일 것이다. 금·은·동·철·도자기·종이·먹·기와·탄炭·차·비단·소금 등 15개 종류의 생산품이 이 책에는 제시되어 있다. 이를 통하여 고려시대의 국가재정 경영, 혹은 왕실 및 귀족들의 생활 유지는 지방으로부터 징수된 각종 현물에 크게 의존하였던 것임을 알 수 있다.[6]

---

5) 고려시대의 조운로에 대해서는 문경호, 위의 논문, pp.149~179에 상세히 논의되어 있다.
6) 소에 대한 최근의 가장 종합적 연구로서 이정신, 『고려시대의 특수행정구역

2010년에 발굴된 태안 마도 1호선은 침몰시기가 1208년의 13세기 몽골 침략 직전 단계의 조운선으로 파악되고 있는데, 이 선박의 경우 저판 5~7개의 비교적 넓은 형태를 가지고 있고 외판의 두께도 더 두터워진 것으로 파악되었다. 이러한 조운선은 전란 이후 13세기 말에는 저판이 3개 정도로 좁아지고 외판도 얇아지는데, 조창 중심의 조운은 몽골의 침략을 계기로 군현별 혹은 도별 조운으로 바뀌어 간다. 1272년(원종 13) 6월에 탐라 삼별초가 "경상도와 전라도의 조운선을 탈취"하였다는 것은 이 같은 변화 양상을 말해준다. 동시에 이 같은 변화와 함께 조운선의 크기도 보다 소형화한 것으로 파악된다.[7]

태안 안흥의 마도 해역에 대한 국립해양문화재연구소의 수중 발굴조사에서 확인된 인상적인 자료의 하나는 많은 수량의 닻돌碇石이었다. 닻은 선박이 정박할 때 반드시 사용해야 하는 필수 기구로서 선박의 동요를 막기 위하여 무거운 돌을 부착하였기 때문에 선박이 침몰하면 선체 혹은 적재되어 있던 물품이 유실되더라도 침몰지점 주변에 남아 있게 마련이다.

서해 연안에서 닻돌이 처음 확인된 것은 군산 앞의 십이동파도 조사 때의 일이었다. 고르지 않게 대충 깨어 만든 이 닻돌이 마도 주변 해역에 대한 정밀 조사에서 대량으로 인양된 것이다.[8] 이것은 조운제의 운용 과정에서 안흥량 일대에서 많은 선박의 해난 사고가 일어난 사실을 입증하는 것이다.

우리나라 수중 발굴의 기원을 열게 한 신안선의 침몰 지점도 신안군의 증도, 즉 조운로에 근접한 해역이었다. 중국 닝보(영파)에서 하카타를 향하여 출항한 이 배가 왜 조운로에 근접한 신안의 해역에까지 들어와

소 연구』, 혜안, 2013이 참고 된다.

7) 문경호, 「태안 마도 1호선을 통해본 고려의 조운선」, 『한국중세사연구』 31, 2011, pp.118~132.

8) 신종국·홍광희, 「닻돌」, 『태안 마도해역 탐사보고서』, 국립해양문화재연구소, 2011, pp.158~213.

고려 선박의 닻돌 태안 마도 해역에서 인양된 것이다.

침몰하였는지는 여전히 의문이지만, 조운은 그 편의성만큼이나 뜻하지 않은 위험의 대가도 함께 치러야 하는 제도였던 것이다. 12세기 이래 수백 년간 조운로의 한 대목인 안흥량을 피하기 위하여 필사적으로 운하 굴착에 매달려야 했던 사정을 이해할 만하다.[9]

1232년 강화 천도에 의하여 개경에 이르는 물류의 종착지는 강도로 바꾸어졌다. 그러나 강도와 개경은 사실상 거의 같은 연안의 조운로가 그대로 이용되었기 때문에 시스템 자체는 몽골 전란기의 천도에도 불구하고 거의 변함이 없었다. 이 처럼 연안의 조운 노선이 전란기에도 가동되었기 때문에 강도정부는 최소한의 재정적 뒷받침을 안정적으로 확보하면서 몽골과의 항전을 명분으로 내세우며 버텨나갈 수 있었던 것이다.[10]

---

9) 안흥량 일대에서의 해난 사고와 운하(굴포) 개착에 대해서는 이종영, 「안흥량 대책으로서의 泰安漕渠 및 安民倉 문제」, 『동방학지』 7, 1963 ; 윤용혁, 「서산·태안지역의 조운관련 유적과 고려 영풍조창」, 『백제연구』 22, 1991 ; 곽호제, 「고려·조선시대 태안반도 조운의 실태와 운하 굴착」, 『지방사와 지방문화』 12-1, 2004 및 문경호, 「안흥량과 굴포운하 유적 관련 지명 검토」, 『도서문화』 43, 2014 참고.

10) 고려시대 조운에 대해서는 2009년도(2009.11.13~2010.1.24)에 국립해양문화재 연구소에서 특별전을 개최한 바 있다. 〈고려 뱃길로 세금을 걷다〉라는 제목의 이 전시회의 도록에는 부록으로 「중세의 관영 물류시스템, 고려 조운제도」(윤용혁), 「고려시대 조운제도와 조창」(김덕진), 「고려시대의 조세 운송경로」(한정훈), 「고려시대 조운선과 세곡운송」(김병근) 등의 논문이 게재되어 있다. 이 전시회는 이듬해(2010.3.19~5.20) 서울대 박물관에서 〈태안 해저유물과 고려시대 조운〉이라는 제목으로 재개최 되었다.

2) 서해안의 침몰선

몽골 전란기 고려의 해상 운송로로서 생명줄과 같은 중요한 루트가 되었던 서해 연안에서 근년 고려시기의 선체 혹은 각종 유물이 지속적으로 발굴되고 있다. 최근 가장 집중적인 조사가 이루어진 곳은 충남 태안반도 연안이다.

태안 안흥 연해에서 침몰선의 잔류품으로 보이는 자기류의 유물이 조사된 것은 1980년대의 일이었고, 그후 고려시대 침몰선의 선체와 유물이 구체적으로 확인된 것은 2007년 근흥면 정죽리 대섬 앞바다에서였다. 국립해양문화재연구소에 의한 조사 결과 청자를 중심으로 한 도자기 23,771점(청자 23,462점), 34점의 목간, 닻돌 2점과 인골 등을 인양하였다.[11] 이 발굴에서 특히 관심을 끌었던 것은 34점 분량의 목간이었다. 목간의 자료 분석을 통하여 침몰선은 강진(탐진)에서 청자를 적재하여 개경으로 항해중에 있었으며, 이들 자기는 개경의 '최대경崔大卿'과 '류장명柳將命'의 댁, 그리고 무반 대정隊正 계급의 '인수仁守' 등에게 전달하도록 되어 있다는 점 등이 밝혀졌다.

태안선에 대한 논의 가운데 침몰선의 연대 문제에 대한 논의는 가장 첨예한 논의를 불러일으킨 문제였다. 간지가 적힌 태안선의 목간이 뒤늦게 확인되었는데, 목간(25017)의 글자가 적외선 사진에 의하여 '신해辛亥' 또는 '신미辛未'로 판독되었다.[12] 신해는 1131년(인종 9), 신미는 1151년(의종 5)을 의미하는데, 필자는 이 태안선의 연대가 1151년보다 1131년의 가능성이 매우 높은 것으로 판단하고 있다. 태안반도에 안흥량을 피하기 위한 운하 굴착작업이 개시된 것이 1134년(인종 12)이고 보면, 1131년의 침몰 사건은 운하 굴착의 정책을 결단하고 추진하는

---

11) 국립해양문화재연구소, 『고려청자보물선』, 2009.
12) 임경희, 「태안선 목간의 새로운 판독-발굴보고서를 보완하며」, 『해양문화재』 4, 2011, pp.322~324.

태안선 수중 유적 발굴 현장 국립해양문화재연구소

하나의 계기로서 작용하였을 것으로 생각되기 때문이다. 태안선 청자 자료에 대한 최근 비교 검토 역시 1131년의 편년 설정으로 모아지고 있다.[13]

국립해양문화재연구소의 태안지역 수중발굴은 2009년부터 안흥항 부근 마도 해역으로 옮겨져 진행되었다. 지금까지의 조사에서는 대섬보다 풍부한 목간(죽간) 자료가 확인되었고 특히 마도 목간에서는 '정묘'와 '무진'이라는 2개의 간지가 확인되었다. 그리고 그 연대는 바야흐로 몽골이 발흥하기 시작하는 시점인 1207년(희종 3)과 1208년이 된다. 적재 화물은 곡식류가 대부분으로서 쌀, 벼, 조, 메밀, 콩 등의 곡류와 메주, 젓갈 등이었다. 특히 밴댕이를 비롯한 각종 젓갈이 든 도기가 거의 30여 점이나 확인됨으로써 당시의 생활상을 이해하는 데 매우

---

13) 최명지, 「태안 대섬 해저출수 고려청자의 양상과 제작시기 연구」, 『미술사학연구』 279·280, 2013. 다만 '최대경'을 崔湧(?~1119)으로 해석하는 것은(pp.56~57) 적절하지 않다. 최용은 1131년으로부터 10여 년 전 이미 사망하였기 때문이다.

중요한 자료가 되고 있다. 마도해역의 신발견 자료중 1207년, 1208년으로 추정되는 간지가 확인된 것은 청자의 편년에 대한 중요한 근거를 제공해 준 것이다.

지금까지 태안 연해에서 조사된 선박은 태안선과 마도 1, 2, 3호선 등 4척의 고려 선박이다. 마도 1, 2호선 모두 13세기 초의 선박에 해당하며 기본적인 구조와 형태가 유사한 곡물 운송선이라는 점에서 유사한 성격의 조운선으로 생각된다. 여몽전쟁기 고려의 군선이라는 것도 이들 선박과 기본적으로는 유사한 것이었을 것이다. 군선이라 하더라도 하물의 운수 혹은 병력의 수송 같은 일이 주된 것이었을 것이기 때문이다. 대부분 서해 연안에서 조사된 이들 고려시대 선박 자료를 정리하면 다음과 같다.

발굴된 고려선 현황(국립해양문화재연구소)[14]

연번	배이름	조사연도	잔존규모(m)	선형	시기
1	완도선	1983~1984	길이 10, 너비 3.5	평저	12세기
2	진도선	1991	길이 14.3, 너비 2.3	통나무배	13~14세기
3	달리도선	1995	길이 10.5, 너비 2.3	평저	13~14세기
4	십이동파도선	2003~2004	길이 7.0, 너비 2.5	평저	12세기
5	나주선	2004	길이 32-42(추정 복원치)	평저	
6	안좌선	2005	길이 14.5, 너비 6.1	평저	14세기
7	대부도선	2006	길이 6.6, 너비 1.4	평저	12~13세기
8	태안선	2007~2008	길이 8	평저 ?	12세기 중엽
9	마도1호선	2008~2010	길이 10.8, 너비 3.7	평저	13세기 초
10	마도2호선	2009~2010	길이 12.6, 너비 4.4	평저	13세기 초
11	마도3호선	2011선체조사 2015인양예정	길이 12, 너비 8.5	평저 ?	13세기 중엽

이들 10여 척의 고려 선박 자료의 시기는 특이하게도 12세기에서

14) 김성범, 「중국 봉래수성 출토 고려선」, 『한국중세사연구』 27, 2009, p.280의 표(「수중발굴 선체 인양 현황」)를 보완한 것이며, 마도 3호선은 선체에 대한 발굴이 종료되지 않음.

14세기의 3세기 간에 집중되어 있다. 그리고 그 가운데는 13세기 중엽 삼별초와 직접 관련 있는 자료도 포함되어 있다. 이 같은 조사 결과는 향후 몽골 전란기 혹은 삼별초 관련 자료들이 추가적으로 확인될 수 있다는 가능성을 포함하고 있다는 점에서 더욱 주목되고 있다.

3) 조운로에서 확인된 삼별초 자료

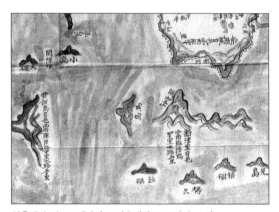

안흥량과 마도 태안지도(서울대학교 규장각 소장)

국립해양문화재연구소의 수중 문화재 발굴이 계속되고 있는 태안군 안흥安興의 연안 해역 마도馬島 주변에서는 2011년 마도 3호선의 조사가 이루어졌다. 1호, 2호에 이은, 2008년 주변 대섬 일대에서의 발굴 이래 진전된 작업이다.[15]

마도는 개경에 이르는 해양 노선 중의 객관客館, 안흥정安興亭이 설치된 섬이다.[16] 마도 해역에서는 2009년 마도 1호선의 조사로부터 2010년 마도 2호선, 2011년 마도 3호선의 조사에까지 이른 것이다. 마도 3호선 조사에서는 선체 일부 이외에 309점의 유물이 인양되었다.[17] 발견된

---

15) 국립해양문화재연구소, 『태안 마도3호선 수중발굴 조사보고서』, 2012.
16) 안흥정에 대해서는 森平雅彦, 「高麗における宋使船の寄港地'馬島'の位置をめぐって−文獻と現地の照合による麗宋間航路研究序說」, 『朝鮮學報』 207, 2008 및 윤용혁, 「고려시대 서해 연안해로의 객관과 안흥정」, 『역사와 경계』, 2010 참조.
17) 국립해양문화재연구소, 〈충남 태안 마도 수중문화재 발굴조사 결과〉(2011.10. 27 발표 자료).

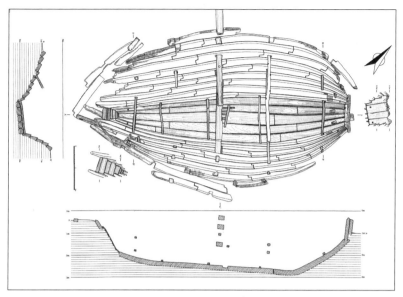

마도 3호선 실측도 [20]

화물표에 의하면 이 선박은 2012년 전남 여수지역에서 강도로 발송된
물품을 적재하고 있었으며, 적재된 화물의 일부는 수취인이 '김영공金令
公'으로 되어 있다. 김영공은 무신집정자 김준金俊(1259~1268 집권)을
가리키는 것이라는 점에서 더욱 흥미 있는 자료이다.

　목간에 적힌 수취인 중에는 '김영공' 이외에 시랑 신윤화辛允和, 승선
유천우兪千遇를 지칭하는 '유승제兪承制' 등이 있어, 마도 3호선의 연대는
1265~1268년 사이로 좁혀졌다.[18] 김준은 1264년(원종 5) 교정별감教定別監
에 임명되고, 이어 1265년 정월에 시중侍中, 그리고 다시 같은 해 10월
해양후海陽侯에 책봉된다. 이를 종합하면 마도 3호선의 연대는 대략 1265
년경으로 좀 더 좁힐 수 있는 것으로 생각된다.[19] 어쩌면 마도 3호선은
김준의 해양후 책봉과 연계된 공물선이었는지도 모른다.

18) 임경희, 「마도 3호선과 여수」, 『제3회 전국 해양문화학자 회의(자료집 2)』,
　　목포대 도서문화연구원, 2012, pp.57~58.
19) 윤용혁, 「고려의 뱃길과 섬, 최근의 연구동향」, 『도서문화』 42, 2013, pp.125~126.

목간 중 본고와 관련하여 특히 주목되는 것은 '우삼번별초도령시랑댁
상右三番別抄都令侍郞宅上' 등 '우삼번별초'의 묵서가 적힌 4점의 삼별초 관련
자료이다. 이 표찰의 수취인 표시 뒷면에는 물품의 내용이 각각 적혀
있다. 임경희는 그중 둘은 '마른홍합乾蛤 1석', 하나는 '상어沙魚 1상자',
그리고 나머지 1점은 '견포鵳脯'라는 음식을 담은 상자이다.[21] 여기에서의
'우삼번별초'가 우별초를 지칭하는 것임은 의심의 여지가 없다. 다만
'삼번三番'의 의미는 검토의 여지를 남기고 있다.

우선 좌, 우별초가 각 3개 혹은 3개 이상의 부대로 조직되었다는
의미로서 '3번'이 해석된다.[22] 이점에서 무인정권 시대의 사병 집단인
도방이 '6번'으로 분화된 점이 참고된다. 그러나 '우삼번별초'는 곧 '우별
초'의 의미라고 생각된다. 삼별초에 대해서는 '야별초삼번'이라는 기록
이 보인다. "우리나라의 야별초삼번은 모두 보졸이며 용력이 있는 자였
다"[23]라는 것이 그것이다. '야별초삼번'이 삼별초라면, '우삼번별초'는
'우별초'가 되기 때문이다. 위에서 언급한 4건의 '우삼번별초' 자료가
모두 하나 같이 '삼번'만 표기되어 있는 것도 이것이 '우별초'의 지칭일
가능성을 높이는 것이다.[24]

마도 3호선이 침몰된 1265년(원종 6)경이라면 김준의 지배권이 확고
히 자리 잡힌 시점이다. 1265년 정월 시중에 임명된 김준은 3월에 "장군
이타를 시켜 왕에게 음식을 드리게 했는데, 술과 과일이 풍성하고 사치스
럽게 음식이 갖추어졌다"[25]고 한다. 원종과의 표면적 밀월이 이루어지

20) 국립해양문화재연구소, 『태안 마도3호선 수중발굴 조사보고서』, 2012, p.91.
21) 임경희, 「마도3호선 목간의 현황과 판독」, 『목간과 문자』 8, 2011, pp.215~219.
22) 임경희, 앞의 「마도 3호선과 여수」, p.60.
23) 『고려사』 81, 병지 1, 5군, 신우 3년 7월.
24) 강재광은 '우3번 별초'를 '1천' 규모로, 거기에 1, 2번을 합할 경우 '3천'이라는
   계산이 나오고, 이를 다시 좌별초로 확산하면 '6천'이라는 수치에 이른다는
   계산으로 야별초의 규모를 추산하였다(강재광, 「김준세력의 형성과 김준정권
   의 삼별초 개편」, 『한국중세사연구』 36, 2013, pp.255~259).
25) 『고려사』 26, 원종세가 6년 3월 무자.

고 있는데, 조운선으로 실려온 물품의 일부는 이와 같은 방식으로 무인집 정자에 의하여 활용되었던 것이다. 삼별초가 무인정권에 영합하는 데에는 집정자의 개인적인 시혜가 주효한 것이었다. 이렇게 보면 마도 3호선에 적재된 물품에는 바로 삼별초에 대한 시혜품을 포함하고 있었던 것이다. 이로부터 불과 3년 뒤인 1268년 12월, 원종은 김준의 심복 임연을 사주하여 김준을 처단한다. 삼별초에 대한 주도권은 김준으로부터 이제 임연에게로 옮겨갔다.

진도 혹은 탐라 거점기 1270년부터 1273년에 이르는 시기, 서해 및 남해 연안은 삼별초군이 수시로 이용하며 조운로를 위협하였다. 1272년의 경우를 보면, 6월 탐라 삼별초는 태안반도를 경유하여 경기지역 연안을 위협하였으며, 9월에는 보령 연안 고란도를 공격하여 전함 6척을 불태우고 홍주부사 이행검을 비롯하여 남포, 결성의 감무를 사로잡아갔다. 11월에는 안남도호부(부천)를 기습하고, 영흥도에 선박을 정박해놓고 인근을 횡행하였다. 이처럼 서해 연안에 대한 빈번한 위협은 조운로의 기능을 약화시키는 것이기도 하여, 개경의 위기감을 크게 높였던 것이다.[26] 따라서 향후에도 이 시기의 관련 자료가 서해 연안에서 빛을 보게 될 가능성은 매우 크다.

2. 섬으로의 입보책과 해상 전투

1) 고려의 해도입보책

섬으로 들어가는 고려의 해도입보책은 산성에의 입보와 함께 몽골에 대응하는 고려의 가장 중요한 방어 전략의 중심축이었다. 해도입보는

---

26) 윤용혁, 「삼별초의 제주항전」, 『고려 삼별초의 대몽항쟁』, 일지사, 2000, pp.246~250.

여몽전쟁 초기 1231년 1차 침입 때에 이미 이루어지고 있다. 9월 몽골군이 황해도에 진입하자 황주와 봉주의 수령이 철도鐵島에 입보한 것이 그 예이다. 이는 전란기의 임시조치로서 해도에의 입보기 가능한 전략으로 인식되고 있었음을 말해준다. 그러나 해도입보책이 국가 차원의 전략으로 본격 채택된 것은 역시 1232년 강화 천도에 의한 것이었다고 할 수 있다.[27]

1232년 6월 최우의 사저에서 강화 천도가 최종 결정되면서 사자를 여러 도에 보내 백성을 산성과 해도로 옮기도록 하는 조치가 취해졌다. 말하자면 강화 천도는 차후 대몽항전의 전개 양상을 해도입보의 차원에 고착시키게 한 공식적 결단이었던 것이다. 고려의 해도입보 전략은 강도의 거점 강화에 의하여 이후 일관되었다. 4차 전쟁기에 해당하는 1248년(고종 35) 북계 병마사 노연盧演에게 명하여 "제성의 백성을 모두 옮겨 해도에 입보"[28]하도록 한 것도 이 같은 추이를 반영한다. 특히 전쟁이 장기적으로 전개되는 1253년(고종 40) 섬으로의 입보 관계 기사는 부쩍 증가한다. 주로 쟈릴타이車羅大에 의한 6차 침입기간(1254~1259)이 되는 이 무렵은 고려가 다른 어느 때보다도 심한 고통으로 시달리던 때였다.

고려의 해도입보책은 무엇보다도 강도정부를 중심으로 전략적 차원에서 이루어졌다는 사실이 주목된다. 쟈릴타이가 전라도 압해도를 공격하였을 때 낭장 윤춘尹椿은 최항에게 해도입보의 성과를 강조하면서 "마땅히 섬 안에 둔전하여 농사도 짓고 지키기도 하고 청야淸野로써

---

27) 해도입보책에 대해서는 윤용혁, 「고려의 해도입보책과 몽골의 전략변화」, 『역사교육』 32, 1982(『여몽전쟁과 강화도성 연구』, 혜안, 2011 ; 강재광, 「대몽전쟁기 최씨정권의 해도입보책과 전략 해도」, 『군사』 66, 2008 ; 윤경진, 「고려 후기 북계 주진의 해도입보와 출륙교우」, 『진단학보』 109, 2009 ; 강봉룡, 「몽골의 침략과 고려 무인정권 및 삼별초의 '도서해양전략'」, 『동양사학연구』 115, 2011 등이 참고된다.

28) 『고려사』 23, 고종세가 35년 3월.

복원된 13세기 고려 선박, 마도 1호선 [32]

기다리는 것이 상책"[29]이라 한 것은 청야전술로서의 해도입보책을
다시 확인시키는 것이었다. 그것이 전략적 차원에서 추진된 것이었기
때문에, 강도정부는 몽골군의 침략시마다 산성과 해도에의 입보를 명하
고 이를 강력히 추진했던 것이며 필요하면 강제적인 방법의 동원도
불사하였다. 1256년(고종 43) 장군 송길유는 청주에 파견되어 최항의
명에 따라 청주 사람을 섬으로 옮기는 입보책을 지휘하였다. 청주사람들
이 재물 때문에 옮기려 하지 않을까봐 송길유는 공사 재물을 모두
태워 버렸다. 이 때문에 사람들의 피해와 원망이 극심하였다.[30] 삼별초
봉기 직전인 1270년(원종 11) 2월, 강도의 집정자 임연이 여러 도에
야별초를 파견하여 섬으로의 입보를 다시 추진하고 나서는데[31] 이는
삼별초의 봉기와 진도 천도를 예고하는 것이기도 하였다.

　해도입보의 추진은 행정구역 단위별로 이루어졌다. 수령들이 관하

---

29)『고려사절요』 17, 고종 43년 6월.
30)『고려사절요』 17, 고종 43년 8월.
31)『고려사절요』 18, 원종 11년 2월 무자.
32) 국립해양문화재연구소,『마도1호선 구조설계 및 조선공학적 분석』, 2013,
　　pp.100~102.

이민吏民을 이끌고 섬에 입보한 것이다. 가령 황주와 봉주는 수령이 철도鐵島에, 함신진 부사 전간全儞이 신도薪島에 입보한 것이 그 예이다. 그밖에도 맹주 수령이 신위도神威島, 옹진 현령이 창린도昌麟島에서 활동하는 사례는 모두 수령의 지휘로 섬에 입보하고 있었음을 말해준다. 여몽전쟁의 끝나가는 시점인 1259년(고종 46) 3월 수령들로 하여금 피난민을 이끌고 출륙하여 농사를 짓도록 하는 조치는[33] 해도입보의 기본 단위가 주군현의 행정 구역 단위였음을 확실히 하고 있다. 북계의 경우 여몽전쟁 기간 중 주진의 행정치소가 자주 옮겨졌던 것도 그것이 기본적으로 이와 같은 행정구역 단위의 이동이었기 때문이다.

해도입보에 있어서 현실적으로 가장 중요한 당면 문제는 역시 입보민의 생계 문제였다. 일시에 대규모 인원이 제한된 지역에 수용됨으로써 야기되는 생계의 문제는 입보민에게는 물론 이를 지휘 감독하는 입장에서도 고민스러운 문제가 아닐 수 없었다. 입보민의 생활 보장은 입보책의 성패를 좌우하는 가장 중대한 과제였던 것이다. 북계의 병마판관 김방경의 사례는 입보 이후의 생계 문제를 지휘관의 기지와 노력에 의해 해결하려 했던 노력을 전해준다. 그는 관하 이민吏民을 이끌고 위도葦島(평북 정주)에 입보한 후 제방을 쌓아 바닷물을 막고 농경지를 간척하였으며, 섬에 저수지를 만들어 용수 문제를 해결하였다. "백성들이 처음에는 괴로워하였으나 가을이 되니 풍년이 들어 사람들이 그 덕으로 살아났다"는 것이다.[34]

해도입보의 계속적 추진을 가로막는 가장 큰 장애요인이 되었던 입보민의 생존여건은 전략적 입장에서 해도입보를 추진하는 강도정부로서도 심각한 문제가 아닐 수 없었다. 그것은 입보 지휘관의 노력으로 해결하기는 어려운 문제였다. 그리하여 입보민의 어려움을 완화시키려는 여러 조치들이 취해진다. 고종 41년(1254) 2월에는 충청·경상·전라의

---

33) 『고려사』 79, 식화지 2, 農桑.
34) 『고려사』 104, 김방경전 및 『고려사절요』 고종 35년 3월.

3도와 동계·서해도에 사신을 보내 산성과 해도를 돌아보고 피난처는 토지를 지급하도록 하였고, 1256년 12월에는 피난지가 치소와 하룻길 정도라면 돌아가 경작하는 것을 허락하고, 그 나머지는 섬 안의 토지를 지급하되 부족하면 "연해 지역의 한전閑田과 궁원전宮院田·사원전寺院田을 지급하라"는 조치를 내리고 있다.[35] 고종 45년 2월에는 "섬에 들어간 주현은 1년 동안의 조租를 면제 한다"[36]고 하였다.

이처럼 입보민에 대한 조세 감면, 섬 안 혹은 연해지역 토지를 나누어주거나, 유사시 즉각적 입보가 가능지역의 경우 경작을 허가하는 등의 조치들은 입보민의 생계난을 조금이라도 완화해보고자 하는 노력의 일단으로 생각할 수 있을 것이다. 강도정부에 있어서도 고심이 적지 않았던 것이다.

2) 몽골군의 해상 전투 경험

여몽전쟁 기간중 강도정부는 몽골군의 일시적 본토 점령에도 불구하고 시종 연안 해상권을 확보하여 항전을 지속하였다. 전쟁이 장기화되면서, 몽골군 역시 연안 해로의 중요성을 알게 되었다. 이 해로에 의하여 고려는 몽골의 예상을 깨뜨리고 강화도를 거점으로 장기 항전을 지속할 수 있었기 때문이다.

몽골측은 개전開戰 후 25년이 경과한 고종 말년, 주로 쟈릴타이의 침구기간을 통하여 뚜렷한 전략상의 변화를 보이고 있다. 몽골군의 고려 해도 침공 및 강도江都 건너편에서 시위를 벌이는 전략상의 새로운 시도가 그것이다. 1254년(고종 41) 2월 몽골의 병선 7척이 갈도葛島를 침략하여 30호의 민호를 잡아갔다. 그러나 이때 이미 몽골군이 거의 고려로부터 철군한 뒤였다. 이듬해 쟈릴타이車羅大의 6차 침구 기간 중인

---

35) 『고려사』 78, 식화지 1, 전제.
36) 『고려사』 80, 식화지 3, 진휼.

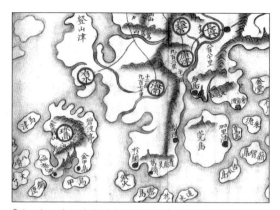
『팔도지도』에 그려진 서남해안의 도서(진도와 완도 주변)

1255년(고종 42) 12월에 몽골은 배를 만들어 조도槽島를 공격하였고 1256년(고종 43) 초에는 쟈릴타이가 70척을 동원하여 서남해안 압해도押海島에 대한 직접 공세를 폈다. 압해도 사람들이 대포를 여러 곳에 배치하여 적극 대응하자 쟈릴타이는 공격을 포기하고 말았다.[37]

압해도 침공이 실패한 이후 대규모 병력이 동원된 조직적 작전은 시도되지 않았지만 섬에 대한 몽골의 소규모 침공은 이어졌다. 1256년 10월에는 몽병 60인이 애도艾島를 침구하였고, 이듬해 44년(1257) 8월에는 신위도神威島가 몽골의 공격으로 함락되었으며, 같은 해 9월에는 몽골 병선 9척이 서해도의 창린도昌麟島를 침공하고 있는 것이다. 서해 연안의 여러 섬에 대한 공격과 함께 한때 몽골은 강도에 대한 직접적 공격 문제를 검토하거나,[38] 강도 건너편에서 섬을 위협하는 군사 행동을 연이어 벌이기도 하였다.

몽골군에 있어서 해도침공의 최대 관건은 무엇보다도 병선과 배를 움직일 수부水夫 동원의 문제였을 것으로 생각된다. 고려는 해도입보에 대한 안전을 도모하기 위해서라도 연안의 선박을 철저하게 소개시켰을 것이기 때문이다. 이러한 제약조건으로 말미암아 몽골군이 고려의

37)『고려사절요』17, 고종 43년 6월.
38)『세종실록지리지』54, 평안도 태천군 인물. 몽골군이 강도 직공을 검토한 시기는 1232년(고종 19) 강화 천도 직후 혹은 1257년(고종 44) 태주 함락 후, 두 가지 가능성이 있다. 윤용혁,『고려 대몽항쟁사 연구』, 일지사, 1991, pp,328~329 참조.

해도 공격에 동원한 병력과 전함의 규모는 전체적으로 소규모를 벗어나지 못한다. 쟈릴타이의 압해도 침공 때에 70척을 동원하였던 것을 제외하면 갈도 침공에 7척, 애도는 몽병 60인, 창린도는 6척 등에 불과하다.

쟈릴타이 침입 기간인 1254년 이후 1257, 1258년에 집중적으로 시도되었던 몽골의 해도침공은 비록 적극적 작전의 수준에는 이르지 못하였으나 고려의 해도입보책에 대응하는 몽골군의 적극적 전략 변화였다는 점에서 주의를 끈다. 동시에 강도에 대한 압박이 병행됨으로써, 강도정부의 위기감을 고조시키는 효과를 거둔 것은 사실이었다.

몽골은 여몽전쟁 말기 해상에서의 전투를 시도하기는 하였지만, 이를 주전략으로 채택한 것은 아니었다. 따라서 몽골군이 동아시아에서 본격적인 해상 전투 능력을 축적하는 것은 1270년 이후 수년 간 진도와 제주도를 거점으로 한 삼별초와의 대응 과정에서였다고 할 수 있다. 그 경험을 토대로 몽골은 일본 열도에까지 군사작전을 확장시키는 것이다. 물론 그것은 몽골군의 독자적 작전이 아니라 고려군을 앞세운 것이었다. 쿠빌라이의 몽골은 이후 세계적 구도의 해상 무역권의 확보에까지 이르기는 하지만, 이 시기 해상에서의 군사작전 운용에는 여전히 한계점이 있었던 것이 사실이다.

3) 전란기의 삶터, 연안의 도서

고려시대의 섬은 독자적 위상을 가지고 있지 못하였다. 육지의 부속적 위치에 설정되어 수산물 혹은 소금과 같은 특수 생산물을 공급하는 역할을 담당하고 있었고 일반 군현 지역과 구별되는 '섬島'에 대한 편협한 시각도 존재하고 있었다.[39] 이 때문에 섬에 사는 주민들의 처지란

---

39) 고려 초 최승로의 상서 가운데, "諸島의 民은 先代의 죄 때문에 海中에서 나고 자라매 땅에 먹을 것이 나지 않아 살 방도가 심히 어렵다"(『고려사』 93, 최승로전)라고 하여 섬 주민에 대한 사회적 인식이 평범하지 않았음을 전하고 있다.

'계묘'(1243)명 기와 압해도 출토(좌)⁴³⁾와 완도 법화사 출토(우)⁴⁴⁾

공물의 조달에 시달리고 식량 확보에 의한 생계유지에 급급해야 하는
열악한 처지에 놓여 있었다. 왕조에 있어서 섬이란 향·소·부곡과 같이
어디까지나 부속적이고 주변적인 존재에 불과하였던 것이다.⁴⁰⁾

　몽골 전란기에 연안의 도서지역은 육지민의 입부처로 널리 이용되고,
그 일부는 삼별초에 의하여 장악되었다. 진도 부근 완도에는 1247년(고
종 34) 겨울, 강진 만덕산 백련사白蓮社의 사주社主 정명국사 천인天因(1205~
1248)이 몽골의 4차 침입 전란을 피하여 완도 '법화사法華社'로 들어간
기록이 있다.⁴¹⁾ 천인의 법화사 피란은 아마 백련사 결사조직을 중심으로
한 집단적인 해도입보였다고 생각되며, 연해지역민이 유사시 섬으로
이동하여 피란하는 이 같은 현상은 전란기에 종종 되풀이 되었을 것이다.

　목포 연안의 압해도는 몽골 전란기 대표적인 입보지역의 하나로서,
1256년(고종 43) 몽골 쟈릴타이 주력군의 공격을 직접 받은 곳이기도
하다. 삼별초 진도 거점기에 압해도는 당연히 삼별초에 의하여 장악되어
있었다. 신안군민체육관의 진입도로 개설공사와 관련, 2004년도 조사에
서 3동의 고려시대 건물지가 확인되었는데, 비교적 많은 양의 '대장혜인

　40) 김일우, 「고려와 탐라의 첫 관계 형성과 그 형태의 변화 양상」, 『고려시대
　　　제주사회의 변화』, 서귀포문화원, 2005, pp.35~40.
　41) 『동문선』 83, 「萬德山白蓮社靜明國師詩集序」.

연자도의 수혈주거지 235호 울산발전연구원

계묘삼월 大匠惠仁癸卯三月' 명 기와가 상감청자 편 등과 함께 출토되었다. '계묘'는 1243년(고종 30)으로 추정되었고 같은 기와가 용장산성에서도 출토됨으로써, 몽골 전란기 관련 시설 및 삼별초와의 연관성이 제기된 바 있다.[42]

삼별초와는 직접 관련이 없으나 경기 남부의 주요 항해로에 위치한 대부도大阜島의 고려 고분 유적 일부는 몽골 전란기 입보민과 관련된 것으로 보이며,[45] 2007년에 조사된 보령 원산도 북쪽 사창마을 앞에서는 1천여 점에 이르는 청자편이 발굴 조사된 바 있다. 2005년과 2007년 국립해양유물전시관에 의하여 조사된 유물은 최고급의 상감청자와

42) 이영문 외, 『신안 신용리 건물지』, 목포대 박물관, 2005, pp.45~46.

43) 이영문 외, 위의 보고서, p.5.

44) 문화재연구소, 『완도 법화사지』, 1992, p.139.

45) 배기동 외, 『안산 대부도 육곡 고려고분군 발굴조사 보고서』, 한양대 박물관, 2002, p.137.

비색 청자로서, 희종의 석릉(1237년 조성), 강종비의 곤릉(1239년 조성), 선원사지(1245년 창건) 등 강화도 출토의 자료가 유사 유물로 들어지고 있다.[46] 이 사실은 이들 원산도의 청자편 유적의 시기가 13세기 전반기, 강화 천도(1232) 도읍기의 일임을 암시하고 있다.

2010년에 조사된 울산시 울주군 해변의 작은 도서, 연자도燕子島 유적 (온산읍 당월리)은 몽골 전란기의 입보 유적으로 추정된다는 점에서 흥미 있는 자료이다. 공단 조성을 위해서 행해진 연자도에 대한 조사에서는 고려시대 건물지 22동, 수혈식 주거지 13동, 수혈 유구 280여 기가 섬에 집중되어 있음이 확인되었다.[47] 유적의 연대는 청자 등의 출토 자료에 의하여 13세기로 보이고, 건물지에 대한 고고지자기考古地磁氣 측정 결과에서도 대략 13세기 중후반이라는, 이에 부합하는 결과가 도출되었다.[48]

울산 연자도 유적이 흥미를 끄는 것은 사용 시기가 중첩되지 않은 특정 시기의 1회성 유적으로 보인다는 점, 작은 규모의 섬이라는 조건에도 불구하고 최상급의 고급 유물이 포함되어 있는 점, 미사용 유물 유적이 존재하고 있다는 점 등이 그것이다. 이 점은 이 유적이 일정 시기, 특수한 여건에 의하여 육지로부터의 다양한 출신의 인적집단이 일거에 이주해 왔던 생활 유적이었음을 암시한다. 따라서 나는 이 유적이 몽골 전란기 울산 인근지역으로 부터의 집단 이주, 즉 해도입보가 이루어진 유적이라고 생각한다.[49] 그 시기는 몽골군의 경상도 지역에

---

46) 국립해양유물전시관, 『보령 원산도－수중발굴조사보고서』, 2007.

47) 울산발전연구원 문화재센터, 〈울주 당월리 연자도 온산국가산업단지내 공장부지 발굴조사 약보고서〉, 2010.

48) 건물지에 대한 考古地磁氣 측정 결과는 3호 건물지 1180~1300년, 7호 건물지 1150~1270년, 11호 건물지 1200~1250년 등으로 측정되었다. 성형미, 「울주 연자도 유적에 대한 고고지자기학적 연구」, 동양대 발굴문화재발굴보존학과, 2011.

49) 유적의 성격에 대하여 발굴담당자는 "해상 활동과 관련한 세력집단"의 유적으로 추정하는 견해를 피력한 바 있다(김성식, 「연자도 유적을 통해서 본 고려

대한 침략이 특히 격화되었던 6차 침략의 전반기, 1254~1256년을 중심 기간으로 하는 유적일 가능성이 높은 것으로 보인다.

대장군 송길유는 1256년(고종 43) 8월 청주지역에서 해도입보책을 강력 추진하여 악명이 높았는데, 이것은 최항의 지시에 의한 것이었다. 송길유가 '경상도수로방호별감'이 되어 경상도 지역에서 입보책을 추진한 것은 1256년 청주 이전의 일로 생각되는데, 경상도 지역에 몽골의 위협이 특히 심각하였던 것은 1254년(고종 41) 때였다. 이때 몽골의 쟈릴타이군은 연말에 이르기까지 상주, 대구, 진주 등 경상도 지역을 광범하게 휩쓸고 갔다. 따라서 송길유가 '경상도수로방호별감'으로 파견된 것도 이때의 일이 아니었을까 생각한다. 야별초 지유 출신인 송길유는 이때 "야별초를 이끌고 각 주현을 순회하면서" 입보를 추진하였다. 비협조적인 사람들에 대해서는 때려죽이거나 물속에 집어넣어 혼절시키는 등의 폭력적 방법을 사용하여 악명이 높았다.[50] 해도에의 입보는 그만큼 적극적으로 이루어졌을 것이다. 연자도의 유적은 이 같은 경상도의 상황과 연계하여 이해할 수 있지 않을까 생각된다.

해도입보와 관련하여, 군산도(선유도) 소재의 '왕릉'이 삼별초 왕족의 무덤일 것이라는 주장도 흥미 있는 제안이다. 서해 연안 해로의 거점 군산도에는 "왕릉과 같은 큰 무덤이 있는데, 근세에 이웃한 수령이 이 무덤을 파내어 금은 기명器皿을 많이 얻었다"[51]는 것이다. 이 '왕릉'은 『동여비고東輿備攷』(17세기 후반)의 지도에도 표시되어 있는데, 이것이 고려시대 왕족의 무덤이며, 보다 구체적으로는 '삼별초 군에 가담한 왕족의 무덤'이 아닐까 하는 제안인 것이다.[52]

중·후기 울산지역 취락의 이해」,『유적과 유물로 보는 고려시대 경상도 지역문화』(한국중세사학회 학술발표대회 자료집), 2012. pp.42~43) 그러나 13세기는 전란으로 인하여 해상활동의 거점이 등장하기에 적합하지 않은 시기이고, 연자도의 지리적 조건도 해상세력의 거점으로서는 부합하지 않는다.

50)『고려사』 122, 송길유전.

51)『신증동국여지승람』 34, 만경현 산천.

군산 선유도 원경 선유도는 몽골 전란기의 주요 입보처의 하나였다.

군산도는 객관 '군산정'이 설치되어 있는 등 고려의 대단히 중요한 거점 포구였다.[53] 몽골 전란의 시기에 그 중요성은 더욱 극대화되고 인근 지역으로부터의 입보민들로 붐볐을 것이 분명하다. 삼별초와의 연계가 가능할지 아직은 판단하기 어려운 것이 사실이지만, 이 '왕릉'이 몽골 전란기의 해도입보와 관련될 가능성은 매우 높다는 생각이다. 선유도(군산도)와 그 주변 도서에 고대 이래 고려시대의 무덤이 다수 분포하고 있다는 것도 그 가능성을 높이는 근거가 된다.[54]

한국 해양사에 있어서 13세기 몽골 전란기는 섬의 위상이 획기적으로 달라졌던 시기이다. 지금까지 섬은 거의 주목받지 못한 채 육지의 부속적 지위에 있었다. 즉 항해상의 필요 때문에 일정한 역할을 담당하고

52) 김중규, 「선유도 왕릉의 미스터리」, 『군산역사 이야기』, 안과밖, 2001, pp.70~76.
53) 군산정에 대해서는 森平雅彦, 「高麗群山亭考」, 『年報 朝鮮學』 11, 九州大學 朝鮮學 研究會, 2008 참고.
54) 곽장근, 「고고학으로 본 새만금해역」, 『서해안의 전통문화와 교류』(한국대학박 물관협회 제63회 추계학술발표회 자료집), 군산대 박물관, 2010, pp.24~27.

소수의 인민이 부득이한 여건에서 섬에 거주하면서 소극적으로 생존을 영위하였던 것이다. 이 때문에 섬은 국가 통치의 변두리에 자리하고 그 거주민은 섬에 사는 것만으로 이미 신분적으로 열악한 지위를 반영하는 것이기도 하였다. 그러나 몽골 침입은 고려의 서울을 섬으로 옮기는 계기가 되었다. 육지의 많은 사람들이 조직적으로 섬으로 이동하여 장기적으로 거주하였다. 동시에 전란기의 도읍 강도江都는 섬과 섬을 연결하는 연안해로의 거점으로서 그 위치를 확보하고 있었다. 이 시기에 있어서 섬은 부속적인 공간이 아니라 생존을 담보하는 절대 공간으로서 주목되었다. 거주여건의 개선이 적극적으로 추구되어, 새로운 거주지가 개발되고 농토의 개간이 적극적으로 이루어졌다.

강화도의 서안에 있는 삼산면 혹은 서도면의 섬, 석모도·주문도·미법도 등에 대한 지표조사 결과에 의하면 고려시대 와편과 청자편의 수습이 많이 이루어지고 있다. 새로 확인된 24건의 유적(유물산포지) 가운데 14건이 고려 유물을 포함하고 있으며, 비교적 많은 양의 와편과 청자편이 언급되어 있다. 이들 와편과 청자편의 중심시기는 역시 13세기로 파악된다.55) 요컨대 강화도읍기에 입보민은 강화 서안의 도서에까지 비교적 많은 인구가 입보해 있었던 것이다. 지표조사 검출 자료들이 이 점을 뒷받침하고 있다.

1270년 삼별초의 봉기에 의하여 그 파장은 서, 남해의 도서에 국한되지 않고 멀리 대양에 외떨어져 있던 제주도에까지 미쳤다. 연안의 도서가 거주의 중심 공간으로 주목되고 육지의 수준 높은 문물이 전해진 것이 이 시기의 일이었다는 점에서, 13세기 몽골 전란기는 연안 도서 해양사의 중요한 전환기였다고 규정할 수 있다. 향후 도서지역에 대한 심층적인 학술조사가 진전된다면, 13세기 연안 도서 역사의 이 같은 특성은 더욱 구체적으로 확인될 수 있을 것이다.

---

55) 인천광역시립박물관,『강화 정밀지표조사 보고서(Ⅱ) — 삼산·서도면』, 2005.

장도 원경 청해진으로 추정되어 온 곳이다.

3. 완도의 삼별초 민중영웅

1) 완도의 민중영웅 송징

완도는 삼별초 정권이 1년 동안 거점으로 삼았던 진도의 바로 곁에 위치한 섬이다. 진도와 마찬가지로 몽골 전란기 유력한 입보지 중의 하나였다. 이점은 1247년(고종 34) 겨울, 강진 만덕산 백련사白蓮社의 천인天因이 몽골 전란을 피하여 완도 '법화사法華社'로 옮긴 것에서도 입증된다. 완도는 여러 점에서 진도와 유사한 성격을 갖는 섬이어서, 삼별초에 있어서도 그 전략적 중요성이 매우 컸던 섬이라 할 수 있다. 828년(신라 흥덕왕 3) 장보고는 바로 이 완도에 '청해淸海'라는 이름의 군진軍鎭을 건설하고, 이를 거점으로 서남해 일대의 해상권을 장악하여 동아시아 무역을 독점하였다.56) '청해', '바다를 깨끗하게' 하리라는 그의 도전적

---

56) 청해진이 완도에 설치된 것은 의심의 여지가 없지만, 청해진 본영의 구체적

복원된 장도 토성에서 바라본 완도

이상을 마침내 실현한 셈이다. 그러나 9세기 동아시아의 영웅 장보고는 841년(문성왕 3) 경주에서 보낸 염장閻長이라는 자객에 의하여 허망하게 암살됨으로써 청해진의 꿈도 함께 물거품이 되고 말았다. 청해진은 이처럼 짧은 한 시기의 사건으로 그치고 말았지만, 그러나 이에 의하여 완도가 갖는 전략적 의미는 충분히 입증된 것이라 할 수 있다.

『고려사』에는 기록되어 있지 않지만, 삼별초의 항몽 전쟁 당시 완도에 는 송징宋徵 장군이 주둔하였던 것으로 되어있다. 송징에 대해서는 조선 초의 『신증동국여지승람』 강진현조에 "무용武勇이 당할 사람이 없고 활을 쏘면 60리 밖에까지 미쳤다고 한다. 활시위를 끊자 피가 나왔다고 하며 지금도 반석 위에 활의 흔적이 남아있다"는 전설이 실려 있다. 이 무용 절륜의 송징이라는 인물은 삼별초의 장군이었다고 구전되어

위치는 여전히 모호한 상태에 있다. 청해진의 공간으로서 유력시 되었던 장도의 경우도 여러 문제점이 내포되어 있기 때문이다. 윤용혁, 「청해진의 설진과 폐진에 대하여」, 『장보고대사의 활동과 그 시대에 관한 문화사적 연구』 1, 해상왕장보고기념사업회, 2007 참조.

오고 있으며, 조선 초기에도 호국신으로 모셔지고 있었고,[57] 이 같은 전통은 근년에까지 이어져 왔다. 해상왕 장보고의 주둔처로 알려져 있는 완도읍 장도將島의 신당神堂은 원래 송징을 모시는 신당의 하나였으며,[58] 청해진의 거점으로 알려진 장도將島의 토성이 고려 송징에 의하여 축성되었다는 등의 언급이 그렇다.[59] 이렇게 보면, 송징이란 인물은 진도정부 산하에서 일정한 세력을 가지며 군사 활동을 전개하였던 것으로 보인다.[60]

완도에는 송징에 관한 지명 전설, 혹은 삼별초 관련 구전이 많이 남아 있다. '송대장골', '활바위' '송대여' 등은 송징 관련의 지명전설이며, 완도군의 횡간도는 삼별초의 패잔병이 잔류하였다는 전설이 전하고 있다. 16세기 조선조 임억령林億齡의 시 「송대장군가」에서 송징은 보다 상세히 묘사되어 있다.

> 힘은 산을 뽑고 기개 천지를 휩쓸어
> 두 눈은 왕방울 같은데 수염이 빗자루 달아맸나
> 위로 손을 뻗으면 달 속의 토끼 붙잡고
> 흰 이마 호랑이를 산 채로 잡아 묶으리라
> 허리에 찬 화살 크기는 나무둥치만 하고
> 칼집에 든 큰칼은 북두칠성 찌르겠네
> 활을 힘껏 당기면 그 화살 육십 리를 백보처럼 날고
> 활촉이 높다란 벼랑에 헌짚신 꿰듯 박히더라네
> 옛날 항우는 진시황 보고 "저 자리 내가 차지하리!"
> 만고영웅 한신도 회음 땅에서 수모 당한 일 있었더니
> 큰 고래 어이 배부르랴 한잔 박주를 마시고

---

57) 『신증동국여지승람』 37, 강진현 사묘.
58) 『완도군지』 완도면 신당, 1925 ; 『조선환여승람』, 1929.
59) "將島土城 高麗壯士 宋徵築城"(『조선환여승람』, 1929).
60) 송징에 대해서는 윤용혁, 「송징과 김통정 – 삼별초의 민중영웅」, 『김윤곤교수 정년기념논총』, 2001 참고.

승천하지 못한 용은 풀섶에서 개미에게 욕을 보기도 하지

「송대장군가」에서 송징의 뛰어난 무용과 큰 기개는 항우에 비견되고 있다. 왕방울 같이 큰 눈, 빗자루 같은 수염, 달 속의 토끼나 호랑이도 산 채로 잡아 묶을 수 있는 인물, 허리에는 나무등치만한 화살을 차고, 그 화살로 60리 거리에 있는 벼랑에 박히도록 쏠 수 있는 인물이었다.

2) 장보고가 몰아낸 송징

완도의 송징에 대해서는 삼별초의 장군이었다는 구전을 부정하고, 그를 신라시대 장보고와 동일인물로 간주하는 주장이 있다. 즉 '송징'은 역신逆臣으로 몰려 죽은 청해진 장보고에 대한 '우회적 지칭'이라는 것이다.[61] 그러나 송징을 장보고의 다른 이름으로 보는 것에 대하여 필자는 동의하지 않는다. 송징에 대한 구전 중에는 장보고와 연결되는 내용이 많이 발견되는 것이 사실이지만, 장보고와 관련짓기 곤란한 별도의 요소가 함께 섞여 있기 때문이다. 가령 송징은 외부로부터 '미적추米賊酋'라고 불리어졌다고 한다. 송징에 대한 키워드인 '미적추'를 구태여 번역한다면, '쌀도둑 대장'인데, 이는 송징의 군사가 완도의 지리적 조건을 이용하여 서울로 수송되는 세공미 등을 자주 탈취하였음을 암시한다. 따라서 이 '미적추'라는 칭호는 신라시대에 동아시아 해상권을 장악하고 있던 무역왕 장보고에 대한 설명으로 생각하기 어렵다.

송징이 '미적추'로 불렸다는 사실은 조선중기 해남출신의 문인 석천石川 임억령林億齡(1496~1568)의 「송대장군가宋大將軍歌」라는 시에 남겨져 있다. 당시 지방에서 전하는 이야기를 읊은 이 시가에는 송징 장군의 활동을 다음과 같이 전하고 있다.[62]

---

61) 나경수, 「완도읍 장좌리 당제의 제의구조」, 『호남문화연구』 19, 1990, pp.34~44.
62) 「송대장군가」의 번역은 임형택, 『이조시대 서사시』(하), 창작과비평사, 1992에

장보고 사당으로 바뀐 장도의 송징 사당

천 길이나 깊은 바다 한밤중에 나는 듯 건너와 　　千尋巨海夜飛渡
만첩산중 외진 골짝에 몰래 둔을 치고서 　　　　萬疊窮谷聊爲負
들개들을 부려서 대낮에 짖어대게 하고 　　　　能敎野犬吠白晝
바다에 뜬 선박들 죄다 모여들게 하니 　　　　　盡使海舶山前聚
변방 사람들 그를 일컬어 '미적추米賊酋'라 불렀다네 邊人皆稱米賊酋

　　여기에서 묘사되고 있는 송징의 활동은 아무래도 장보고와는 별도의
인물이다. "천 길이나 깊은 바다 한밤중에 나는 듯 건너왔다"는 것은
그가 어느 날 돌연 완도 땅에 등장했던 인물이었음을 말해준다. 그리고
그가 완도 땅에 들어온 이유는 무역이나 상업 때문이 아니라, 군사적
이유 때문이었다. 상업 활동이나 무역과는 아예 거리가 멀었다. "만첩산
중 외진 골짝에 몰래 둔을 치고서, 들개들을 부려서 대낮에 짖어대게
하고, 바다에 뜬 선박들 죄다 모여들게 하였다"는 것은 매우 긴박했던

　　의하였음.

군사적 상황을 묘사한 것이다.

그의 무략은, "관군도 기가 질려 숨죽이는 판이니 누구 감히 덤비리요" 한 것처럼 관군을 압도하였다. 그러나 가벼운 실수와 방심으로 인하여 큰 뜻을 이루지 못한 채, 어이없는 최후를 맞이한 비운의 영웅이다. 「송대장군가」에 의하면, 송징의 죽음은 '계집아이'에 의한 예기치 못한 것이었다. 이 때문에 혹자는 이 송징이 바로 김통정을 지칭하는 것은 아닌가 의심하는 경우도 있다.

> 관군도 기가 질려 숨죽이는 판이니 누구 감히 덤비리요　王師讋息安能討
> 어이 알았으랴, 하늘이 계집아이 손을 빌어　　　　那知天借女兒乎
> 하룻밤 새 활시위에서 피가 줄줄줄　　　　　　　一夜弦血垂如縷

불운하게 뜻을 펴지 못한 채 오르지 못한 용과 같은 운명이 된 장군은 지역 사람들의 마음속에 새겨져 그들을 수호하는 신령으로 받들어 모셔진다.

역사적 인물로서의 송징은 장보고와는 별도의, 13세기 삼별초의 역사적 인물로서 실재하였던 인물일 것이다.[63] 송징이라는 이름이 『고려사』 등에 기록되어 있지 않은 것은 사실이지만, 그것이 송징의 존재를 부정할 수 있는 근거는 되지 못한다. 13세기 대몽항쟁과 관련한 『고려사』 내지 역사서의 기록이 매우 미흡하고, 특히 삼별초 내부 사정에 대한 기록은 매우 단편적이고 극히 불완전한 상태이기 때문이다. 진도 삼별초 시대는 완도에 송징과 같은 삼별초 지도자가 입거하여 주둔하였을 만한 상황이기도 하였다. 그럼에도 불구하고 '해신海神' 장보고가 휩쓸고 간 완도에서는 점차 송징의 존재가 엷어지고 장보고가 그 위에 덧칠해지고 있다.[64]

---

63) 구체적인 논증을 갖추지는 않았으나, 김성범도 송징을 장보고라고 보는 주장에 대하여 회의적인 의견을 표명하였다(국립문화재연구소, 『완도 법화사지』, 1992, p.120).

64) "송징은 조만간 완벽하게 죽을지도 모른다. 그리하여 훗날에는 장보고의 '만들어진 전통', 20세기 말기나 20세기 초기적 행위들이 당당히 史書에 기록되고

청해진의 유력한 후보지로 알려진 완도의 부속도서 장도將島에 대해서도 발굴된 월요越窯 청자 자료들이 청해진시대(828~841)의 것이 아닌, 9세기의 후반으로 분류된다는 문제 제기도 이점에서 시사하는 바가 있다.[65] 완도가 포함하고 있는 다양한 역사성을 확인하기 위해서는 장보고의 자료를 새롭게 확인하는 것과 동시에 완도를 배경으로 한 다른 시기의 역사적 사실에 대해서도 객관적 시각을 놓치지 않는 것이 중요하다.

송징이 완도에 주둔하고 있었던 기간은 대개 삼별초의 진도 거점시기인 1270년 7월부터 이듬해 5월까지가 된다. 1271년 진도가 여몽군에 함락되면서 송징은 김통정과 함께 제주도로 철수하였을 것이라고 추측할 수 있다. 그러나 제주도에서도 송징의 이름이 나타나지 않는데다 위의 임억령의 시와 구전을 신빙한다면, 그는 1271년 5월 완도로부터의 철수 이전에 이미 제거되었을 가능성이 높아 보인다.[66] 그를 제거한 것은 외부로부터의 공격이 아니라 아마도 내부의 적이었을 것이다.

송징의 전승을 장보고의 것으로 일체화하는 것은 많은 문제점이 있음에도 불구하고, 완도의 모든 사적은 장보고로 귀결되고 있다. 심지어 장도 제당의 주신主神도 송징에서 장보고로 바뀌고 말았다. 여기에는 해상왕장보고기념사업회의 활발한 학술 활동, 장보고를 주인공으로 하는 드라마 '해신'의 영향 등 여러 작용이 개재 되었다. 이에 의하여 완도에 있어서 장보고의 지위는 다른 인물, 다른 역사의 실재를 받아들이기 어려울 만큼 절대적 위치에서 군림하게 된 것이다. 이러한 점에서

새로운 구전으로도 이어져서 새로운 전통으로 거듭날지도 모른다."(주강현, 「신화·제의·민중영웅의 제관계－민중영웅 송징과 장보고 변증」, 『역사민속학』 20, 2005, p.33).

65) 이희관, 「완도군 장도유적출토 월요청자의 제작시기 문제」, 『해양문화재』 5, 국립해양문화재연구소, 2012, pp.201~204.

66) 송징은 완도에서 제주도로 옮겼으며, 탐라 삼별초 최후 지도자 김통정과 동일인물이라는 의견도 있다.(신현성, 「송징, 김통정의 變異稱 증거들에 대한 연구, 미발표 논문) 그러나 별도의 증거가 없는 한 이러한 가설이 성립하기는 어려운 것 같다.

"역사는 지금도 만들어지고 있다."

3) 완도 삼별초와 법화사

완도에서의 삼별초의 활동, 그리고 송징의 존재와 관련하여 진도 용장성의 기와가 장도將島 건너편, 13세기 완도의 중심사찰이었던 법화사法華寺 터에서도 확인된 점은 흥미 있는 일이다. 완도 법화사는 '법화사'라는 이름, 그리고 완도에 소재하고 있다는 점 때문에 장보고에 의하여 건립된 사원일 가능성이 유력하게 논의되었던 절이다. '법화사'는 장보고가 산동성의 등주登州 적산촌赤山村에 건립한 '법화원法華院'을 연상시키기 때문이다.[67]

완도읍 장좌리의 법화사지에는 5단의 석축을 갖춘 건물지 유구가 남겨져 있었는데, 1990년 국립문화재연구소에서 발굴조사를 실시하였다. 원래 발굴의 주요 목적은 장보고와의 관련성을 확인하려는 것이었고, 이 때문에 법화사지 조사는 청해진 유적으로 추정되는 장도에 대한 발굴조사와 함께 기획된 것이었다. 그러나 조사 결과에 의하면 법화사의 중심 시기는 12, 13세기로서, 고려시대의 사찰이라는 것이었다. 즉 법화사는 장보고의 시대가 아니라 몽골 전란기 혹은 삼별초시대에 완도를 배경으로 전성을 누린 절이었던 셈이다.

완도 법화사지 조사에서 가장 주목된 것은 압해도와 용장산성에서 확인되었던 '대장혜인계묘삼월大匠惠仁癸卯三月' 명 기와가 다수 출토되고, 동시에 진도 용장성 궁궐지의 연화문 와당 및 인동문 암막새가 나온 사실이다. 이것은 압해도·진도·완도 등 서남해안 일대의 섬들이 몽골 전란기 혹은 삼별초 지배기에 긴밀하게 연계되어 있었음을 말해준다.

---

67) 장보고가 건립한 법화원은 현재 산동성의 榮成市 石島鎭에 소재한다. 창건 시기는 825년 전후로 추정한다. 등주의 법화원에 대해서는 신형식 외, 『중국 동남연해의 신라유적 조사』, 해상왕장보고기념사업회, 2004, pp.166~185 참조.

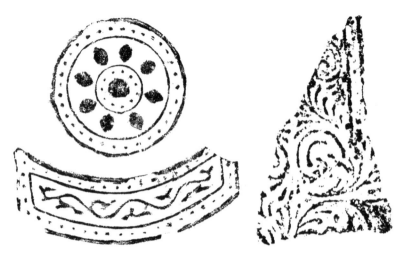

완도 법화사지 출토 진도 용장성 기와(좌)와 동종의 파편(우)[68]

　출토 유물 중에는 '건통乾統 3년 계미'(1103)로 추정되는 명문와가 포함되어 있다.[69] 이들 유물은 법화사의 중심 시기가 바로 12, 13세기였음을 입증하는 자료의 일부이기도 하다. 송징의 삼별초가 완도를 거점으로 활동했던 시기의 법화사는 이들 삼별초와도 긴밀한 관계를 유지했던 것임이 분명하다. 법화사지에서의 용장성 기와의 출토는 이를 방증하는 것이기도 하다. 따라서 법화사는 장보고 시대가 아닌 삼별초 송징이 활동하던 시기, 완도의 대표적 사원으로서 종교적 기능을 수행하였던 절이었다는 결론을 정리할 수 있다.

　발굴 과정에서 출토한 자료 가운데는 당초문 하대下帶 부분에 해당하는 3점의 동종 파편이 포함되어 있다.[70] 파편의 두께가 0.9cm와 1.4cm인

---

68) 문화재연구소, 『완도 법화사지』, 1992.
69) 이 명문와의 연대는 '乾統 3년 계미'(1103)인지 '皇統 3년 계해'(1143)인지 명확하지 않다. 명문의 앞뒤가 잘려 '□統三癸□'로 되어 있기 때문이다. 발굴보고서에서는 요의 연호인 '건통'을 채택하였지만(국립문화재연구소『완도 법화사지』, 1992, p.86), '皇統 3년 계해'(1143)일 가능성도 배제하기 어렵다. 전자는 요, 후자는 금의 연호이다.
70) 파편의 크기는 9×5+0.9(두께), 15.3×9.1+1.4cm, 5×1.3+0.9cm 등이다. 국립문화

점에서 생각하면 이 종의 크기는 대략 30cm 미만의 작은 종이었을 것이다.[71] 17세기 조성으로 추측되는 건물지3의 기단성토층에서 출토한 것으로, 원래 절이 불탈 때 열기에 의하여 깨진 파편의 일부로 보인다. 이것은 절이 갑작스러운 화재로 인하여 소실된 것을 의미하는 것으로, 1271년 5월 진도 함락을 전후하여 완도 역시 연합군의 공격을 받아 점령된 사실을 반영하는 것이 아닐까 추측된다. 이는 건물지 조사시 소토燒土와 목탄木炭 등의 흔적이 다수 확인되었던 점, 출토 청자 자료의 편년이 절대적으로 12, 13세기에 집중되어 있는 점 등이 뒷받침 한다.[72] 종의 파편에 '목탄이 단단히 붙어 있다'는 보고도 이러한 사건의 결과 때문이 아니었을까.

동종의 조성 시기는 통일신라일 가능성이 언급된 바 있으나,[73] 12~13세기에 집중되어 있는 출토 자료의 상황을 생각하면 범종 역시 이 시기 제작이었을 가능성이 매우 높다고 해야 할 것이다.[74] 법화사지는

재연구소, 위의 『완도 법화사지』, p.115.

71) 고려 종의 두께와 크기의 관계를 비교하면 두께 1.5cm의 경우 22.0cm(을사명종, 1245), 32.0cm(傳 경상도종, 1268), 25.0cm(윤장섭 소장, 1278), 두께 1.4cm의 경우 크기는 20cm(傳 충북 보은종, 1294), 24.1cm(중앙박물관 소장, 1249), 두께 1cm 내외의 경우 종의 크기는 16.5cm(경주박물관 소장, 1309), 23.2cm(문성암종, 1324) 등으로 나타난다. 坪井良平, 『朝鮮鐘』, 角川書店, 1974, pp.265~269의 표 '朝鮮鍾要目一覽表' 참고.

72) 14세기 이후 16세기까지 유물이 매우 희소한 것에 대해서는 조사단도 "사찰이 운영되고 있지 않았던 시기이거나 사찰이 있었더라도 미미한 존재로 남아 있을 것으로 추정된다"고 하였다(국립문화재연구소, 앞의 『완도 법화사지』, p.131 참고).

73) 법화사지 출토 동종 파편의 성분 조성에 대한 분석 결과 구리(Cu)와 주석(Sn)이 82 : 12 정도로 합금되어 있으며, 납(Pb)의 의도적 첨가는 없었다. 1216년(정우 4년) 제작의 포항 오어사종이 납(Pb)을 13%나 포함하고 있는 것을 참고하면, 납이 거의 섞이지 않은 법화사의 동종은 신라일 가능성이 높다는 것이지만, 논문에서도 지적하고 있는 바와 같이 오어사종 1례를 고려 종의 경향으로 일반화하기는 어렵다. 강형태·조남철·정광용, 「완도 법화사지 동종의 과학적 분석 및 산지 연구」, 『호남고고학보』 25, 2007, pp.135~139 참고.

74) 현재 보고되어 있는 신라종이 7건인데 비하여, 고려 종은 45건에 이른다.

1270년 전후의 시기, 삼별초와 관련한 완도의 운명에 대한 비밀을 간직하고 있는 것이다.

삼별초 이후 버려졌던 섬 완도에 군사적 성격의 군진인 가리포진이 다시 설치된 것은 1521년(중종 16)의 일이었다. 법화사가 다시 재건되는 것은 완도의 기능이 일정부분 회복되는 것도 그 이후의 일이다. 그리고 1896년에 이르러서야 주변의 여러 섬을 합하여 완도는 '완도군'이 되었다.

4. 유존혁의 남해도 삼별초

1) 남해 삼별초와 유존혁

진도는 삼별초정부의 수도이고 항몽 세력의 거점이었지만 삼별초의 세력은 널리 흩어져 있었기 때문에 이를 보완하기 위한 일종의 지역거점이 요구되었다. 경상도 연안지역의 삼별초 거점은 남해도였다. 이곳에는 처음 삼별초의 강화도 봉기시 좌승선左承宣에 추대되었던 대장군 유존혁劉存奕이 주둔하고 있었다. 유존혁은 1258년 최씨정권을 무너뜨린 무오정변에 낭장의 직으로 적극 가담하여 이후 김준 정권기에 승진을 거듭한 인물이다. 1270년 무인정권 타도에 결정적 역할을 한 대장군 송송례宋松禮(1207~1289) 역시 당시 낭장으로 함께 최의 정권을 무너뜨린 동지였다. 1270년 송송례는 임유무를 제거하고 무인정권을 붕괴시켰는데, 이에 대하여 유존혁은 삼별초 봉기에 떨쳐나서 개경과 진도로 각각 갈라섰던 것이다.

더욱 소형의 종 잔존례는 신라의 것이 전무한 반면, 고려 종의 경우 50cm 미만 크기 종이 21건에 이르고 있다. 잔존 小鐘의 제작 시기는 빠른 것이 12세기 중반(1157)에서 늦은 것은 14세기 초이고, 13세기 제작의 것이 절대적인 비중을 차지하고 있다. 법화사 종의 연대가 다른 출토 자료의 연대와 동일한 12-13세기일 것이라는 간접적 방증이기도 하다. 坪井良平, 『朝鮮鐘』, 角川書店, 1974, pp.265~269의 표 '朝鮮鐘要目一覽表' 참고.

남해도는 최씨 무인정권의 가장 중요한 경제적 거점이었던 진주晉州 관내에 소재하며 팔만대장경 판각처(분사대장도감)의 하나로 알려져 있다. 주변에는 거제도, 창선도를 비롯한 많은 섬이 발달하여 있으며 몽골군의 대일對日 진출거점으로 새로이 부상하던 금주(김해) 혹은 합포 (마산)를 겨냥한 전략거점이기도 하였다. 이 때문에 일찍부터 남해도는 진도, 거제도와 함께 남해 연안의 '3대 요충'으로 일컬어져 온 곳이다.[75] 남해의 유존혁은 진도정부와 일정한 연결 관계를 가지면서 경상도 연안 일대에서의 군사 활동을 지휘했던 것이다.

1270년 삼별초군은 진도에 들어온 이후 초기에는 전라도 연해 지역의 세력 확보에 주력하고 이후 후방의 배후로서 제주도를 확보하는데 성공하였다. 삼별초군은 제주 확보 이후에 비로소 경상도 남부 연해지역 일대에 대한 지배권 확보에 주력하였다. 그 결과 1271년 4월 원의 자료에 의하면 진도측에 의하여 점령되어 있는 섬은 도합 '30여 소'로 파악되고 있었다. 남부 연안 지역은 대체로 풍부한 물산物産 지대인 데다 이들 물산의 운송로를 포함하고 있어서 진도 측의 연안 장악으로 인한 개경 측의 타격은 자못 심각하였다.

남해도에 주둔한 삼별초군의 규모는 어느 정도였으며 남해도의 어느 곳을 거점으로 삼고 있었을까. 1271년 5월 유존혁은 진도가 함락되자 휘하 선단 80척을 이끌고 남해도를 떠나 제주도에 합류하였다. 이에 의하여 삼별초 진도 거점기 남해도를 중심으로 활동하였던 유존혁의 부대 규모는 대략 80척 선단 규모였음을 알 수 있다. 80척을 인원으로 따지면 대략 3천에 가까운 규모로 추정된다. 당시 1척 당 승선인원을 30명으로 계산하면 2400명이지만, 실제로는 다소 과다한 인원과 물자가 적재되었을 것이기 때문이다. 그리고 제주도로 철수한 이 인원은 남해도 민이 별로 포함되지 않은 핵심 삼별초 집단이었을 것으로 짐작된다.

---

75) 『신증동국여지승람』 31, 남해현 성곽조의 鄭以吾 記文.

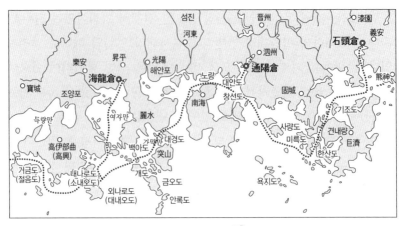

남해도와 그 주변 76)

남해의 섬에 3천을 헤아리는 병력 규모라면 결코 작은 규모가 아니다.

남해도는 진시황이 불로초를 구하기 위하여 보낸 서복徐福(혹은 徐市)이 거쳐 갔다는 '서불과차徐市過此'의 이른바 '상주리 석각'(경남기념물 6호)이 남아 있는 곳이다. 남해도 금산錦山의 상주리에 소재한 이 암각은 서복 관련의 유적으로서 어느 정도 역사성을 가지고 있는 것인지는 아직 분명하지는 않지만,77) 대외 교류 항로상의 남해도의 입지를 반영하는 것이라는 점에서는 의미 있는 문화재이다. '서복의 석각'은 거제도와 남제주군의 정방폭포 암벽에도 있었다고 하지만, 지금은 남아 있지 않아 남해도의 것이 우리나라에서 유일한 것으로 되어 있다.78)

남해도에서의 삼별초의 활동을 이해하기 위해서는 이들이 통로로 삼은 항구가 어디였을까 하는 것을 확인하는 일이 중요하다. 외부로부터

---

76) 문경호, 「고려시대 조운선과 조운로」, 『고려시대 조운제도의 연구와 교재화』, 공주대 박사학위논문, 2012, p.151의 〈그림 6〉.

77) 이 유적은 이미 1915년(대정 8) 조선총독부에서 발간한 『조선금석총람』에 '傳徐市題名石刻'이라는 이름으로 보고되어 있어, 오랜 구전의 근거가 있었음을 알 수 있다.

78) 赤崎敏男, 「韓國の徐福傳説」; 이동선, 「신비의 徐市過此」, 『南海 徐市過此』, 남해 문화원, 2013 참조.

의 유입 세력인 삼별초는 진도를 비롯한 남해 연안의 여러 섬 및 연안지역과 밀접한 관계를 가지고 활동하였다. 말하자면 해상을 생명줄로 하여 생존한 집단이었기 때문에 이들이 주로 활용한 중심 항구가 어디였을까 하는 것을 파악하는 것은 매우 중요한 의미를 갖는다. 이들이 주둔한 삼별초의 남해 본영도 항구와의 연계에 의하여 자리가 잡혔을 것이다.

2) 남해도의 삼별초 거점

원래 남해 연안은 무인정권과의 연고가 많은 지역이었다. 전라 경상 연해 지역의 풍부한 물산이 조운을 통하여 개경 혹은 강화도로 전달되었으며, 진주를 중심으로 남해도, 하동, 산청, 승주, 화순, 보성, 강진, 진도 등지에 최씨정권의 땅이 널리 분포되고 있는 것으로 파악된 바 있다.[79] 아마 최씨정권의 토지는 상당부분이 이후의 무인집정자에 의하여 소유권의 계승이 이루어졌을 것이다.

남해도의 경우 최우의 처남이며 참지정사를 지낸 정안鄭晏(?~1251)이 한동안 은거해 있던 곳이다. 그는 사제私第 강월암江月庵을 희사하여 정림사定林社라는 절을 만들고, 『삼국유사』를 짓게 되는 보각국존 일연一然스님(1205~1289)을 초빙하기도 하였다.[80] 일연이 정안의 초빙을 받아 남해 정림사에 취임한 것은 1249년(고종 36)의 일이다. 정안이 팔만대장경 간행에 크게 기여한 인물이었던 만큼, 이때 일연도 대장경 간행에 일정 부분 기여하였을 것이다. 1251년 정안이 최항에게 죽임을 당한 이후 일연의 남해도 주석은 마감되었을 것으로 추측된다.

정림사의 위치에 대해서는 잘 알 수 없지만, 오곡리 관당마을의 고려 건물터를 이에 비정하는 의견이 제안된 바 있다.[81] 유존혁의 삼별초군이

---

79) 윤용혁, 「무인정권의 강도생활」, 『고려 대몽항쟁사 연구』, 1991, pp.214-224.
80) 鄭晏의 남해도 은거와 대장경 각판 사업에 대해서는 김광식, 「최씨 무인정권의 사원세력 육성」, 『고려 무인정권과 불교계』, 민족사, 1995, pp.319~347 참고.

주둔하던 시기의 남해도에 있어서 정림사는 완도의 법화사와 같이 남해 삼별초의 중요한 종교적 공간으로서 기능하였을 것이다. 즉 남해 정림사는 남해 삼별초 및 팔만대장경과 연계를 갖는 유직이라는 점에서 앞으로 그 위치를 밝혀내야 하는 핵심 공간의 하나인 셈이다.

남해도에서 관심을 끄는 또 하나의 공간은 삼별초의 중심 항구 문제이다. 진도 및 여타 도서, 그리고 조운로와의 관계를 고려하면 삼별초의 관문 항은 서북쪽 해안에서 찾아야 할 것이다.[82] 서북쪽 해변에는 관음포, 모답포, 가을포, 염전포 등이 지도에서 찾아진다. 그 가운데 항구로서의 여건에서 보면 단연 고현면古縣面의 포상리浦上里, 대사리大寺里, 오곡리梧谷里 일대, 관음포만 지역이 주목된다. 지금은 '관당뜰'로 불리는 비교적 넓은 평야가 만들어져 육지에 편입되었지만 원래는 육지부로 깊이 만입되는 항만 지역으로, 후대 1598년 이순신 장군의 순절지와도 가까운 위치이다. 이곳은 항구의 이용에 있어서 적절한 지점인데다, 차두산(451m), 금음산(481m), 대국산(375m), 삼봉산(422m), 사학산(339m) 등 비교적 높은 산에 의하여 천연적 방어선이 형성되어 있기 때문이다.

남해분사대장도감의 유적을 찾기 위한 학술 조사에서 이 일대의 지점이 중점적으로 검토되었던 것도, 이러한 지형적 조건을 참고한 것이었다.[83] 남해 삼별초의 거점을 추정하기 위해서는 이제 이들 지역의 고려시대 건물지, 절터, 성터 등의 유적을 점검할 필요가 있다.[84] 2014년 1월 고현면 남치리 고분에서 백제 고위관인으로 추정되는 무덤이 출토한

---

81) 경남문화재연구원, 『남해군고현면 정밀지표조사보고』, 2000, pp.57~59.

82) 배상현, 「삼별초의 남해 항쟁」, 『역사와 경계』 57, 2005, p.98.

83) 경남문화재연구원·남해문화원, 『남해군고현면 정밀지표조사보고 – 분사대장도감유지 확인기초조사』, 2000 ; 경남발전연구원 역사문화센터, 『남해 관당성지 – 추정 고려국분사남해대장도감유지』, 2006.

84) 이하 고현면의 유적에 대해서는 대체로 경남문화재연구원·남해문화원, 『남해군 고현면 정밀지표조사보고』, 2000, pp.48~65 참조.

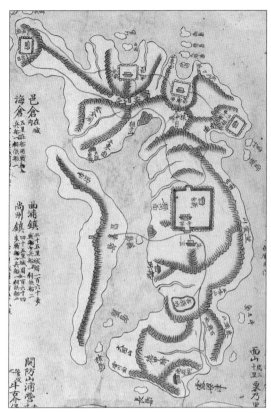

남해도 『해동지도』(서울대학교 규장각)

것도,[85] 고대 이래 관음포 지역이 갖는 해상 루트상의 기능을 방증하는 것으로 생각된다.

대사리의 성담을 등산성은 테뫼식 석성으로 남·북문지의 존재가 확인되고 비교적 고급의 고려청자편이 수습된 바 있다.[86] 청동경이 출토된 적이 있다는 증언도 있다. 오곡리의 관당성지官堂城址는 석재, 기와, 청자편 등이 출토된 바 있어 고려시대의 건물터가 있었음을 알 수 있지만, 경지 정리 작업으로 성을 포함하여 대부분 훼손되어 있는 상태이다. "석축으로 둘레가 720척, 높이 9척"[87] 등의 기록이 남아 있을 뿐이다.

---

85) 2013년 11월부터 진행된 조사에서 확인된 것으로 묘는 백제식의 橫口式 석실묘에 백제 고위급 관인이 착용하던 銀花冠飾이 출토하였다. 경남발전연구원 역사문화센터, 「남해 남치리 고려분묘군 발굴조사－학술자문회의 자료집」, 2014. 1 참조.

86) 경남문화재연구원·남해문화원, 『남해군 고현면 정밀지표조사보고』, pp.48~49 참조.

87) 『신증동국여지승람』 31, 남해현 성곽조.

남해 대국산성 (고현산성) 원경

이들 성이 소규모 구릉지의 성지인데 비하여 고현면과 설천면 경계에 걸쳐 있는 대국산성(고현산성)의 경우는 고험지의 방어성이라는 점에서 차이가 있다. 해발 370m 대국산의 정상과 7부 능선에 내, 외 2중의 성이 축조되어 있는데 초축 시기가 삼국 혹은 통일신라기로 추정되기 때문에 남해 삼별초에 의하여 적극 활용되었을 만한 산성이라 할 수 있다.[88]

많은 훼손이 있기는 하지만 고려시대의 건물지 혹은 사지도 다수 확인되고 있다. 오곡리 관당마을의 건물지 유적은 경지 정리 사업으로 대부분 훼손되어 구체적 사실을 파악하기는 어려운 실정이지만, 상감청자 편, 기와편, 석재, 숫돌 등이 나온 바 있고, 우물과 연못 등이 있었다는 구전도 있어 정안이 개설한 정림사 유적에 해당되는 것이 아닌가하는 추측이 있다. 포상리의 고려시대 사지는 귀목문의 암, 수막새 기와와 '원시납顧施納'이란 명문와가 출토된 바 있고, 대지 조성을 위하여 쌓은

---

88) 안성현, 「남해 대국산성 성격」, 『석당논총』 41, 2008 참조.

건물 축대도 확인된다. 선원마을에 소재하여, 혹 강화 선원사에서 이름을 따온 절이 있었는가 하는 추측이 있다. 그 밖에 대사리에는 금동불이 출토된 지점이 두 군데나 있고, 여기에 '대사리大寺里'라는 지명도 유의되는 사항이다.

또 한 가지, 『동여비고東輿備攷』의 남해군 고지도에는 서북쪽 차두산과 망운산의 사이에 '궁실성宮室城'이라는 산성이 표시되어 있다. '궁실성'이라는 이 성이 현재의 어느 성을 지칭하는 것인지는 더 추적해보아야 할 일이지만, '궁실宮室'이라는 지명이 특별히 주목된다. 진도와 제주도의 삼별초 거점인 용장성과 항파두성 모두 '대궐터'라는 건물지가 있기 때문이다. 이상과 같은 검토에도 불구하고 규모 있는 유적이 현재 확인되지 않고 지형의 변화도 심하여 구체적인 사실을 파악하는 데는 어려움이 많다. 그러나 남해 삼별초의 중심 거점은 역시 섬의 서북지역인 대사리, 포상리, 오곡리 일대 고현면에서 찾아야 할 것이다.[89] '궁실성'이라는 지명에 유의하면, 남해도 역시 진도 혹은 제주도와 마찬가지로 어느 시기까지는 삼별초 거점이 '궁궐터'라는 구전으로 전해졌을 수도 있다.

3) 삼별초 유적, '장군터'

현재 남해군 서면西面 서호리西湖里, 남해현의 진산인 망운산의 남쪽 기슭에 '대장군터'로 전해지는 건물지가 있다. 건물지는 4단의 계단식으로 조성되어 있으며 옛날 이곳에서 장군이 도술을 부려 지나가는 조공선

---

89) 최근 최연주는 남해도에서의 대장경판각 관련 유적조사의 경과를 검토하면서 2013년도에 조사된 포상리의 전 선원사지, 백련암지의 조사 결과 후 새로운 후보지로 주목하고 있다. 경남발전연구원 역사문화센터 2013년도 조사에서 전 선원사지에서는 고려시대 ㅁ자형의 가옥정원, 백련암지에서는 "長命願施納銀甁壹ㅁ李台瑞" 등의 명문와가 확인되었다. 최연주, 「분사남해대장도감과 『고려대장경』의 조성공간」, 『한국중세사연구』 37, 2013, pp.249~255 참조.

을 불러들여 약탈을 일삼아 조정에서 군사를 풀어 이를 잡으려 하였다는 전설이 전한다. 건물터는 고려시대 평기와와 귀목문鬼目文 와당이 발견되어 고려시대의 건물터임을 입증하고 있나. 만일 이 건물터가 절터가 아니라면 남해도를 거점으로 활동한 유존혁의 삼별초군 거점이었다는 구전에 부합할 가능성을 가지고 있는 것이다.90) '장군터'(혹은 '재앙구터')로 불리는 이 건물터에 대해서는 "그 터에 옛날 장군이 살았다 하고, 그 장군이 조공선을 부채로 부쳐 들여 벼를 막 약탈하기에, 나라에서는 군대를 풀어 그를 잡게 하였다"고 전한다.91)

탐라의 삼별초군이 다시 본토 연해 지역을 위협하기 시작하는 것은 제주도로 거점을 옮긴 지 거의 1년이 지난 이듬해 1272년(원종 13) 3월부터였는데, 11월부터는 이듬해 초에 걸쳐 경상도 연해지역까지 군사 활동을 확대한다. 당시 몽골군은 일본 침공의 추진을 위하여 특히 경상도 연해 지역인 김해 등지에 군사를 주둔시키고 있었다. 11월 삼별초가 합포(마산)에 침입, 전함 20척을 불태우고 몽골의 봉졸烽卒 4명을 잡아갔다. 같은 달 거제현을 치고 전함 3척을 불태웠으며 현령을 붙잡아 갔다. 이듬해 1273년 1월, 삼별초의 선단 10척이 낙안군(순천시)을 침입하였고, 같은 달 합포(마산)에 다시 쳐들어가 전함 32척을 불태우고 몽골군 10여 인을 살해하였다. 3월, 삼별초는 탐진(강진)에 들어와 방수산원 정국보鄭國甫 등 15인을 죽이고 낭장 오단吳旦 등 11인을 잡아갔다. 남해 연안은 몽골 세력과 삼별초의 최전선이 되어 있었다.

---

90) 이 건물터에 대해서는 경남발전연구원 역사문화센터에 의해 조사되었는데, 보고서에서는 사지로서의 가능성을 언급하고 있다.(『남해군 서면 문화유적 지표조사보고서』, 2002) 배상현은 이 유적이 삼별초와의 관련될 가능성이 높다는 점을 논의하였다. 배상현, 「삼별초의 남해 항쟁」, 『역사와 경계』 57, 2005, pp.98~100.

91) 남해문화원, 『남해문화』 2, 1986, pp.110~111.

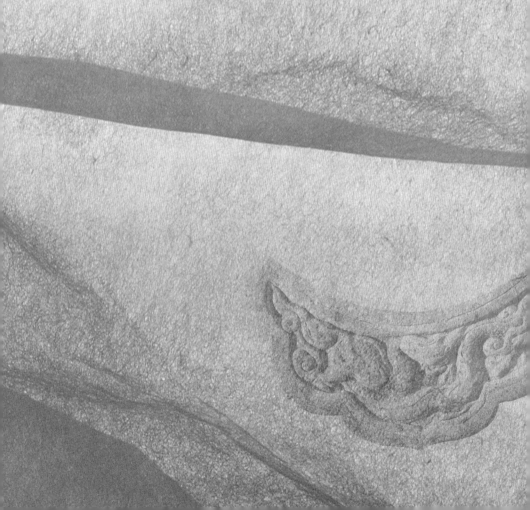

제6장

삼별초와 탐라, 항파두성

1. 탐라 거점기 삼별초의 활동

1) 삼별초의 제주도 차지하기

제주도는 본래 한반도와는 별도의 독립된 왕국이었다. 지리적으로 반도와 멀리 떨어진 대양에 위치한 조건에 의하여 독립왕국으로서의 제주도의 존재는 당연한 것이었다. '탐라'국이라는 나라 이름이 그 독립적 역사성을 상징한다. 탐라는 삼국시대 백제에 복속하기도 하였지만 이에 의하여 백제 직할의 영토가 된 것은 아니었다.

제주도가 고려의 한 행정구역으로 정식 편제되는 것은 고려가 건국한 지 2백 년이 지난 숙종 10년(1105)의 일이다. 이때 제주도는 '탐라군'이 되었으나, 실제 중앙 정부로부터 수령이 현지에 파견된 것은 그로부터 반세기가 지난 의종대의 일이었다. 1153년(의종 7)경 '탐라현'으로 개편하여 현령을 파견한 것이 그것이다. 그 후 탐라는 '제주'로 이름이 바뀌었는데, 몽골 침입 10년 쯤 전인 1223년(고종 10)경의 일이었다. 제주도는 고려의 영역에 포함되기는 하였지만, 여전히 미약한 존재감에 중앙정부의 관심을 끄는 존재는 되지 못하였던 것이다.[1]

제주도가 고려에서 주목되는 것은 몽골의 침략 때문이었다. 몽골과의 전쟁이 장기화 되고 강화도에서의 항전이 한계에 부딪치면서, 무인정권은 또 다른 탈출구를 모색하고 있었다. 1260년(원종 1) 2월의 기록에 '제주 천도'에 대한 소문이 퍼지고 있음이 기록되어 있는데, 이 무렵(1월) 강도정부는 제주부사 나득황羅得璜으로 하여금 제주 방호사防護使를 겸하게 하는 조치를 취한다. 제주는 특별히 방호별감을 보내 비상시를 대비해야 하지만, 일단 제주부사에게 방호사를 겸직하도록 한다는 것이다. 강화도를 포기할 경우에 대비하면서, 제주도의 전략적 유효성이

---

1) 고려시대 제주도의 행정적 위상과 추이에 대해서는 김일우, 「탐라의 행정단위 변화와 외관의 행적」, 『고려시대 탐라사 연구』, 신서원, 2000 참고.

제주 고지도(「탐라순력도」)에 나오는 항파두성 '土城'으로 표시되어 있다.

강도 무인정권에 의하여 검토되기 시작한 것이다. 이후 몽골의 개경 환도 독촉이 심해지던 1268년(원종 9)에 제주 천도설은 다시 제기되고 있다.

탐라에 대한 관심은 이 무렵 몽골 측에서도 나타나고 있다. 1266년(원종 7) 11월 탐라의 성주星主 양호梁浩가 원종을 알현한 후 정언正言 현석玄錫과 함께 몽골에 입조하였는데, 당시 몽골은 일본 혹은 남송 정벌을 위한 유효한 거점기지로 제주도를 주목하기 시작한 것이다. 이듬해 1269년 7월 몽골은 탈타아脫朶兒, 왕국창王國昌 등을 제주도에 파견하여 원정의 전진기지로서의 유용성에 대한 현지 점검까지 시행하였다.[2]

1270년 봉기한 삼별초가 거점으로 삼은 것은 진도였지만, 진도 삼별초에 있어서 제주도는 여전히 잠재적 중요성이 있었다. 진도 삼별초가 제주도 공략에 나선 것은 나주 공격이 실패한 뒤인 1270년 10월 이후의 일이었다. 처음 삼별초가 나주에 승부를 걸고 있을 때, 개경측은 제주도에 대한 장악력을 강화함으로써 진도정권의 배후를 차단하였다. 개경 정부가 제주도에 대한 방어를 강화하였기 때문에 삼별초는 진도 이동 직후 제주도를 바로 접수할 수가 없었다. 진도 삼별초가 제주도를 확보한 것은 진도에 들어간 지 4개월이 지난 11월 초의 일이었다.

11월 3일 이문경李文京 등이 이끈 진도 삼별초군은 제주 명월포에

---

2)『원고려기사』세조 5년 8월 및 세조 6년 7월.

상륙한 다음, 송담천松淡川에서 제주도 김수金須, 고여림高汝霖 등의 방어군을 격전 끝에 격멸시켰다. 이로써 일단 삼별초의 제주에 대한 지배권 확보가 가능하게 되었는데, 이후 삼별초의 본군이 제주에 입거하게된 것은 이듬해(1271) 5월 진도가 몽골군에게 무너진 이후였다.

삼별초 봉기 초기, 이를 방어하기 위해 제주도에서 개경측이 지휘한 병력의 규모는 김수가 2백, 고여림이 7백 등 대략 1천의 규모였다. 이들은 제주도에서 합류하여 성을 쌓고 병기를 수리하며, 삼별초가 내습할 수 있는 예상 공격로를 차단하였다. 이때 삼별초군의 상륙을 막기 위해 쌓기 시작한 것이 해안의 방어성인 환해장성環海長城이다. 현지주민들이 개경 측에 등을 돌리고 진도 삼별초에 영합함으로써 승패가 갈렸던 제주 공함전의 상황은, 긴급한 방어시설 구축 작업에 갑자기 동원된 제주도민의 불만을 말해주는 것이다.[3] 이 무렵 제주도의 인구가 어느 정도였는지는 잘 알 수 없지만, 삼별초가 제주에서 최후를 맞은 직후인 1273년(원종 14) 12월 원 중서성의 지시로 "제주의 백성 10,223명에게도 (식량을) 모두 공급하였다"고 하여 제주도의 잔류 인구 수치가 언급되어 있다.[4]

1271년 5월, 진도가 함락되자 김통정의 지휘로 삼별초의 남은 부대는 제주도에 입거하였다. 또 남해도의 유존혁이 역시 제주도로 합류한 것을 보면, 삼별초는 포로로 잡힌 자와 개인적 도망자를 제외한 잔류 인원이 거의 제주도에서 합류한 것으로 보인다. 그러나 진도 함락 때 이미 1만여 명이 포로로 잡힌 뒤의 일이라, 탐라의 삼별초 세력은

---

3) 진도 삼별초의 제주도 공함에 대해서는 이정신, 「제주민의 항쟁」,『고려 무신정권기 농민 천민의 항쟁』, 고려대 출판부, 1991, pp.153~154 ; 윤용혁, 「삼별초의 제주항전」,『고려 삼별초의 대몽항쟁』, 일지사, 2000, pp.232~234 및 pp.264~265 참조.
4) 『고려사』 27, 원종세가 15년 2월 갑자. 15세기 『세종실록지리지』에는 제주목 인구(口) 8,324, 정의현 2,073, 대정현 8,500구(이상 도합 18,897구) 등으로 집계되어 있다.

진도 시기에 비하여 규모면에서 많은 차이가 있었을 것이다. 1273년 제주도가 공함될 때 포로로 잡힌 자가 1,300여 명이었다는 것도 일면 이러한 규모상의 차이를 반영하는 것이기도 하다.

2) 신화적 지도자 김통정

탐라를 새로운 거점으로 삼은 삼별초는 이제 육지와의 연계, 혹은 연안 조운로의 장악이라는 진도에서의 생존방식과는 현저히 다른 여건에 처하게 되었다. 또 진도의 경우는 새로운 거점으로서의 사전 작업을 일정부분 진행시킨 기반이 있었다. 그러나 제주도의 경우는 거의 모든 작업을 새로 시작하지 않으면 안되었다. 성곽, 건물 조성 등 기반 시설의 조성에서부터 선박과 무기의 확보 및 급격히 수요가 팽창한 식량 확보 등 많은 난제를 한꺼번에 풀어야 했다. 무너진 조직의 재건과 새로운 시노부의 구축도 중요한 현안이었다. 고려의 왕족을 새 왕으로 옹립하여 정통 고려정부를 표방했던 진도 시기와는 환경이 크게 달랐다. 왕이라는 상징적 구심점을 상실한 제주도에서의 삼별초 조직의 재건은 그만큼 어려운 작업이 아닐 수 없었다.

이 시기 삼별초는 남부지역과 제주도의 중간지점인 추자도를 확보하고 있었고, 또 서남으로 멀리 떨어진 흑산도 해역까지 포괄하고 있었다. 흑산도 장악에 대해서는 1272년(지원 9년) 3월 철장鐵匠인 고루高樓 등이 흑산과 탐라 등에 이르는 해도海圖를 원 조정에 올린 기록과 함께 몽골 측에서 흑산과 탐라중 탐라를 먼저 공격하는 것이 유리하다는 작전상의 결정을 하고 있는 기록5)에 의하여 짐작할 수 있다.

---

5) "鐵匠高樓等 上黑山耽羅等 海道圖本 就中書省圓看過議定 省院臺等同奏 黑山耽羅公事 臣等議得 宜先取耽羅 若先取黑山 賊兵橫截而入 恐我軍失利"(『원고려기사』 탐라전, 세조 지원 9년 3월). 단 여기에 등장하는 鐵匠 高樓는 몽골이 아닌 탐라 출신의 인물이었을 것이다.

제주도의 말 「탐라순력도」. 김통정은 제주도의 말 때문에 말 잡으러 제주도에 왔다는 전설이 있다.

제주에서의 새로운 지도부는 김통정을 중심으로 구성되었다. 그는 개경에 친족들을 많이 둔 명문가 출신으로 생각되고 있지만, 거의 알려진 정보가 없다. 그러나 만일 그가 명문가 출신이라면 왜 삼별초에 합류하였을까 하는 의문이 있다. 김통정을 회유하기 위하여 그의 조카인 낭장 김찬金贊 등을 개경 측에서 제주에 파견한 적이 있다. 조카가 낭장이라는 무반직을 가지고 있는 것을 보면, 아마 김통정도 원래 배중손과 비슷한 무반 장군이었을 가능성이 많다. 일정한 지위를 가지고 있었던 인물이지만, 반드시 '명문가'로 분류할 수 있을지는 의문이다.

탐라 삼별초의 지도자 김통정에 대해서는 제주도에 비교적 풍부한 설화가 전한다. 그의 출생 설화는 영웅전설이 흔히 갖는 신비성이 강조되어 있다. 밤에 청의동자가 어머니에게 들어와 잉태하였으며, 알고 보니 그 동자는 지네였다고도 하고, 김통정이 중국 출신의 높은 관직자였다는 이야기도 있다.[6] 제주도의 말馬 때문에 말 잡으러 제주에 왔다가 본국을 배신하였다는 것이다. 앞은 김통정이 토착인이라는 쪽의 뉘앙스를 갖는데 비하여, 뒤쪽의 이야기는 외부로부터 들어온 지체 높은 집안의 인물이라는 의미가 되겠다.

개경에 친족들을 많이 가진, 무반 가문의 인물인 그는 몽골의 지배를 피하여 제주도에 들어왔고, 그 결과 몽골과 적대하는 관계에 서게 되었

---

6) 현용준, 『제주도전설』, 서문당, 1976, p.113.

김통정이 거점으로 삼은 항파두성의 토축

다. 이 같은 점을 생각하면, 후자의 전설 즉 중국의 유력 관직자로서 제주에 보내졌다가 본국을 배반하였다는 것이 사실에 비교적 부합하는 이야기라고 할 수 있다. 김통정은 태어날 때부터 온몸에 비늘이 덮여 있어 칼로도 그를 죽일 수 없었다고 한다. 겨드랑이에는 작은 날개가 있었으며, 변신하는 도술이 능한 장군이었다고도 한다. 김통정이 특별한 출신의, 특별한 지위의 인물이었다는 것이 구전의 공통점이고, 이는 김통정에 대한 제주 사람들의 인식을 반영하는 하는 것이다.

항파두성을 함락시키는 것은 쉽지 않았다. 그런데 성문을 닫을 때 급히 닫는 바람에 미처 성 안으로 들어오지 못한 사람들이 있었고, 포로들로부터 성 함락을 위한 여러 정보를 제공받았다. 포로 중에는 '아기업개'가 있다. 아기업개는 김통정과 관계가 있었던 여자이다. 그녀는 고려 장군 김방경에게 김통정에 대한 내밀한 정보를 수시 제공하여, 김통정을 잡을 수 있도록 하였다 한다. 아기업개는 김통정에 의해 죽었다고도 하고, 김방경에 의해 죽임을 당했다고도 한다. 혹은 김통정에 앙심을 품은 머슴이 김방경에게 죽일 방법을 알려주었다고도 한다. 아기업개의 이야기는 전투과정에서 제주 삼별초의 핵심 세력 일부가 개경 측에 협조하여 성의 함락에 기여하고, 김통정에 대한 정보도 제공하였음을 말해준다.

김통정은 자신을 노리는 김방경과 변신을 거듭하며 엎치락 뒤치락하는 싸움을 여러 차례 치른다. 용호상박하는 싸움이었다. 김통정은 최후의 전투에서 자신의 가족들을 먼저 죽였다고도 하고, 김방경이 처를 붙잡아 죽였다고도 한다. 그 장소는 '붉은오름'이고, 흘린 피 때문에 흙이 붉게 되었다고 한다. 김통정의 구전자료 가운데 강조되고 있는 한 가지는 그의 비극적 결말이다.[7]

김통정은 탐라에 있어서 돌연히 부각된 절대적 지도자였지만, 그러나 그가 독립왕국의 왕을 칭하였다는 기록이나 근거는 없다. 탐라 삼별초는 식량 등의 물자를 거의 외부에서 조달해야 한다. 연해 지역에 대한 활발한 침입은 이러한 제주 삼별초의 생존 여건과 밀접히 연관되어 있다. 그러한 과정에서 집단의 수장首長의 지위를 어떻게 설정할 것인가 하는 것은 매우 중요한 문제이다. 단순히 삼별초 집단의 수장인지, 아니면 독립정부의 왕인지 하는 문제이다. 진도에서는 고려의 왕족을 세워, 정통 고려정부를 자처하였다. 이 점에서 탐라에서는 어떤 형식으로 삼별초가 자기 위치를 설정하였을까. 탐라 삼별초에 있어서 정통성과 정체성의 확보 문제는 더욱 중요한 문제로 대두되었을 것이다.

3) 삼별초의 '탐라 해상왕국'

제주도는 원래 독립성이 강한 지역으로서, 지리적으로도 본토와 멀리 떨어져 있다. 제주도에서의 생존에는 현지 사람들의 협조가 필수적이

---

7) 윤용혁, 「송징과 김통정」, 『한국중세사의 제문제』, 김윤곤 정년기념사학논총 간행위원회, pp.243~244.

항파두성의 관문, 애월항

다. 이러한 점에서 탐라 삼별초는 제주 현지민과의 타협이 불가피하였
다. 탐라의 토착세력과 삼별초와의 관계에 대해서 『원고려기사』에서는
"탐라국왕이 일찍이 내조하였는데, 지금 반적이 그 주인主을 몰아내고
성곽을 점거하였다"[8]고 언급하여, 삼별초가 기존의 탐라세력을 완전
내친 것처럼 말하고 있다. 그러나 이것은 삼별초가 제주도를 장악하고
있는 점을 다소 과장하여 강조하는 말인 것처럼 생각된다. 탐라는
고려 통일 직후인 938년(태조 21) 태자 말로末老를 개경에 보내 조공함으
로써 고려의 기미정책에 부응하였다. 이때 고려 조정에서는 탐라국의
왕과 왕자에게 '성주星主'와 '왕자王子'라는 벼슬을 내림으로써 탐라에
대한 정책의 방향을 정립하였다. 이후 탐라국은 고려 왕조에 수시
조공을 바치면서, '성주' 혹은 '왕자'의 칭을 계승함으로써 내부적 독자성
을 유지해 나갔다.[9] 그러나 1105년(숙종 10) 제주를 탐라군으로 편제하

8) 『원고려기사』 탐라전 지원 9년 11월 15일.
9) 탐라의 성주, 왕자 및 고려왕조와의 관계 정립에 대해서는 진영일, 「고려기

고, 다시 의종조, 1162년(의종 16)에는 외관을 파견하기 시작함으로써 탐라국으로서의 독립성은 점차 약화되고 있었다.

몽골은 1266년(원종 7) 정월 탐라성주 양호梁浩의 몽골 입조를 계기로, 강도의 고려정부와는 별도로 일단 탐라가 몽골에 복속한 것으로 인식하였다. 삼별초가 제주도를 장악하기는 하였지만, 기존의 토착세력의 협조가 절실한 마당에 삼별초가 이를 내칠 수는 없었다. 독자적인 왕을 세울 수 없었던 제주에서의 삼별초는, 결국 탐라왕국의 부활이라는 방향으로 그 성격을 모색해 갔을 가능성이 많다. 즉 제주도의 삼별초는 '고려의 정통성을 이어받은 탐라왕국'의 성격을 가지게 되었을 것으로 생각된다. 탐라왕국의 내적 부활은 바로 삼별초의 이주 집단과 제주의 토착집단이 힘을 결집할 수 있는 이념적 매개가 될 수 있기 때문이다. 동시에 고려의 왕을 내세워야하는 정통성의 부담을 더는 것이기도 하였다. 이점은 진도의 삼별초와 제주의 삼별초가 갖는 차이점이기도 하다. 제주도로 옮기면서 삼별초는 고려의 정통 정부를 강조하는 것으로부터, 현지적 성격을 반영하는 지역의 정치집단으로 변화해 간 셈이다. 그러나 공공연하게 '탐라왕국'이라는 것을 크게 강조한 것 같지는 않다. '고려' 정통성의 계승이라는 측면과 모순되는 점이 있기 때문이다.

1271년(원종 12) 5월 진도로부터 제주도로 이동한 삼별초는 제주에 옮겨온 초기 한동안, 무너진 조직의 복구 및 거점 시설의 조성 등에 주력하였다. 이 때문에 탐라의 삼별초군이 다시 본토 연해 지역을 위협하기 시작하는 것은 제주도로 거점을 옮긴 지 거의 1년이 지난 이듬해 1272년(원종 13) 3월이었다. 이후 삼별초의 군사 활동은 대략 세 단계의 과정으로 전개된다. 처음에는 삼별초의 본거지였던 전라도 연안지역에 대하여 공세를 펼치고, 다음으로는 전라도 연해로부터 충청

탐라와 성주」, 『고대 중세 제주역사 탐색』, 보고사, 2008, pp.172~194 ; 김창현, 「탐라왕 및 성주, 왕자의 실체와 탐라의 통치체제」, 『탐라사의 재해석』, 제주발전연구원, 2013 참조.

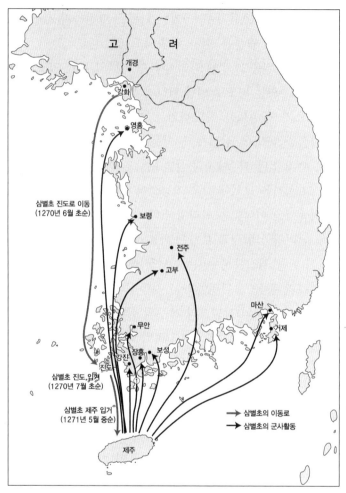

삼별초의 활동(1270~1273) [10]

경기의 서해 연해까지 진출, 개경을 위협하며 지방 관아 등을 적극 공략한다. 다음으로는 몽골군이 주둔하고 있던 경상도 연해지역까지 군사 활동을 확대한다. 이 같은 군사행동은 전체적으로 고려의 서, 남해 연안 조운로를 주 타격 대상으로 하는 것이었다. 이는 삼별초의 본토 위협이 특히 조운로에 타격을 주거나, 아니면 세곡과 공물을 확보하려는 경제적 목적이 강한 것이었음을 의미한다. 정치적 측면보다 경제적 측면이 강조되는 이 같은 군사적 활동의 기능 변화 역시 진도와 탐라 삼별초의 차이에 속하는 것이라 할 것이다.

1272년(원종 13) 3월 삼별초군은 전라도 회령군(장흥)에 침입하고 조운선 4척을 붙들었으며, 5월에는 대포大浦(목포?)를 치고 역시 조운선 13척을 잡아갔다. 곧이어 탐진현(강진)으로 진출하였는데, 3월에서 5월에 이르는 사이 빼앗은 조운선이 20척, 미곡 3천 2백여 석을 헤아렸다. 전라도 서남 해안을 위협하던 삼별초군은 그 해(1272) 6월경에 이르러 연안의 해로를 따라 북상, 경기도 연안까지 진출하였는데 삼별초의 이 같은 움직임으로 개경에서는 민심이 동요될 정도였다.

삼별초군은 서해 연안 일대를 오르내리며 삼남지방에서 개경으로 연결되는 조운로를 위협하였다. 1272년 8월에는 전라도에서 개경으로 올라가는 세공미歲貢米 8백 석을 탈취하고, 9월에는 서해 고란도孤瀾島(보령)를 공격, 전함 6척을 불태우고 배 만드는 기술자들을 살해하였다. 삼별초군이 서해 연안 깊숙이, 경기 혹은 충청 연해지역에까지 출몰하게 되는 것은 무엇보다 개경에 연결되는 조운로를 광범하게 차단시키면서 필요한 물자와 인물들을 적극적으로 확보하려는 작업이었다.

1272년(원종 13) 11월 삼별초는 합포(마산)에 침입, 전함 20척을 불태우고 몽골의 봉졸烽卒 4명을 잡아갔다. 같은 달 거제현을 치고 전함 3척을 불태웠으며 현령을 붙잡아 갔고, 다른 한편으로 영흥도(경기)에 선단을 정박시키고 인근을 횡행하였다. 이듬해 1272년(원종 14) 1월, 삼별초의 선단 10척이 낙안군(순천시)을 침입하였고, 같은 달 마산에 다시 쳐들어가 전함 32척을 불태우고 몽골병 10여 인을 살해하였다.

---

10) 제주문화유산연구원, 「제주 항파두리 항몽유적지」, 『제주 회천동유적』, 2012, p.100의 지도를 이용함.

4) '일천년래 제일대사건'

삼별초는 1270년 11월부터 1273년 4월까지 대략 2년 6개월간 제주도를 지배하였다. 삼별초의 제주 지배는 사실 현지 제주도민에게는 말할 수 없는 고통의 시간이었을 것이다. 한국 역사에서 삼별초의 제주 항전은 '민족항전'이라는 국가사적 의미를 부여할 수 있는 것이기는 하지만, 적어도 제주도민에게는 노역에 동원되고 전쟁터에 앞세워진 하나의 '재난'으로 연결되었기 때문이다. 이러한 점에서 일찍이 필자는 성주 중심의 탐라 전통 지배집단과 삼별초의 지배 집단과의 관계를 '긴장적' 혹은 '소극적' 협조 관계로 파악한 바 있다.[11] 김통정의 설화에서 김통정이 제주 물산을 탐내서 입도入島한 인물이라는 부정적 묘사가 함께 공존하는 것,[12] 김통정을 당신堂神으로 섬기는 곳이 있는가 하면 반대로 김통정을 징치하는 삼장수三將帥를 당신으로 섬기는 곳이 있다는 것은,[13] 제주에 있어서 삼별초의 양면성을 반영하는 것이다.

상고에서 근대에 이르는 제주도의 전체 역사에서 가장 중요한 전환기는 아마 삼별초가 지배하던 3년의 시간이었을 것이다. 제주에 있어서 '일천년래 제일대사건'이야말로 삼별초의 제주도 진입이었다고 말할 수 있지 않을까. 강력한 군사 집단의 성격을 갖는 삼별초의 탐라 지배에 의하여 제주도는 육지에의 부속화가 급진전되었고, 이후 한 세기동안 몽골 지배의 시대가 이어져 풍습과 언어와 문화와 혈통에 영향을 미쳤다. 다른 한편으로 육지 문화가 이입됨으로써 보다 질 높은 문화적 기술적 변화가 초래되었던 점도 있다. 삼별초에 의하여 관아와 사원 등 주요

---

11) 윤용혁, 앞의 책, pp.268~269.

12) 오대혁, 「김통정 관련 서사물에 투영된 역사인식」, 『설화와 역사』 (최래옥박사 화갑기념논문집), 집문당, 2000, pp.452-453.

13) 권태효, 「제주도 김통정이야기의 당신화 및 전설로의 변용 양상」, 『한국 구전신화의 세계』, 지식산업사, 2005, pp.231~233 ; 이남옥, 「김통정 설화연구」, 『탐라문화』 29, 2006, pp.304~305.

서귀포 법화사지 출토 기와 국립제주박물관

건물을 최고의 기술자들이 건축하고, 농업 기술의 발전에도 일정한 기여를 하였을 것이 분명하다.

원래 제주도의 풍토는 육지와는 많은 차이가 있어 농업 환경은 육지와는 차이가 컸다. "땅에 자갈이 많고 건조하여 본래 논이 없으며, 오직 보리·콩·조만 나온다"[14]는 것이나, "제주 풍속에 남자 나이 15세 이상은 매년 콩 1두를 바쳤다"[15]라는 것이 이러한 사정을 짐작케 한다. "탐라는 땅이 척박하고 주민은 가난하여 오직 해산물과 배를 타 생계를 유지하는"[16] 환경에서 농업 기술도 그 발전이 더딜 수밖에 없었던 것이다. 이러한 상황에서 식량의 부족을 극복하기 위해서는 외지로부터의 공급 이외에, 발전된 육지에서의 농사 기술을 탐라의 풍토에 적용하여 생산력을 증대시키는 각고의 노력이 기울여졌을 것이다.

기와 건물의 일반화, 불교와 불교문화의 확산도 아마 삼별초 이후의 일이었을 것이다. 제주도의 고려시대 불교 사원으로서는 원당사元堂寺, 수정사水精寺, 법화사法華寺 등의 절을 들 수 있다. 대체로 원 간섭기에 창건된 것으로 기록되어 있거나 그렇게 알려져 있지만,[17] 법화사에

---

14) 『신증동국여지승람』 38, 제주목 풍속.

15) 『고려사』 121, 김지석전.

16) 『고려사』 8, 문종세가 12년 8월.

17) 김태능, 『제주도사논고』, 세기문화사, 1982, p.38.

원당사 5층석탑 검은 현무암 재질이지만, 전형적인 고려탑이다.

대해서는 통일신라, 그리고 수정사 혹은 원당사에 대해서는 그 창건
시기를 몽골 침입 이전인 12세기 경으로 올려보는 의견도 제시되고
있다. 그러나 이러한 견해에 대해 아직은 동의하기 어렵다.

서귀포시 하원동 소재 법화사는 원의 세계문화가 제주도에 정착하는
거점의 하나였다. 1992년부터 6년간에 걸친 절터에 대한 발굴조사 결과
특수건물지의 대형초석, 청자 대접과 함께 용문, 봉황문 등 원대 황실풍
의 막새기와 같은 흥미 있는 유물이 출토하였다. 또 "지원6년 기사시중창
16년기묘필至元六年 己巳始重刱 十六年己卯畢"이라는 명문와가 나왔다. 법화사의
중창이 지원 6년(1269, 원종 10) 시작되어 1279년(충렬왕 5)에 마무리
되었다는 사실을 기록한 것이다. 1269년이라면 고려 중앙에서 제주에
대한 관심이 높아가고 있는 시점이다. 이로써 생각하면 법화사의 창건은
처음 무인집정자의 관심에 의하여 시작된 이후, 제주에 있는 총관부에
의하여 작업이 완공되어 원 지배층 혹은 제주 유력층의 종교적 문화적
중심 공간으로 기능하였던 것으로 생각된다. 1270년대 법화사의 건축을

'중창'으로 표현하고 있지만, 이전의 절은 명맥만의 사원으로 이 '중창'이 사실상의 창건에 해당하는 것이라고 생각된다.[18]

　법화사 이외의 다른 절은 중국 화폐, 청자편 등 12세기 혹은 그 이전 제작의 유물이 확인되는 데서 제기되는 창건 시기에 대한 의견이다. 그러나 수정사의 경우는 후대의 기록이기는 하지만 충렬왕 26년(1300) 창건 사실이 명기되어 있고,[19] 출토 유물도 이러한 연대관에서 기본적으로 벗어나고 있지 않다.[20] 원당사의 경우는 재질이 검은 현무암으로 달라지기는 했지만, 진도의 금골산 5층탑을 연상시키는 석탑이 남겨져 있다. 낮고 작은 기단 위에 일정한 체감률을 적용하여 상승감을 강조한 원당사의 5층탑은 전형적인 고려탑의 형식을 반영하고 있다.[21] 13세기의 석탑으로 보아도 좋을 이 탑은 삼별초의 제주도 지배기 건립을 반영하고 있는 것인지도 모른다.

　항파두성 안에도 절이 건립되었던 것으로 보인다. 절터의 유구는 발견된 바 없지만 근년의 발굴 조사에서 '卍'자 문양의 와편이 확인되는 것은 그 가능성을 높여준다.[22] 항파두성에서 조금 떨어진 애월읍 금덕리에는 삼별초에 의하여 '태산사泰山寺'라는 절이 세워졌다는 이야기도 전한다. 유수암천流水岩泉이라는 샘과 함께 무환자나무의 군락이 있는데, 이 나무는 염주를 만들기 위하여 심은 것이라는 이야기도 있다.[23]

18) 김일우, 「고려후기 제주 법화사의 중창과 그 위상」, 『한국사연구』 119, 2002.
19) 김석익, 『탐라기년』 1 참조.
20) 제주대 박물관의 조사에서 수정사지의 중심 연대가 14세기임이 확인된 바 있다(제주대 박물관, 『수정사지』, 2000). 출토된 보다 이른 시기의 유물(개원통보 등의 중국 화폐, 청자 파편 등)에 근거한 것이지만, 이것을 근거로 창건 시기를 12세기로 확정하기에는 근거가 충분하지 않다.
21) 원당사지에 대해서는 이청규·강창언, 『수정사·원당사 지표조사보고』, 제주대 박물관, 1988, pp.44~52 ; 제주문화예술재단, 『제주시 문화유적 발굴조사 보고서』, 2007, pp.9-104 참조.
22) 제주문화유산연구원, 「제주 항파두리 항몽유적지」, 『제주 회천동 유적』, 2012, p.171.
23) 강창언, 「항파두성과 관련유적」, 『제주항파두리 항몽 유적지』, 제주도, 1998,

아직 명확한 것이 밝혀지지는 않았지만 삼별초가 제주의 불교문화를 발전시키는 데 중요한 역할을 하였을 것은 의심의 여지가 없다.

전통의 지배 질서가 뿌리 깊게 유지되어 온 제주도에 본격적 불교 사원의 창건이 이루어지기 위해서는 보다 분명한 역사적 계기가 필요하였다. 바로 그 계기를 제공한 것이 삼별초였다고 할 수 있다. 이러한 점에서 삼별초는 제주도에 고통과 희망을 함께 안겨준 특별한 역사적 배경이었다고 하지 않을 수 없다.

2. 마지막 항몽 거점, 항파두성

1) '최후의 진지' 항파두성

탐라 삼별초에 있어서 그 활동 거점은 애월읍涯月邑의 항파두성이었다. 북제주군 애월읍 고성리와 상귀리에 소재한 항파두성은 제주 서쪽 애월 방면에서 내륙 쪽 표고 120~220m 구릉성 지대에 위치하여 성에서 해안 일대의 상황을 점검할 수 있는 입지이다. 적이 접근할 경우 이를 미리 예측하고 대응할 수 있는 전략 요충이다. "마침내 섬 안에 있는 최후의 진지에서 끝을 보았다. 그 진지가 바로 내가 서 있는 토루인 것이다."[24] 일찍이 제주도를 방문한 시바 료타로司馬遼太郎는 항파두성의 토축 위에서 그렇게 언급한 적이 있다. 항파두성은 40여 년 대몽골 항전의 끝, 말하자면 '땅끝'의 지점이었던 것이다.

'항파두성缸波頭城'이라는 명칭에 대해서는 '항파두성'과 '항파두리성'이 혼용되고 있다. '항파두'의 어원에 대해서는 제주도의 고유어 '항바두리'에서 연원한 것,[25] 혹은 홍다구를 지칭하는 '홍바투'에서 비롯된 것이라

p.110.

24) 司馬遼太郎, 『탐라기행』, 박이엽 역, 학고재, 1998, p.79.

25) 오창명, 「제주의 항몽유적지 관련 지명」, 『제주 항파두리 항몽유적지 학술조사

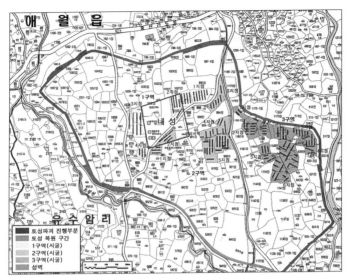

항파두성 실측도 제주문화유산연구원

는 견해[26] 등이 있다. 전자를 취하면 '항파두리성'이라 해야 할 것이고, 후자를 취하면 '항파두성'이 된다. 한편 이 성에 대한 최초 기록인 『신증동국여지승람』(제주목 고적)에서는 '항파두 고성紅波頭 古城'이라 하고, 명칭 유래에 대해서는 이 성이 귀일촌貴日村의 항파두리에 축성된 때문이라 설명하고 있다. 한편 18세기의 여러 지리지에는 '항파성'이라는 용어를 사용하기도 한다.

여기에서 명칭 문제를 정리하면, 성을 지칭할 경우에는 '항파두리성'보다는 '항파두성'이라는 명칭으로 통일하는 것이 적당한 것으로 생각된다. 가장 오랜 관련 기록이 '항파두'로 되어 있기 때문이다. 조금 뒤의 일이기는 하지만 충렬왕 19년(1293) 원에서 만호 '홍파두아洪波豆兒'를 보내 일본 원정용 조선造船을 관할하게 하였다는 기록이 있다.[27] '홍파두

및 종합기본정비계획』, 2002, pp.47~49.

26) 박원길, 「탐라에 스며든 몽골습속」, 『배반의 땅, 서약의 호수』, 민속원, 2008, pp.69~71.

27) 『고려사』 30, 충렬왕세가 19년 8월.

항파두성 토축의 구조 제주고고학연구소

아'는 '항파두'를 연상시킨다는 점에서 주목된다. '홍바투'와 같이 인물에서 유래한 것일 가능성이 있음을 암시하는 것이기도 하다.

항파두성은 북쪽 방면이 고도가 낮고 경사가 급한데 대하여 고도가 높은 남쪽은 거의 평탄지형에 가깝다. 성의 동, 서 방면에는 깊은 골짜기를 수반한 2개의 물 없는 하천이 형성되어 일종의 자연 해자 역할을 하고 있다. 동쪽의 고성천古城川, 서쪽의 소왕천昭王川이 그것이다. 상륙한 적의 침입 경로를 쉽게 파악할 수 있고 적에게 취약한 지점에는 토축으로 방어시설을 강화함으로써 성의 축조에 있어서 자연적 입지를 충분히 감안한 것이었다.

제주도의 대부분 지역이 화산 활동의 결과로 점성粘性을 수반한 토양이 희소한 점에 비추어 항파두성 일대가 토성을 구축할 수 있는 점질토로 구성되어 있다는 점도 매우 흥미 있는 점이다. 토축성의 구축에 있어서 토질은 매우 중요하며, 점성이 없는 푸실거리는 토축은 쉽게 무너지기 때문에 토축에 적합하지 않은 것이다. 이 때문에 토축성에서는 점질토의

토양이 필수적이다. 토축에 있어서 최상의 토질은 점질토에 산사山砂(석비래)를 섞은 것이라 한다.[28]

항파두성은 내성과 외성의 2중구조로 되어 있다. 외성은 북향하는 형태로 되어 있으며 둘레는 약 6km, 성내 면적은 26만 평에 달한다. 1978년에 유적의 일부 토성을 복원하고, 내성을 석축으로 쌓는 등 정비작업을 하였으나, 이것은 학술적 작업이 전제되지 않은 공사였다. 학술적 조사가 이루어지기 시작한 것은 1990년대부터였지만, 그나마 긴급조사와 지표조사, 토성 복원과 연관한 간이簡易조사 수준의 것이었다.[29] 학술적 조사가 본격화 하는 것은 2010년부터의 일이고, 2차에 걸친 시굴 조사를 거쳐 2012년도에 토성에 대한 발굴 작업을 비로소 시행하게 된다.[30]

항파두성의 2012년 조사구역은 해발 고도 135~140m의 외성의 북면(상귀리 781-17) 290m 구간으로서, 그중 5개 지점 70m를 조사하였다. 조사결과 바닥에 2열의 기저부基底部 석렬 시설을 확인하였는데, 내외 석축렬石築列 간의 너비는 507~548cm이며 내외 석축렬의 높이에 차이가 있다. 중심토루의 구축은 영정주永定柱를 세워 횡판목을 결구시켜 판축한 것으로서 판축 틀의 1칸의 규모는 길이 3m, 너비 5m 이상으로 추정되고, 판축토는 점토 이외에 사질점토砂質粘土, 현무암 할석들이 이용되었다. 중심 토루의 높이는 193~260cm, 하단부는 507~548cm, 중심 토루의 안팎으로는 와적층瓦積層이 확인되었다. 와적층의 범위는 기저부基底部 석축렬에서 150~300cm로 다양하게 나타난다.[31] 판축토에 다량의 할석

28) 정약용, 『여유당전서』 181, 堡垣之制 ; 심정보, 『한국읍성의 연구』, 학연문화사, 1995, pp.397~398.
29) 2003년과 2004년 제주문화예술재단, 2009년 불교문화재연구소, 2010년 제주문화유산연구원 등에 의하여 실시된 바 있다. 2011년(8.12~22) 제주고고학연구소에 의하여 실시된 고성리 513-2 토성복원구간에 대한 시굴조사도 이 같은 조사례에 속한다. 제주고고학연구소, 『제주 항파두리 항몽유적지 토성복원구간 시굴조사 간략보고서』, 2011.
30) 제주고고학연구소에 의하여 2012.5.9~8.6 실시되었다.

이 혼입되어 사용된 흙의 토질이 매우 거친 점, 부석된 석력이 고르지
않고 상당히 거칠게 깔린 점, 와적층이 기저부 석력과 연접된 점 등이
강화중성의 토축과 차이가 있지만, 그러나 기본적으로는 동일한 방식의
축성이라는 점이 주목되는 사항이다.

항파두성이 강화중성에 비하여 상대적으로 매우 거칠게, 그리고 서둘
러 조성한 것은 사실이지만, 토축의 축성 방식에서 파악되는 공통점이
주목된다. 바로 13세기 중반 강화도에서의 축성 방식이 제주도에서
재현됨으로써, 제주 이주 집단의 강화도와의 동질성을 파악할 수 있게
된 것이다.[32]

2) 성 위로 말이 달렸다?

2000년 남북 군사회담이 제주에서 열렸다. 노동당 비서 김용순은
그에 앞서 항파두성을 방문하고 기념 서명을 남겼다. 삼별초에 대한
각별한 역사적 평가가 이루어지고 있는 북한의 역사적 정서를 반영하고
있다.

항파두성은 토축으로 되어 있지만, 내성은 석축성으로 알려져 왔다.
내성 추정지에서 석재 파편이 많이 발견되고 있기 때문이다. 이 구역은
진도 용장성의 건물지처럼 '대궐터'로 불리는 곳인데 1970년대 성안을
정비하면서 석성을 '복원'하였다. 원래의 상태를 확인하지 않은 것이기
때문에 본래의 내성과는 상당한 차이가 있다. 삼별초의 지휘부는 바로
이 구역에 위치하였을 것이다. 현재 전시관과 항몽순의비를 세운 석담
안의 공간이 그것이다.

---

31) 제주고고학연구소,『제주 항파두리 항몽유적 토성 발굴조사』(자문 검토회의
    및 현장설명회 자료집), 2012.7에 의함.
32) 항파두성에 대한 최근까지의 고고학적 조사를 전체적으로 정리한 것으로는
    김용덕, 「제주 항파두리성의 고고학적 연구 성과」(『한국성곽학회 춘계학술대
    회자료집』, 2014)가 참조된다.

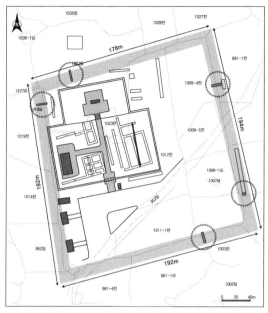

항파두성의 내성 실측도[35]

제주문화유산연구원에 의한 2010년도 시굴 조사는 항파두성 내부에 대하여 추정 내성 부근(상귀리), 추정 내성지 남동편 부분(상귀리), 동편의 안오름(고성리古城里) 등 3개 구역에서 이루어졌다. 그 결과 내성으로 추정되는 토축 및 망루로 추정되는 장방형 평면의 건물지를 확인하였다. 특히 내성의 경우는 석성으로 구축된 것으로 인식되어 왔으나,[33] 이 조사에 의하여 내성 역시 외성과 같은 토축이며, 그 범위는 현재 '복원'되어 있는 석성보다 훨씬 넓은 규모라는 것을 알게 되었다.[34]

2011년도 제주고고학연구소의 시굴조사에 의하여 내성의 규모가 더 구체적으로 확인되었는데, 내성은 평면이 정방형에 가까운 형태로 1변 200m 미만 정도의 규모로 추정되었다. 토루는 외성과 같이 바닥에 기단 석렬을 깔고 판축 성토盛土한 것으로 확인하였다.[36] 1977, 8년

---

33) 강창언, 「항파두성과 관련유적」, 『제주 항파두리 항몽유적지』, 제주도, 1998, p.82.

34) 제주문화유산연구원, 「제주 항파두리 항몽유적지 매장문화재 시굴조사」(지도위원회 및 현장설명회 자료), 2010.12.4에 의함. 이 조사의 조사기간은 2010.10.1~12.29로 되어 있다.

35) 제주고고학연구소, 『제주 항파두리 항몽유적지 시굴조사』, 2011.

36) 내성의 평면 형태는 정방형에 가깝지만 약간 사다리꼴 모습으로 추정되었다. 추정된 길이는 북면 178, 남면 192, 동면 194, 서면 192m였다. 제주고고학연구소,

박정희 대통령의 지시에 의하여 이루어진 항몽순의비와 전시관 건립 등의 공사 당시 내성 지역 유적의 훼손이 많았던 것으로 보인다.[37]

항파두성 내성의 건물지에 대한 조사는 2013년도에 지속되어 내성 일대에서 11동의 건물지가 조사되었다. 출토유물로서는 기와류, 청자류 이외에 철제 솥과 청동기류 등이 확인되었으며, 특히 화살촉, 철모鐵矛 및 갑옷의 찰갑札甲이 출토하여 주목을 끌었다.[38] 한편 내성 발굴에 의하여 제기된 문제는 항파두성 축조 이전에 이미 성내에 건물이 있었을 가능성에 대한 문제이다.[39] 아직은 확언하기 어렵지만, 향후 논란이 예상된다.

항파두성의 축성은 매우 어려운 작업이었으며 여기에 많은 주민들이 동원되었을 것임은 짐작하기 어렵지 않다. 축성 당시의 어려움은 제주의 오랜 구전 가운데 잘 묘사되어 있다. 이 성을 쌓을 때 흉년까지 겹쳐 그 곤궁함이 말할 수 없었으며, 심지어는 "자기 똥도 자기가 먹을 수 없을 정도"였다는 구전이 당시의 어려움을 짐작하게 하고 있다.[40] 항파두성 위로 말을 달렸다고 하는 구전을 신빙한다면, 항파두성의 토축은 성을 일주할 수 있는 도로 역할을 겸하였던 것으로 생각된다. 성 위에

『사적 396호 제주 항파두리 항몽유적지 문화재시굴조사(2차) 간략보고서』 2011. pp.43~51. 이 조사의 조사기간은 2011.5.23~8.20으로 되어 있다.

37) 항파두성의 '복원작업'은 이선근의 건의에 의하여 1977.7.21~1978.5에 걸쳐 공사비 7억 4천 5백만원이 투입되었다고 한다. 가로 4.3m, 세로 2.95m의 항몽순의비는 전북 부안산 오석을 사용한 것이며 전시관의 기록화는 서울미대 정창섭 교수의 그림이다. 박대통령은 1978.6.2 이곳에 기념식수를 하였으며, 그로부터 1년 몇 개월 후 사망한 셈이 된다. 김종, 『삼별초, 그 황홀한 왕국을 찾아서』 하, 바들산, 1994, pp.206~210 참조.

38) 제주고고학연구소, 『제주 항파두리 항몽유적 내성지 문화재 발굴조사 간략보고서』, 2013, p.30 참조.

39) 제주고고학연구소, 위의 보고서, p.30.

40) "김통정 장군이 백성을 시켜 토성을 쌓을 때는 몹시 흉년이었다고 한다. 그래서 역군들이 배가 고파 인분을 먹었다. 자기가 쭈그려 앉아 똥을 싸고 돌아앉아 그것을 먹으려고 보면, 이미 옆에 있던 역군이 주워 먹어버려 제 똥도 제대로 먹지 못했다고 한다."(현용준, 『제주도 전설』, 서문당, 1976, p.114).

재를 뿌린 이유에 대해서는 설화에서는 적에 대한 '연막작전'으로 말하고 있다. 그러나 토축 위를 말이 달리는 도로로 사용하였다면, 비, 이슬 등 수분으로 말미암는 미끄러짐을 방지하기 위해 수시로 행해진 조치였던 것은 아닐까. 이 때문에 말을 달리면 자연히 재가 하얗게 피어오른 것이 아니었을까.

항파두성의 축성에는 혹심한 노역의 동원이 불가피하였다. 그러나 삼별초가 탐라민에 대하여 여타의 과중한 세금의 부과, 혹은 수탈을 자행하지 않았다는 점이 구전에는 강조되어 있다. 삼별초가 현지인에게 거둔 '세금'이란 돈이나 쌀이 아니라, '재 닷 되와 빗자루 하나'에 불과하였다는 것이다. 김통정이 제주 사람들에게 특별한 인물, 영웅으로 각인된 데에는 이 같은 그의 제주 사람에 대한 유화적 시책이 작용한 것은 아니었을까 추측하게 된다. 항파두성이 함락되면서 김통정이 마지막으로 성을 탈출하면서 제주 사람들에게 샘을 '선물'하였다는 구전도 이와 궤를 같이하는 것으로 보인다.

3) 해안을 두른 환해장성

13세기까지만 하더라도 제주도에는 성城이라는 것이 없었다. 집과 밭과 무덤을 두른 담은 있었을지언정, 사람과 사람이 배타적 집단이 되어 목숨을 걸고 생사를 겨루어야 하는 성곽을 만들어야 하는 이유가 없었기 때문이다. 제주도 최초의 대규모 성곽은 해안을 두르는 축성 작업이었다. 바닷가 해안을 두른 긴 성이라 하여 '환해장성環海長城' 또는 '연해장성沿海長城'이라 불린 성곽이다. 검은 현무암 돌로 제주도의 해변을 두른 이 성을 축성해야 했던 이유는 제주도를 둘러싼 육지세력 간 공방전의 소용돌이 때문이었다.

기록에 따르면 이 환해장성은 1270년 예상되는 진도 삼별초의 진입을 막기 위하여 개경 측의 수비군 고여림高汝霖 등에 의하여 시작되었다.

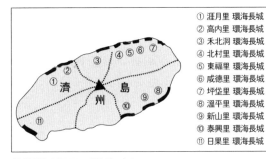

① 涯月里 環海長城
② 高內洞 環海長城
③ 禾北洞 環海長城
④ 北村里 環海長城
⑤ 東福里 環海長城
⑥ 咸德里 環海長城
⑦ 坪垈里 環海長城
⑧ 溫平里 環海長城
⑨ 新山里 環海長城
⑩ 泰興里 環海長城
⑪ 日果里 環海長城

환해장성 분포도 강창언 지도

"바닷가에 환축하였는데, 둘레 3백여 리이다. 고려 원종 때 삼별초가 진도에서 반란을 일으키니 왕은 시랑 고여림 등을 탐라에 파견하여 군사 1천으로 이를 대비하여 장성을 구축하였다"[41]고 한 것이 그것이다. 그러나 제주의 환해장성 축성의 주체를 개경 측이라 한 것은 그대로 신빙하기 어렵다. 고여림은 빨라야 9월중에 제주에 파견되었던 것인데, 그로부터 삼별초군에 의하여 고여림 등이 패몰하고 제주가 공함된 것은 불과 한 달 남짓밖에 되지 않는다. 이 짧은 기간에 장성이 축성되었다는 것은 가능하지 않은 일이기 때문이다. 따라서 실제로 환해장성이 본격적으로 구축된 것은 삼별초의 제주 점령 이후로서, 개경 측 여몽연합군의 공격을 대비한 축성이라 보아야 한다. 결국 환해장성의 기원은 삼별초의 제주 진입을 대비한 개경 측에 의하여 처음 비롯된 것이지만, 이후 제주를 장악한 삼별초군이 여몽 연합군의 공격을 대비하는 차원에서 구축한 것이었다고 보아야 할 것이다.

강창언 등의 간략한 조사에 의하면 현재 장성의 구조가 남아 있는 부분은 제주시의 화북동, 북제주군 함덕리, 북촌리, 동복리, 평대리, 고내리, 애월리, 그리고 남제주군 온평리, 신산리, 태흥리, 일과리, 영락리 등이다. 주로 섬의 북안에 다수 분포하지만, 남안에서도 나타난다. 이 축성은 전체가 연결된 것이라기보다는 적의 상륙 가능성의 지점을 중심으로 필요에 따라 축성해 간 것이며, 삼별초의 공방전 이후에도

---

41) 이원진, 『탐라지』 고장성 조.

(상) 환해장성 원경(화북동)
(하) 환해장성(애월)

왜구 침입 등 외부 세력의 침입을 우려하여 후대 보축이 지속적으로
이루어졌던 것으로 보인다.[42]

화북동 환해장성은 별도 마을, 벌랑 마을의 바닷가에 축성되어 있는데 높이는 2~4m, 1~4m 이상 등으로 지점에 따라 현상의 차이가 많다. 일부 여장의 흔적이 있으며 높이 1.3m, 너비 0.5m 정도이다. 애월리 환해장성은 서하동에서 서쪽 너븐여라는 곳에 있는데 외벽은 대부분 파손 붕괴되었으나 내벽은 경작지로 인하여 잘 보호되고 있다. 잔존 높이와 너비는 각 5m 정도이고 외벽은 단일 경사, 내벽은 직립에 가까운 단일 경사이다. 바다로 통하는 성문으로 추정되는 시설이 있으며 고려 말·조선 초의 자기편들이 주변에서 확인되고 있다. 고내리 환해장성은 잔존 높이 2.2m, 너비 1m 내외이다. 성 안 쪽에 성과 해안을 잘 관망할 수 있는 회곽도가 남아 있다. 삼양동 환해장성은 대부분 단일 경사이고 잔존 높이는 약 2m, 너비 1m 정도이다. 개경측의 수비대와 삼별초의 선발대가 전투를 벌였던 동제원에 가깝다. 조천읍의 북촌리 환해장성은 회곽도와 여장이 부분적으로 남아 있으며 잔존 높이 2.5m, 너비 0.8m 정도이다.

제주도에 있어서 삼별초의 진입은 제주도의 역사와 운명을 크게 일변시킨 혁명적 사건이었다. 그것은 대양의 섬 탐라를 한반도 육지의 한 부속도서로서의 성격을 강화시켜가는 것이었다. 이러한 변화의 핵심 상징은 항파두성보다는 오히려 환해장성일 것이다. 항파두성은 제주도의 서쪽 한 켠에 자리한 제한된 공간이었지만, 환해장성은 제주의 해안을 둘러치는 보다 공개적이고 포괄적인 위치를 가지고 있기 때문이다. 한반도에서 바다 건너 멀리 떨어진 제주도의 입지상, 이 섬에는 당시까지 외부 군사 집단의 대규모 침입은 거의 없었다. 만일 삼별초의 봉기가 없었다면 제주도는 훨씬 다른 모양의 역사의 길을 걸었고, 육지에의 부속의 속도도 훨씬 늦었을 것이다.

환해장성은 그 일부가 문화재로 지정되거나, 복원 정비작업이 이루어

---

42) 환해장성에 대해서는 고창석·강창언, 「화북동 유적의 사적 고찰」, 『탐라문화』 8, 1988 ; 강창언, 「제주도의 환해장성 연구」, 『탐라문화』 11, 1991 참조.

후쿠오카 해변(生の松原)에 복원된 '원구방루'

졌다. 훼손이 가속화하는 등의 변동이 진행되고 있지만, 아직까지 체계적인 종합 조사가 이루어져 있지 않은 상태에 있다. 환해장성이 제주도의 역사에서 갖는 특별한 상징성을 생각할 때 아쉬움이 적지 않은 대목이다. '외적'의 침입을 막기 위해 해안을 따라 석축의 방어시설을 길게 구축한 것은, 여몽군의 규슈 상륙에 대비한 일본의 이른바 '원구방루元寇防壘'와 동일한 착상이라는 점에서 흥미 있다. 제주도의 환해장성은 1270년경 시공되어 1273년까지 기능하였고, '원구방루'는 1274년 여몽군의 침입이 계기가 되어 1276년에 공사가 이루어졌다. 1273년 제주도를 함락하였던 여몽군은 1274년 규슈 상륙전의 주력이 되어 있었다. 이 같은 상응점 때문에, 석축의 방루를 구축하여 적을 저지한다는 원구방루의 착상이 제주도의 환해장성과 관련성이 있을 것이라는 의견을 나는 기왕에 피력한 바 있다. '원구방루'의 조성이 "삼별초 세력의 일부가 규슈에 상륙함으로써 제공된 아이디어일 가능성"에 대한 것이었다.[43]

43) 윤용혁, 「삼별초와 여일관계」, 『몽골의 고려.일본침공과 한일관계』, 경인문화

'원구방루'의 환해장성과의 연관성에 대한 나의 의견은 NHK에서 소개되기도 하였지만, 무라이村井 교수는 토론장에서 삼별초 세력의 일부가 규슈에 상륙했다면 사료 상에 그 흔적이 남겨지지 않았을 리가 없다고 이를 일축한 바 있다. 나 역시 삼별초 세력 일부가 직접 "규슈에 상륙했다"고 주장하는 것은 아니다. 그러나 삼별초가 붕괴할 때 진도와 제주도에서의 탈주자가 일본 열도에 흘러들어갔을 가능성이 전무한 것이라고 단언하기도 어려운 일이다.[44] 또 석축 방루의 아이디어는 바로 전년 제주 공함의 경험을 가진, 1274년 침입한 여몽군 포로에 의하여 전달될 수도 있는 일이다.[45] 아이디어의 공유에 대한 다양한 루트의 가능성이 없지 않다고 생각되기 때문에, '원구방루'와 '환해장성' 연관에 대한 의견을 하나의 가설로서 아직 유지하고 있는 것이다.

항파두성은 내성과 외성으로 구성되어 있지만, 환해장성을 포함하여 생각하면 강화도와 같은 내성, 중성, 외성의 3성의 개념이 결과적으로 제주도에서도 구현되고 있다는 점도 유의되는 점이다. 강도에 있어서 내, 중, 외의 '3성'이란 것이 도성제의 관념에 의하여 만들어진 것이라기 보다, 실제적 필요에 의하여 이루어진 결과라는 점을 암시하는 것처럼 생각된다.

삼별초의 제주 거점 항파두성은 원종 14년(1273) 4월 여몽 연합군에

사, 2009, p.187.

44) 여수 지역사 연구자인 김병호는 '삼별초가 자기 지역에 들어왔다'는 구전을 남규슈 미야자키(宮崎) 지역 방문객으로부터 들었다는 이야기를 수년 전 필자에게 전한 적이 있다.

45) 2차 침입 후 10년이 지난 충렬왕 18년(1292), 태복윤 김유성(金有成)이 일본에 파견되어 전달한 고려 국서에서 "앞서 신사년(1281)에 … 정벌하러 갔을 때, 전함이 풍파로 인하여 전복 파선되어 혹간 침몰된 것이 있었고 군졸들로서 누락되어 돌아오지 못한 자들이 있었다. 지금 탐라에서 보내온 상인들의 말을 듣건대 귀국에서 그들을 모두 거두어 보호하여 잘 지내게 한다하니 이것은 … 다행한 일이다."(『고려사』 30, 충렬왕세가 18년 10월)고 하여 1281년 2차 침입에서 발생한 포로가 일본에 생존하여 살고 있다는 정보에 대해 언급하고 있다. 1274년 1차 침입 때도 포로로 잡혀 돌아오지 못한 자가 있었을 것이다.

의하여 함락된다. 전투 과정에서 성안의 각종 시설과 건물은 대부분 파괴되었을 것이지만 성곽 자체가 폐기된 것은 아니었다. 삼별초 이후에도 몽골군에 의하여 치안 유지 등을 위하여 일정 기간 재사용했던 것으로 보이기 때문이다. 그러나 조선시대 기와편이 전혀 보이지 않는다는 사실은 이 성의 사용 기간이 삼별초 이후 비교적 제한된 시기, 아마 14세기까지였음을 암시한다. 항파두성은 1977년부터 1978년까지 성곽의 보수와 복원 등 대대적인 정비작업을 실시하였다. 그러나 국가 사적으로의 지정은 한참 뒤의 일로서, 1997년에야 이루어졌다.

4) 항파두성 주변의 관련 유적

항파두성이 제주 삼별초의 핵심 거점이었던 것은 사실이지만, 삼별초에 의한 방어 및 관련 시설이 항파두성에 국한되어 있었다고 보기는 어렵다. 이러한 점에서 항파두성 해안에 가까운 파군봉破軍峰 진지, 김통정의 순절지인 붉은오름, 항파두성의 주요 해안 관문으로 추정하는 군항포軍港浦·명월포明月浦·귀일포貴日浦·애월포 등도 의미 있는 지역이라 하지 않을 수 없다.46) 전영준에 의하면 항파두성의 내성을 기준으로 서쪽으로부터 애월포 7.84km, 귀일포 5.74km, 군항포 3.4km로, 모두 항파두성에서 그 동태가 바로 인지되는 위치이다.47) 항파두성의 지리적, 전략적 입지를 짐작하게 한다.

항파두성 이외에, 애월涯月항에 목성木城을 축조하였다는 기록이 있다. 애월은 항파두성에 연결되는 가장 중요한 항구였고 이 때문에 특별히 성곽 축조의 필요성이 있었을 것이다. 아마도 애월포는 삼별초 수군 병력의 거점, 그리고 항파두성에 이르는 가장 중요한 관문이었을 것이

---

46) 제주도의 포구에 대해서는 고광민, 『제주도 포구 연구』, 2003 참조.
47) 전영준, 「고려 복속기 제주지역의 직촌 설치와 포구 운용」, 『제5회 전국해양문화
학자대회－해양실크로드와 항구, 그리고 섬』 발표자료집 4, 2014, p.215.

사야마이케(狹山池) 저수지의 토축(에도시대) 모형 목성의 구조를 암시받는다.

다. 목성의 축조는 저습지 등 연약 지반 혹은 사질토로 인하여 토축이
어려운 경우에 사용한 것으로 보인다. 1283년 몽골이 베트남 중부 참파占
城를 공격하였을 때, 참파는 국도國都의 관문 퀴논항의 서안에 대규모
목성을 구축한 것으로 되어 있다.[48]

　1273년 여몽 연합군의 좌군은 30척 전함으로 비양도飛揚島 인근, 아마
한림翰林 해변으로 상륙하여 항파두성을 직공하였다. 최근 애월에서
한림 일대에 걸쳐 13, 14세기의 청자와 흑갈유黑葛釉 항아리壺를 수반한
유적이 확인되고 있는 것도 이점에서 주목된다. 한림읍 대림리大林里에서
는 어골문의 고려 와편과 청자편 및 흑갈유 사이호四耳壺가,[49] 동명리東明里
에서도 청자 매병과 흑갈유 사이호[50]가 출토하였고, 애월읍의 금성리錦

48) 山本達郎,, 「陳朝と元との關係」, 『ベトナム中國關係史』, 山川出版社, 1975, pp.97~
　　106.
49) 호남문화재연구원, 『제주 대림리 유적』, 2008.
50) 강창화 외, 「유적과 유물」, 『옹포천 주변 마을의 자연과 생활문화』, 제주고고학연
　　구소, 2011, pp.200~204.

제주도에서 출토되는 흑갈유항아리 (속칭 몽골병)
제주대학교 박물관

城里에서는 높이 2m 내외, 폭 4.2~4.5m, 노출 길이 62.2m의 석축 유구가 조사되었다. 이들 유적은 삼별초 혹은 탐라총관부 시기 한림, 애월 일대가 중요 거점으로 활용되고 있었음을 말해주는 것이기도 하다.

위의 유적중 애월읍 금성리의 석축 유구에 대해서는 곽지리식 토기라는 공반유물에 의하여 탐라 전기(3~5세기)의 고대 포구浦口 관련 석축'으로 판단되기는 하였지만,[51] 13세기 해안 석축 유구로서의 가능성을 검토할 필요가 있다는 생각이다. 그 정도 규모의 석축이 구축되고 필요했던 시기는 아무래도 13세기일 것 같기 때문이다.

항파두성에는 내, 외성 이외에 용수를 공급하는 샘과 이를 보호하기 위한 소규모의 보조성이 시설되어 있다. 항파두성에는 용수 관련의 샘으로서, 옹성물, 구시물, 장수물 등 3개소가 있다. 옹성물은 옹성 안에 있다하여 붙여진 이름이다. 원래는 김통정 장군과 지휘부 집단이 사용한 것이라 하나, 지금은 수량水量이 많지 않다. 구시물은 나무로 만든 구시통이 있었기 때문에 붙여진 이름으로 삼별초 군사들의 용수와 식수를 공급한 것으로 전한다. 1993년에 인근에서 구시통의 유구로

---

51) 제주대 박물관, 『애월-신창간 국도 12호선 확장 및 포장공사구간내 문화재발굴조사보고서(곽지리·금성리)』, 2006 및 강창화, 「제주 고고학 발굴의 시발점이자 선사시대 편년의 기초자료를 제공한 제주 서북부 곽지패총」, 『제주학산책』, 제주학연구자모임, 2012, pp.173~175 참조.

항파두성의 샘 (옹성물)

보이는 목제 판목이 발견되었는데, 사각의 각목 테두리 안에 4개의
납작한 판목을 이어 구성한 것이다. 현재 항파두성의 전시관에 전시되어
있는 널판의 전체 크기는 470×26cm, 추정 높이는 약 70cm이다. 청자편
등 주변 유물의 산포 상태에서 삼별초 활동 당시의 것으로 추정되었다.

성 북서부 밖에 위치한 장수물은 김통정 장군의 발자국이 파인 것이라
전한다. 위치상 성 안의 삼별초군이 직접 사용하기는 어려웠을 것이다.
한편 성 밖에 있는 가장 큰 샘이 유수암천流水岩泉이다. 유수암천의 물통은
네 칸으로 이어져 있는데, 제1칸은 식수용, 제2칸은 음식물 세척용,
제3칸은 세탁용, 11자 형으로 길게 만들어진 제4칸은 우마용이다.[52]
삼별초 당시의 모습이 어느정도 반영된 것인지는 알 수 없으나 그
당시에도 용수가 풍부한 이 샘이 중요한 샘으로 이용되었을 것은 의심의
여지가 없다.

---

52) 강창언, 「항파두성과 관련유적」, 『제주 항파두리 항몽유적지』, 제주도, 1998,
pp.98~99.

최근 항파두성에 대한 시, 발굴조사에 의하여 확인된 주요 자료는 '고내촌高內村', '곽지촌郭支村' 등의 명문와이다.[53] 이 기와는 항파두성 주변의 기와 생산지를 표시한 것으로 추측되고 있다. 즉 항파두성 축성에 사용된 기와의 생산지가 애월읍의 곽지, 고내 등 주변지역이었다는 것이다.[54] 곽지포, 고내포 등 포구를 가까이 두고 있다는 공통점이 있으며, 향후 와요지의 발견 가능성을 기대하게 한다. 이들 명문와의 의미는 제주에서의 본격적 기와 생산이 삼별초 이전에 이미 이루어지고 있었을 가능성을 제기한 점이다. 항파두성의 축성에 사용된 이들 기와는 폐기된 기와들이고, 대량의 폐기된 기와가 삼별초가 제주도를 장악하기 전 이미 존재한 것이 되기 때문이다.[55] 그러나 다른 한편 기와 건물의 필요성이 많지 않았던 당시 제주 지역의 상황을 감안하면, 이것이 삼별초 이전이라 하더라도 여기에서 멀지 않은 시점일 가능성을 여전히 가지고 있다. 따라서 항파두성의 축성에 사용된 이들 폐와廢瓦의 성격에 대해서는 보다 진지한 검토가 앞으로 이루어져야 할 필요가 있다. 동시에 항파두성의 성내 혹은 주변에 소재한 것으로 되어 있는 와요지에 대한 검토도 필수적인 것이다.[56]

항파두성 주변의 유적으로 관심을 끄는 또 하나의 자료는 고분이다. 고분이 발굴된 적은 아직 없지만, 기왕에 지표조사에 의하여 노출된

53) 제주문화유산연구원, 「제주 항파두리 항몽유적지」, 『제주 회천동 유적』, 2012, p.171 및 제주고고학연구소, 「제주 항파두리 항몽유적 토성 발굴조사 중간보고 및 자문검토 회의자료」, 2012(6.16), p.38.
54) 제주고고학연구소, 위의 자료.
55) 일찍이 關野의 보고문에서는 '高內村 辛丑二月'의 명문이 확인되었다고 한다.(關野 雄, 「濟州島に於ける遺蹟」, 『考古學雜誌』 28-10, 1928, p.53) '신축'이라면 1241년에 해당할 것이다. 다만 탁본 상태가 명확하지 않고 '신축'명 기와의 실물이 확인되지 않은 현재로서 이 연대를 확정하기는 어렵다.
56) 항파두성 내에서 기왕에 추정된 와요지로서는 성내 '장털'이라는 곳 1개소이며, 성 서북편 200m 지점(농촌진흥원 앞)에서는 와요지로 추정되는 유구가 확인된 바 있다. 강창언, 「항파두성과 관련유적」, 『제주 항파두리 항몽유적지』, 제주도, 1998, pp.99~100 참조.

3기의 고분 유구가 보고된 바 있다. 위치는 동북부 성 밖이며, 현무암제의 직사각형 내, 외곽을 갖추고 있으며 길이는 3m에 가깝다. 관련 유물로서 흑유병과 분청사기 상감병이 발견된 적이 있어서, 시기는 고려 말, 조선초로 추정된 바 있다.[57) 이들 고분군의 일부는 삼별초와의 연관성을 배제할 수 없을 것이다.

3. 벼랑 위의 삼별초

1) 삼별초의 최후

홍다구는 삼별초에 대한 회유 전략을 몽골 황제 쿠빌라이에게 건의하였다. 방법은 개경에 있는 탐라 삼별초 지휘부의 친족을 보내 설득하자는 것이었다. 그리하여 1272년(원종 13) 8월 김통정의 조카인 낭장 김찬金贊, 그리고 역시 삼별초의 장군인 오인절吳仁節을 친족과 동행케 하여 제주에 들여보냈다. 그러나 김찬을 제외한 이들 파견단은 모두 삼별초군에 의하여 처단되고 말았다. 예상하지 못한 사태였다. 진도와는 달라진 탐라 삼별초의 강경한 대응이 주목된다. 죽느냐 사느냐 이외의 다른 선택이 존재하지 않는 탐라 삼별초의 좁아진 입지를 반영하는 것이기도 하다.

1272년 11월 몽골(원)은 탐라의 삼별초 세력에 대한 군사작전을 결의하였다. 이 무렵 대남송 전쟁은 요충 양양襄陽·번성樊城에 대한 5년째의 장기 포위전이 막바지에 이르면서 두 도시의 함락을 목전에 두고 있었다. 몽골은 제주 삼별초에 대한 공략을 위하여 고려 주둔의 둔전군 2천과 한군漢軍 2천에 무위군武衛軍 2천을 추가하기로 하고, 아울러 고려군 6천을 동원함으로써 도합 1만 2천 병력을 확정하였다. 이 규모는 여몽군의

---

57) 강창언, 위의 글, pp.108~109.

연합군 중군이 상륙한 함덕포 해변

진도 공함시 동원된 병력과 대략 비슷한 규모로 보인다. 이에 따라 개경정부는 제주 침공을 위한 군사 6천에 병력을 이동시킬 수군병력水手 3천을 할당받고 그 충원을 위해 즉시 초군별감抄軍別監을 각 도에 파견하는 한편 경상도 등지에서의 병선 건조작업도 독려하였다. 이듬해 원종 14년(1273) 정월에는 몽골 마강馬絳이 대장군 송분宋玢과 함께 병선 상황을 돌아보았다.

몽골군의 지휘는 진도 전투 이후 고려에 머물러 있던 흔도忻都, 사추史樞, 홍다구 등에게, 그리고 고려군의 지휘는 진도 공함전에 투입하였던 김방경에게 맡겼다. 연합군은 영산강 중류 반남현(나주)에 집결하여 대오를 정비하였다. 병선은 경기 혹은 경상도 지역과 같은 곳에서도 동원하였으나 병선이 이동중 침몰하는 대형 사고가 잇달아 일어나, 실제 제주도 공격에는 전라도 병선 160척만이 동원되었다.

공격진용의 편성은 진도 공격 때와 같이 중군과 좌, 우군의 3군으로 편성, 출정하였다. 4월 9일 나주 반남에서 출발한 연합군은 영산강을 따라 내려가 바다로 나아간 다음 제주도와의 중간지점인 추자도에 일단 정박하여 대오를 정비하였다. 제주도에 대한 공격은 진도 때와 같이 세 지점에서 진행된다. 지휘부가 있는 주력의 중군은 삼별초의 거점인 항파두성에서 동쪽으로 멀리 떨어진 함덕포咸德浦에 상륙하였다. 좌군의 30척 병력은 항파두성에서 서북 방향 비양도飛揚島를 교두보로 하여 한림翰林 해변으로 상륙하였다. 우군의 행방에 대해서는 기록이 없으나 애월涯月 부근 군항포 해변에서 삼별초군을 유인하는 역할을 담당한 것으로 보인다.

항파두성 출토의 화살촉 제주문화유산연구원

우군의 애월포 공격이 항파두성의 방어군을 끌어내는 사이 실제 삼별초군 지휘부를 공격해 들어간 것은 항파두성에서 서쪽 40여 리 지점 비양도로 들어온 좌군이었다. 이때의 상황에 대해서는 "적(삼별초)의 거점을 직공하여 들어가니 적(삼별초)들이 바람에 날리듯 자성子城으로 밀려들어갔다. 관군이 외성을 넘어 들어가 불화살火 矢 4발을 쏘니 화염이 충천하여 적(삼별초)의 무리가 크게 혼란되었다."58)고 하였다. 삼별초군은 좌군의 공격에 크게 손을 쓰지도 못한 채 "바람에 날리듯" 속수무책으로 치명적 타격을 받고 말았던 것이다. 연합군이 항파두성을 공격할 때 사용한 4발의 '불화살火矢'은 아마 이듬해 1274년 '철포'로 기록된 화약무기였을 것이다.

중군이 상륙한 함덕포는 항파두성에서는 동쪽으로 멀리 떨어진 지점

---

58) 『고려사』 104, 김방경전.

으로서 항파두성 주변에 비하여 저항이 약할 수밖에 없는 곳이다. 함덕포는 제주로부터 동쪽 31리 지점으로 되어 있어 항파두성과는 비교적 거리가 있는 지역임에도 삼별초군이 해안에 매복하여 그 상륙을 저지하고자 하였다. 중군이 함덕포에 접근한 시기는 새벽이었는데 삼별초군은 여몽군의 공세에 대비하여 해안의 북안에 넓게 군사를 배치해놓고 있었다. 김방경 등이 지휘하는 이들 중군은 우세한 군사력으로 방어선을 곧 돌파하였다. 이로써 제주도를 거점으로 한 탐라 삼별초의 3년에 걸친 항전은 최후를 맞게 된다. 1271년 진도 패망 후 만 2년의 세월이 흐른 후였다.[59]

이상 연합군의 공세는 간단히 성공한 것처럼 보이지만, 여몽군의 탐라 공함 작전은 실제에 있어서는 그렇게 쉽지만은 않았다. 우선 출정시에는 바람과 풍랑으로 크게 애를 먹었고, 대오에서 이탈한 출정군도 적지 않았기 때문이다. 김방경이 항파두성에 입성하여 항복을 받고 탐라 삼별초군의 진압을 공식화한 것은 4월 28일의 일이다. 영산강 중류 나주 반남현에서의 출정이 4월 9일의 일이라고 볼 때 제주 삼별초에 대한 군사 작전은 대략 20일 만에 종료한 셈이 된다. 개경측 사령관 김방경의 당시 나이는 62세였다.

2) 죽은 자와 산 자

항파두성의 함락이 현실로 다가오자, 김통정은 70여 명의 추종자들과 함께 성의 배후에 있는 한라산 기슭으로 들어가 몸을 숨겼다. 항파두성 안으로 진입한 진압군은 삼별초의 지휘부에 있던 김윤서金允敍 등 6명을 체포하여 공개 처형하고 35명은 일단 포로로 잡은 후 나주에서 참수하였다. 그리고 항복한 집단 1,300명을 포로로 하여 귀환하였다.

---

59) 제주도에서의 삼별초 최후 공방전에 대해서는 윤용혁,「삼별초의 제주항전」, 『고려 삼별초의 대몽항쟁』, 일지사, 2000, pp.251~260 참조.

(상) 해당화 해당화는 제주 삼별초에 얽힌 이야기가 있다.
(하) 『팔도지도』에 기록된 항파두성 '三別抄所'로 표시되어 있다.

진도 용장성 남쪽에는 '동백정'이란 곳이 있었다. 동백나무 수백 주가 심겨져 있었던 명소이다.[60] 붉게 피워진 동백꽃잎은 진도 삼별초의 상징처럼 느껴진다. 항파두리에는 해당화 이야기가 있다. 김통정이 항파두성 안에 해당화 꽃을 심었다든가, 성내 옥터 맞은편의 '모그내 밭'은 삼별초 군이 해당화를 심었던 곳이라는 등의 전설적 이야기가 그것이다.[61] 바닷가에서 많이 볼 수 있는 해당화는 장미과에 속하여 줄기에 털과 가시가 있다. 붉은 색이지만 동백꽃과 달리 핑크에 가까워서 깜찍한 느낌이 있다. 꽃은 늦봄부터 초여름에 걸쳐 핀다. 삼별초가 탐라왕국 제주도에서 최후를 맞이할 무렵, 그때 막 해당화는 피기 시작하였을 것이다.

탐라 삼별초의 최후와 관련하여 김통정의 모친에 대한 이야기도 있다. 항파두성 부근 애월읍 금덕리의 '종신당'이라는 곳이다. 김통정은 성안의 안오름에서 부인과 가족을 직접 죽이고 최후 항전을 맞았는데,

60)『신증동국여지승람』 37, 진도군 누정.
61) 김종,『삼별초, 그 황홀한 왕국을 찾아서』하, 바들산, 1994, p.197.

．어머니는 사전에 성 밖 금덕리에 피신시켜 두었다. 모친은 굴을 파고 은신하면서 마을 사람들에게 "밤에 불빛이 안보이면 입구를 막아달라" 고 부탁을 했는데, 어느날 굴 안에서 불빛이 꺼지자 마을 사람들이 입구를 막았다는 것이다. 이 '종신당'이라 불리는 곳에서는 일제 때 도굴이 자행되었고, 1960년경에는 은수저와 솥 등이 출토되었다는 이야 기가 있다고 한다.[62]

제주도에는 흔도 휘하에 있던 몽골군 5백, 그리고 개경측의 장군 송보연宋甫演의 경군京軍 8백에 외별초外別抄 2백 등 여몽군 1천 5백을 잔류케 하여 삼별초 잔여 세력의 추궁 및 치안 유지를 담당하게 하였다. 윤 6월 한라산 기슭으로 피신하였던 김통정은 자신에 대한 포위망이 점차 좁혀오자 재기의 가능성이 없음을 알고 스스로 목을 매어 자결하고 말았다. 그 위치는 한라산 기슭의 '붉은오름'이라고 전해지고 있다. 항파두성 함락 직전 함께 빠져나갔던 삼별초 지휘부의 장군 김혁정金革正, 이기李奇 등 70여 명을 역시 수색 체포하였는데 이들은 몽골군의 홍다구에 보내져 처단되었다.

1273년(원종 14) 여몽 연합군의 공격으로 항파두성이 점령되고 삼별 초는 진압되었다. 삼별초의 지도부는 자결하고 살상된 자 이외에 1천 6백이 포로로 잡혔다. 그러나 그보다 훨씬 많은 사람들이 다른 지역으로 몸을 피했던 것 같다. 포로 이외에 도망자의 문제는 진도 때와 같이 제주도의 최후에서도 야기되었다.[63] 진도와 제주도에서 몽골군에 붙잡 혀 간 포로는 삼별초만이 아니고 그와 무관한 지역민까지도 붙잡아 갔고, 이에 충렬왕은 이 같은 문제를 원의 중서성에 항의하기도 하였 다.[64]

---

62) 강창언, 「항파두성과 관련유적」, 『제주 항파두리 항몽유적지』, 제주도, 1998, pp.109~110.
63) 김일우, 「원 간섭기와 공민왕대 이후의 탐라」, 『고려시대 탐라사 연구』, 2000, pp.264~268.
64) 『고려사절요』 20, 충렬왕 4년 7월.

제주도 함락 때 탈주한 삼별초를 추적하는 것은 고려와 몽골의 중요한 후속 작업이 되었다. 삼별초 진압 2년 후인 1275년(충렬왕 1) 6월, 제주도로부터 탈주하여 육지의 여러 군현에 숨은 삼별초의 잔여 세력을 사면하는 조서를 원에서 내렸는데[65] 이는 탈주자의 추적이 한계에 부딪치자 이를 양성화하여 문제를 해결하려고 한 것이었다. 같은 해 7월 정부에서 '제주도루인물추고색濟州逃漏人物推考色'이라는 탈주자 검속을 위한 전담의 관부까지 설치했는데, 이것은 삼별초 전란시 진도 혹은 제주도에서의 탈주자가 적지 않은 규모였음을 말해준다. 이듬해 1276년 7월 원이 왕연생을 고려에 보내 '탐라 인물'을 찾아내도록 직접 독려하고 있는 것을 보면, 제주 삼별초 세력은 적지 않은 수가 본토 혹은 연안 도서의 각처에 흩어져 숨어들어갔던 것이다.

오키나와에서 출토하는 계유명 고려기와가 주목되는 것도 이 때문이다. 고려 와장이 만든 문제의 '계유년'이 삼별초가 제주에서 무너진 1273년에 해당할 수 있기 때문이다.

3) 오키나와의 '계유년' 고려기와

2007년 여름, 국립제주박물관은 〈탐라와 유구왕국〉이라는 주제의 특별전을 개최하였다. 여기에서 주목을 끈 것은 오키나와 출토의 고려기와였다. 오키나와 우라소에浦添 성내에서 출토된 기와에는 '계유년고려와장조癸酉年高麗瓦匠造', '대천大天' 등의 글자가 적혀 있다. 이들 기와는 오키나와 류큐왕국의 왕궁 건축에 고려 기술자가 투입된 사실을 말해주고 있다.[66]

---

65)『고려사』28, 충렬왕 원년 6월.
66) 이형구, 「고대 조선과 유구와의 문화교류」,『두산김택규박사 화갑기념 문화인류학논총』, 1989 ; 최규성, 「고려기와 제작기술의 유구전래」,『고문화』52, 한국대학박물관협회, 1998.

우라소에 성 와당(좌)과 진도 용장성 와당(중) 및 항파두성 와당(우)

'계유년 고려와장조' 탁본

문제의 '계유년명' 기와는 "계유년에 고려의 기와 기술자가 제작한 것"이라는 것으로서, 오키나와의 우라소에성浦添城과 슈리성首里城 등지에서 다수 출토하여 오래 전부터 주목되어온 것이었다. 5백 년 고려 역사 가운데 이 '계유년'이 구체적으로 어느 연대를 지칭하는 것인가에 대해서는 1153년, 1273년, 1393년 등이 제시되었으며, 그동안의 논의를 통하여 대략 1273년(고려 원종 14), 1333년(충숙왕 2)과 1393년(조선 태조 2)의 세 가지 가능성이 줄곧 논의되어 왔다.

1273년은 제주도의 삼별초가 패망한 해이다. 제주도가 함락될 때 삼별초에 남겨진 운명의 길은 두 가지밖에 없었다. 최후의 항전 끝에 죽거나 붙잡히는 길, 그리고 다른 하나의 길은 섬을 피하여 목숨을 부지하는 것이었다. 1271년 5월 진도가 함락될 때 개경측은 진도에서 남녀 1만여 명을 포로로 하였는데, 1273년 제주도가 함락될 때는 포로로 잡혀 개경 쪽으로 이송된 삼별초군이 1천 3백에 불과하였다. 이는 섬이 함락되는 위기의 시점에서 탐라 삼별초 세력의 대량 분산을 암시하고 있다. 그렇다면 그 일부가 오키나와를 포함한 일본 열도 등 해외로 망명하고, 선진 기술을 가진 이들 삼별초 집단의 기술력이 오키나와에서 새로운 역사를 시작하는 계기가 되었을지도 모른다는 상상이 가능하다.[67] 1802년 1월 18일 흑산도 해역에서 조난한 문순득은 10여 일 만인 29일에 오키나와에 표착하여 목숨을 건졌다. "먼저 물을 대접하고, 이어서 죽을 주었는데, 3일을 먹지 못했으니 그 기쁨을 알만 하리라. 물으니 류큐국 대도大島라 하였다."[68] 1770년 12월 25일 제주 해역에서 조난한 장한철張漢喆은 3일 만인 28일에 오키나와 열도 외곽의 섬에 표착한다.

앞에 언급한 오키나와 '계유명' 기와의 1273년 설에 대하여, 1393년 설을 주장하는 것은 역사 기록의 근거를 중시하는 입장이다. 『고려사』에 의하면 창왕 원년(1389)에야 비로소 류큐琉球·고려 간 교섭의 기록이 처음 등장하고 있는데 류큐왕국의 중산왕中山王이 사신을 파견하여 통교를 희망하여 왔는데 이것이 계기가 되어 류큐왕국과 조선과의 교류가 이후 활성화 된다. 1393년 설은 이 자료에 근거하여 오키나와 기와가 조선 건국 초인 1393년 조선정부의 류큐왕국에 대한 지원의 결과라는 결론을 지지하고 있다.

그런데 자료중 특별히 주목되었던 것은 '계유명' 고려 기와와 우라소에 성에서 함께 출토한 연화문 수막새기와였다. 은행알을 연상시키는 9잎의 연꽃잎이 중심문양으로 전개되고 중앙에는 뭉툭한 자방이 자리 잡았는데 자방과 연꽃 사이에 돌선대의 테두리를 둘렀다. 9엽의 연꽃 외곽으로는 2조의 선線을 두르고 그 사이에 30여 알의 구슬문을 장식한 형태이다. 문제는 이 와당이 용장성에서 출토한 수막새와 매우 흡사하다

---

67) 삼별초의 일부 세력이 오키나와에 이주, 구스크(城)의 건축을 주도하였을 가능성이 있다는 주장이 최근 제기되었다(임영진, 「오키나와 구스쿠의 축조 배경−삼별초 세력의 이주 관련성」, 『호남문화연구』 52, 2012). 오키나와 구스크 출현의 기원을 고려에 연계하여 설명하려고 한 점이 주목된다.

68) 「표해시말」, 『류암총서』(신안문화원, 2005).

고려기와가 출토된 우라소에 성의 요도레(왕릉) 입구

는 점이다. 용장성의 것이 8엽인데 대하여 연꽃이 9엽이라는 점 등의 차이점들이 있음에도 불구하고, 두 지역의 자료가 놀라울 만큼 유사하다는 것은 특기할 만하다.

1271년 진도 삼별초는 몽골·고려 연합세력에 대항하는 방편으로 국제적 공동 연대를 모색하는 사신을 일본에 파견한 바 있다. 또 명나라의 연호를 사용하지 않고 '계유년'이라는 간지를 이용하여 연대를 표기한 점도 문제의 기와가 1273년 삼별초에 의한 것일 가능성을 높이는 것이다.[69] 최근 필자는 이 계유명 고려기와가 류큐왕국 최초의 불사佛寺인 극락사極樂寺의 건축과 연관이 있고, 이에 참여한 승 선감禪鑑이 중국이나 일본이 아닌 고려 출신일 것이라는 가능성을 제기한 바 있다.[70] 류큐 중산왕조의 영조왕英祖王에게 큰 영향을 미친 선감이 고려에서 왔을

69) 윤용혁, 「오키나와 출토의 고려기와와 삼별초」, 『한국사연구』 147, 2009.
70) 윤용혁, 「우라소에성과 고려·류큐의 교류사」, 『사학연구』 105, 2012, pp.61~67 ; 윤용혁, 「오키나와 불교 전래문제와 고려」, 『삼별초』(제2회 국제학술대회 자료집), 삼별초역사문화연구회, 2013, pp.10~18.

가능성은 이미 류큐왕국의 옛 사서에도 언급되어 있는 것이기도 하다. 삼별초와의 연관을 기와 문제를 넘어 불교 전래로 확산한 가설인 셈이다. '계유명' 기와의 첫 사용처가 바로 영조왕의 묘실 건축이었다는 점이 흥미 있는 고리가 된다.

2007년 국립제주박물관의 특별전이 계기가 되어 오키나와 기와에 대한 필자의 논문이 학회에서 발표된 이후 삼별초의 오키나와는 많은 사람들의 관심을 끌었다. 역사소설 '배중손'의 진도 작가 곽의진은 '국악 뮤지컬 삼별초'를 제작하여 2009년 오키나와 시립극장에서 공연하였다. 최근 임영진은 불교전래, 계유명 고려기와와 연계하여, 오키나와 나하에 반출되었던 10세기의 고려 종이 삼별초의 이동시에 함께 반출된 것이 아닌가 하는 견해도 제출하고 있다.71) 이 종은 956년(광종 7) 제작되어 경북 흥해읍(포항시)의 사찰에 있었던 것인데, 어느 때인지 오키나와 나하시 소재 파상궁波上宮 신사로 옮겨져 있다가 1944년 태평양 전쟁의 와중에 미군의 포격으로 잿더미가 되었던 종이다.72)

삼별초 항전은 승자에 의하여 지워진 패배자의 역사이다. 이 때문에 활동의 실상이 오늘에 정확히 전해지지 않는 것이 사실이다. 이러한 점에서 문제의 오키나와 고려 기와는 기록의 한계에 갇혀 질식하였던 삼별초 역사에 한 웅큼의 빛을 새로이 던지고 있는 것은 아닐까. 오랜기간 우라소에성浦添城에 대한 발굴을 주도해왔던 아사토安里進 교수가 고려 기와 자료를 근거로 삼별초의 관여 가능성을 언급한 것도 대단히 시사적이다.73)

---

71) 임영진, 「오키나와 구스크의 축조배경−삼별초 세력의 이주 관련성」, 『호남문화연구』 52, 2012, pp.266~268.

72) '파상궁'에 있던 고려 종의 반출에 대해서는 다양한 의견이 있으나 1380(우왕 6)년 왜구의 소행에 의하여 일단 서일본 지역에 옮겨졌다가 조선시대에 오키나와 나하로 재반출된 것으로 필자는 생각하고 있다. 윤용혁, 「흥해 고려종에 대한 역사적 연구−한 '천년 종'(956~1944)의 流轉」, 『한국중세사연구』 38, 2014 참고.

73) "용장성 기와와의 형식적 유사한 우라소에 요도레의 조영연대가 1273년 계유년

4) 끝나지 않은 전쟁, '50년 몽골 전란'

삼별초의 패망이 곧 제주에서의 전란의 완전한 종식을 의미하는 것은 아니었다. 제주도가 갖는 지리적 경제적 가치에 착안한 몽골은 제주 점령 이후 이곳에 탐라총관부를 설치하고 목마장을 설치하는 등 제주도를 아예 고려에서 분리, 원의 직할령으로 삼아 버렸기 때문이다.

1273년 삼별초의 패망에 이어 탐라에 대한 지배권은 몽골에 넘겨졌다. 몽골은 탐라국초토사라는 관부를 설치하고 군대를 주둔시켰다. 한편으로 고려 정부로 하여금 제주 백성 1만 223명에게 곡식을 지급하도록 조치하기도 하였다. 탐라국초토사는 1275년(충렬왕 원년) 탐라총관부로 개편하고 다루가치를 보내 그 지배를 강화하였다. 초토사가 군사적 성격이 강한 관부라고 한다면 총관부는 민사적 성격이 강한 지배기구라 할 수 있다. 제주도는 대체로 1305년(충렬왕 31)까지 몽골에 의하여 직접 지배되었다.

삼별초 3년 정도의 기간에 비하면 이는 그 10배 정도의 기간이 되는 셈이다. 이 기간 제주도는 원의 목마장으로서 중요하였고, 외부로부터의 유입에 의하여 인구도 급격한 증가가 있었다. 1300년(충렬왕 26) 제주에 제주목 이외에 14개 현이 설치된 것은 이 같은 제주도의 인구 증가를 반영하는 조치였다. 따라서 제주도의 역사문화 형성에 있어서 몽골(원) 문화의 영향은 결코 간과할 수 없는 중요한 비중을 갖게 된다. 몽골은 원제국을 성립시켜 중국적 세계문화를 발전시켰기 때문에, 이 시기의 몽골문화는 유목적 전통문화 이외에 수준 높은 세계문화가 제주에 함께 유입되었다고 할 수 있다.

여몽군의 제주도 점령은 전쟁의 종식이 아니라 다시 새로운 전선의 형성으로 이어진다. 1274년 여몽연합군의 후쿠오카 상륙, 그리고 1281년

인 것임을 뒷받침할 뿐아니라, 그 조영에 삼별초가 관여하고 있었음을 증명하고 있다."(安里進, 『琉球浦添とグスク』, 山川出版社, 2006, p.100)

항복한 남송의 군대까지 동원한 13만 병력에 의한 일본에 대한 2차 공격 시도로 이어졌기 때문이다. '문영文永의 역', '홍안弘安의 역'으로 각각 불리고 있는 이 전투는 태풍으로 인한 궤멸적 타격을 입고 허망하게 수포로 돌아갔지만, 이 전쟁에 동원된 고려민의 어려움과 고통은 말로 다 하기 어려운 것이었다.74) 일본으로 무대를 옮겨 전개된 삼별초와 제주도 이후의 전쟁에 대해서는 지금까지 우리의 관심이 별로 기울여지지 않았다. 그러나 이 전쟁은 제주 전투의 연장적 측면이 있고, 이

(상) 여몽군의 일본 침입(몽고습래) 특별전시회 홍보전단 후쿠오카시립박물관
(하) 다카시마(鷹島)의 몽골촌 다카시마는 1281년 여몽연합군이 태풍으로 궤멸한 곳이다.

---

74) 1274년, 1281년 2회에 걸친 여몽군의 일본 침입에 대해서는 윤용혁, 「일본에 있어서 '원구' 연구의 현황(1976~2011)」, 『도서문화』 41, 2013 및 윤용혁, 「여몽연합군의 일본원정」, 『한국해양사』Ⅲ(고려시대), 한국해양재단, 2013 참고.

때문에 삼별초와 여몽전쟁에 대한 또 다른 정보원이 숨겨져 있는 역사적 대목이기도 하다. 이들 전쟁에 동원된 여몽군의 주축은 진도와 제주도를 함락한 군대였으며, 몽골 고려 침입의 확장적 성격을 갖는다는 점에서 몽골 전란의 연속성의 측면을 가지고 있다. 1231년에 시작된 전란이 1281년까지 이어진 것이어서 고려에서의 몽골 전란은 '50년 전란'이라 칭할 만하다.

『신증동국여지승람』에는 제주도를 본관으로 한 다수의 성씨가 언급되어 있다. 조趙, 이李, 석石, 초肖, 강姜, 정鄭, 장張, 송宋, 주周, 진秦씨 등이 그것이다. 이것은 몽골 지배기가 제주 사회에 얼마나 깊은 영향을 미쳤는가를 단적으로 보여주는 자료이다. 몽골(원)의 문화는 이미 제주 문화 형성에 중요한 하나의 줄기가 된 것이라 할 수 있지만, 그러나 바로 이 같은 역사는 또 다른 비극의 근원이 되었다. 제주 토착사회에 뿌리를 내린 몽골의 잔류세력牧胡이 구축한 지배 체제가 고려의 중앙 권력과의 충돌을 피할 수 없었기 때문이다. 삼별초 패망 이후 100년 뒤인 1374년 최영에 의한 제주 군사작전이 그것이다.

목호를 정벌하기 위하여 동원된 군사 규모는 상상을 초월하였다. 군선이 314척, 군대가 무려 25,605인이었다. 삼별초 진압을 위하여 제주에 파견된 여몽군의 규모가 군선 160척, 병력 1만 2천이었던 것에 비하면, 목호를 겨냥하여 동원된 병력의 규모는 그 2배에 달하고 있는 것이다. 이 군사작전으로 제주도는 1백 년 전 삼별초 진압작전 그때보다 훨씬 많은 피해를 가져왔다.[75]

1273년 제주에서 삼별초가 진압될 때 토착민과 외래 유입집단이 구별되지 않고 피해를 입었다. 1백 년 뒤 목호의 란 때에는 바로 이 목호세력과 토착민의 관계가 구별되지 않은 채 피해가 확산되었다.

---

75) 김일우, 「고려후기 제주·몽골의 만남과 제주사회의 변화」, 『한국사학보』 15, 2003 ; 김일우, 「고려말 탐라사회의 실태와 범섬 전투의 의미」, 『고려시대 제주 사회의 변화』, 서귀포문화원, 2005.

차이점은 있지만, 그것은 6백 년 후 4·3에서 제주민들에게 깊은 상처를 안겨준 역사적 상흔의 선례가 되었다.

1230년 무인정권 체제하의 개경에서 야별초라는 이름으로 처음 조직된 삼별초는 몽골의 침입, 그리고 1232년 강화 천도에 의하여 그 위상과 힘이 크게 확산되었다. 40년 강도시대는 말하자면 '삼별초의 시대'이기도 하였다. 그러나 1270년 무인정권 붕괴 이후로는 진도와 제주도로 전전하면서 반몽 정권을 유지하려 하였으나, 이미 그 입지는 점점 좁혀져 1273년 제주 함락과 함께 극적 몰락의 운명을 맞게 되었다. 무인정권 하에서 반몽골의 기상으로, 민중과 함께 바다로의 역사를 만들어 간 삼별초는 44년의 일생을 마치게 된다. 그것은 바로 40여 년 고려의 반몽 항전과 그대로 일치하는 궤적이고 같은 기간이기도 하였다.

삼별초를 반몽 항전의 민족적 관점에서만 보는 것은 역사의 일면만을 보는 것이다. 마찬가지로 부정적 관점에서 논의하는 삼별초에 대한 비판 역시 다른 반쪽의 측면을 이야기하는 것이다. 그것은 묘청의 난을 한국 역사 최대의 사건으로 부각했던 것과 같이, 객관적이기보다는 주관적인 진실에 속하는 일이다. 역사적 사건에 대한 인식은 이를 바라보는 그 시대의 관점이 작용한다. 묘청의 난에 대해서와 마찬가지로, 삼별초를 바라보는 데도 이러한 시대적 관점이 작용해 왔다. 그러나 이 같은 상반하는 평가에도 불구하고 삼별초는 여전히 삼별초였다. 13세기 무인정권 하, 몽골 침입이라는 역사적 조건 속에서, 고려 자주성의 수호라는 명분을 내세워 자기 나름의 생존을 끝까지 추구하다 무너졌던 한 집단의 역사인 것이다.

돌이켜보면 1270년 개경 환도 이후 삼별초에게 주어진 선택의 여지는 극히 좁은 것이었다. 1273년 4월의 늦봄, 한라산 붉은오름에서 맞이한 삼별초의 최후는 어떤 점에서 1230년 개경 야별초의 조직에서 이미 그 비극적 인자가 심어지고 1270년 봉기에서 벌써 예정되어 있던 종막이었다. 개경에서 강화도, 그리고 멀리 남쪽 진도를 거쳐 바다 끝 탐라왕국

고려의 군선 『몽고습래회사』

에서 이르러서야 막을 내린 44년 삼별초의 이 여정은, 그에 대한 역사적 가치 평가 이전에 사건 그 자체로서 이미 극적인 요소를 가지고 있다. 삼별초에 있어서 제주도의 패망 이상으로 불행한 것은, 몽골 권력과 개경의 부몽 고려 왕권에 의하여 삼별초의 자료들이 철저히 유린되었다는 점이다.

1273년 삼별초를 진압한 몽골은 1274년과 1281년의 2차에 걸쳐 일본 원정을 감행하였다. 일본 원정은 여의치 않았지만, 1279년 남송을 멸망시킨 이후 동남아시아까지 그 군사력을 확대시키면서 몽골은 대륙과 해양을 아우르는 아시아에 있어서의 '대몽골세계'를 구축해 나갔다. 13세기에 밀어닥친 몽골의 거대한 파도를 막아내기에 삼별초의 방어력은 애초부터 역부족이었지만, 몽골의 파상적 공세에 끝까지 저항했던 가장 강력한 저항집단으로서의 '오랜 고투'의 여정만은 있었던 사실 그대로 기억되어야 할 것이다.

삼별초는 고려의 몽골에 대한 장기 항전의 배후가 되었으며, 이에 의하여 고려는 몽골과의 지루한 외교적 담판을 통하여 고려 왕조의 왕통과 최소한의 독립성을 담보할 수 있게 되었다. 일본은 삼별초 정부와의 연대에 무관심하였지만, 사실은 그 가장 큰 수혜자였다. 아마 삼별초의 항전이 없었다면 일본의 운명은 퍽 달라졌을 가능성이 있기 때문이다. 1273년 삼별초 항전의 종식은 고려에 있어서 반몽 세력의 안전한 종식을 의미하는 것이었다. 동시에 수십 년간 진행된 연안 도서와 바다로의 확산도 다시 원점으로 돌아가는 계기가 되었다.

강봉룡은 고려 말 조선 초 공도정책空島政策과 해금으로 '해양의 시대'에서 '해금海禁의 시대'로 전환하였다고 그 의미를 정리한 바 있다.[76] 삼별초의 종말은 말하자면 고려에 있어서 반외세의 주체적 정치집단의 소멸, 그리고 동시에 '해양의 시대'의 종말을 의미하는 것이기도 하였다.

---

76) 강봉룡, 「한국 해양사의 전환 ; '해양의 시대'에서 '해금의 시대'로」, 『도서문화』 20, 2004, p.42.

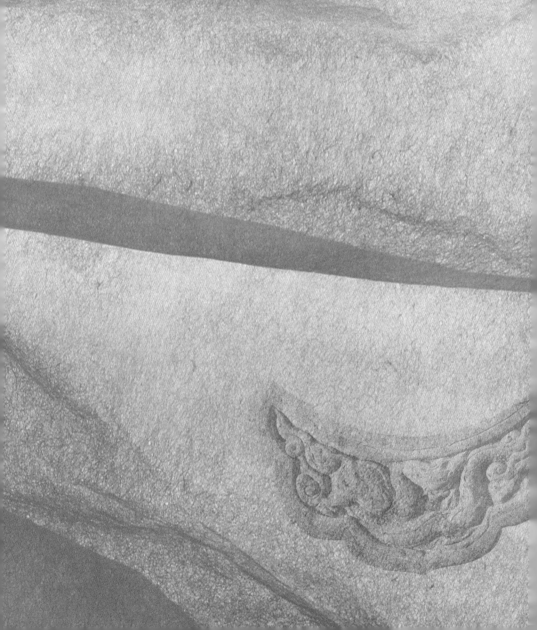

삼별초 관련 연표 / 참고문헌 / 찾아보기

삼별초 관련 연표

1170.8   무신란이 일어남

1196.4   최충헌의 집권(최씨 무인정권의 성립)

1206   테무진, 징기스칸에 즉위

        일연스님 출생

1209. 5   몽골군 서하西夏 침입, 서하의 이안전이 항복함

1210.12   몽골, 금의 서북변경 침입

1211. 5   금에 파견한 장군 김양기 등이 몽병에게 살해 당하여, 금이 유골을 거두어 보냄

      8   몽골, 금의 서경 점령

     12   최충헌이 희종을 폐위하고 강종을 옹립함

1212. 7   왕철(뒤의 고종), 태자로 책봉됨

1213. 3   거란 유족 야율유가耶律留哥, 금에 반기를 들고 요遼의 부흥 운동

     12   몽골군 금의 수도 포위

1214. 4   금, 몽골과 강화

      5   금, 변경卞京(개봉)으로 천도

1215. 8   강종이 죽고 고종 즉위

1216   금의 포선만노, 요동에 동진국東眞國을 세움

      4   거란유족 야율유가, 몽골에 항복

      8   거란족의 침입으로 방어군으로 3군을 편성하여 파견

1217. 5   거란족이 동주(철원), 원주 등지를 공략

1218.12   거란족의 고려 침입을 핑계로 몽골군, 고려에 처음으로 입경

1219. 1   여몽연합군이 거란족을 강동성에서 섬멸함

        고려 몽골간의 수교(형제맹약)가 성립함

      3   왕자 전倎(뒤의 원종) 출생

      9   최충헌 사망, 최우의 집권

1219   징기스칸의 중앙아시아 정벌전, 브하라 및 사마르칸드 점령, 호라즘 왕국 공략

1221. 8 몽골 사신 저고여, 고려에 조공 이외의 다량의 금품 요구
1224   고려, 금 연호 사용을 정지함
1225. 1 몽골 사신(저고여)의 피살 사건으로 여몽관계 단절
1227. 6 몽골, 서하를 멸망시킴
     7 징기스칸, 서하 정복전 이후 육반산六盤山 야영지에서 사망
1229. 3 몽골 태종 오고데이 즉위
1230   최우, 야별초(삼별초의 전신) 설치
1231. 8 몽골의 1차 침입, 철주 함락.
     9 몽골군, 귀주 포위
    10 고려의 방어군(3군)이 안북성(안주)에서 패퇴함
    11 몽골군, 개경 부근에 침입
    12 충주성의 노비가 몽골군의 공격으로부터 성을 지켜냄
         고려, 몽골과 강화
1232. 1 몽골군, 고려에서 철수
     6 고려 최씨정권, 강화도로의 천도를 결정함
     7 고려, 강화도로 서울을 옮김
     8 몽골의 제2차 침입
    11 광주부사 이세화, 광주성(경기도)에서 몽골군 격퇴함
    12 김윤후, 용인 처인성에서 살리타이 사살
1233. 3 금에 사신을 파견하였으나 통로 두절로 실패
     5 서경에서 필현보, 홍복원 등이 반란을 일으킴
     9 몽골, 동진을 멸함
1234. 1 금, 몽골의 공격으로 멸망
         금속활자를 사용하여 『상정예문』 인쇄
1235. 1 왕자 전(뒤의 원종)을 태자로 책봉
     봄 몽골, 카라코름에 도성(성과 궁전) 축조
    윤7 3차 침입 몽골군 선봉, 안변에 이름
     8 몽골, 용강·함종·삼등 함락
     9 몽골군이 동경(경주)에까지 침입
         야별초 도령 이유정이 해평(구미)에서 몽골군을 치다 패몰함
    10 몽골, 동주성(서흥) 함락
1236. 6 몽골의 침입에 대비해 여러 도에 산성방호별감 파견
     8 몽골군, 남경·평택·아산 등에 주둔
     9 온수군 및 죽주(안성)에서 몽병 격파

몽골군 동주산성(철원) 함락하고 도륙
전주 반석역에서 지유 이주_{李柱}가 별초군으로 몽병을 격살함

9 충주창정 최수_{崔守}가 충주 금당협에서 몽병을 격살함
몽병, 춘주성(춘천)을 함락하고 도륙함

10 원주성에서 방호별감 정지린이 몽골군을 격파함

12 충주산성 방호별감 김윤후가 몽골군을 격퇴함
제2자 안경공 창을 몽골에 보냄
대리국_{大理國} 멸망

1254. 1 5차 침입 몽골군 고려에서 철수

4 몽골 격퇴에 공이 많은 충주를 국원경으로 승격시킴

7 쟈릴타이_{車羅大} 몽골의 6차 침입

8 경상도와 전라도에서 야별초 각 80인을 보내 경성_{京城}을 지키게 함
괴주(괴산)에서 산원 장자방이 별초를 거느리고 몽병 격파

9 쟈릴타이가 충주산성을 포위하였으나 이를 격퇴함

10 쟈릴타이가 상주산성을 공격하였으나, 성 안의 황령사 승 홍지 등이 격퇴함
이 해에 죽은 자는 셀 수 없고 몽군에 포로된 자는 20여 만에 이른다 함

1255. 3 계엄령이 해제되고, 해도와 산성에 입보한 자들을 출륙하게 함

5 몽골 쟈릴타이군, 고려에 다시 침입함(6-2차)

10 충주 일대에서 몽골군을 격파함

12 몽병이 배를 만들어 조도를 공격함

? 몽골군 방어에 공을 세운 충주 다인철소를 익안현으로 승격시킴

1256. 3 강화도에서 파견한 장군 송군비, 입암산성(장성)에서 몽골군을 격파함

4 별초 3백 여 명이 의주에서 몽골군 1천을 공격
대부도 별초가 소래산 부근에서 몽골군 격파
몽골군이 충주를 함락하고, 월악산성에 이르렀다가 물러감

6 장군 이천을 파견하여 온수(아산)에서 몽병을 격파함
쟈릴타이가 해양(광주) 무등산에 둔치고 남쪽 일대를 노략함

8 몽골군이 갑곶강 밖에 이르러 통진산에 올라 강도를 내려다 봄

9 쟈릴타이군이 고려에서 철수함

? 천안부가 몽병을 피하여 선장도에 입보함

1257. 4 원주에서 안열 등이 반란, 윤군정이 흥원창에서 싸워 이김

막부)
8   고려, 몽골 연호인 중통中統을 사용함
1261. 4   태자 심을 몽골에 파견
  10   쿠빌라이, 아리부카를 격파
    이 해, 전란으로 인하여 섬으로 입보하였던 북계의 여러 군현이
    출륙함
1263. 2   금주(김해)에 왜구 침입
1264. 8   무인 집정자 김준을 교정별감에 임명함
  8   몽골, 연경을 중도中都로 하고, 연호를 지원至元으로 함
  10   원종, 쿠빌라이를 알현함
1265. 1   김준, 문하시중에 임명됨
  7   남해안으로 침입한 왜구를 삼별초를 보내 방어함
  10   김준을 해양후에 봉함
1266.11   일본 초유를 위하여 송군비, 몽골 사신 흑적黑的과 함께 보냄
  12   제주 성주星主를 몽골에 보냄
1267. 1   송군비, 일본에 가지 않고 거제도에서 돌아옴
  8   반부潘阜를 일본에 파견
1268.윤1   몽골·고려의 국서가 가마쿠라 막부에 전달됨
  3   몽골 조서를 보내 개경환도 및 김준 부자의 입조를 촉구함
    김준이 수도를 강화도에서 다른 섬으로 옮기는 계획을 추진함
    개경에 출배도감을 설치
  6   몽골 사신, 이장용과 함께 전함의 수와 군액 등을 점검
  8   몽골에 선함 건조를 보고
  9   쿠빌라이, 남송 공략을 재개하여 양양을 포위
  10   몽골사신 왕국창 등이 흑산도를 시찰함
  12   반부 등이 몽골 사신 흑적과 함께 일본에 감
    무인 집정자 김준이 임연에 의해 죽임을 당함
    일본, 호조 도키무네北條時宗 집권
1269. 4   세자 심, 몽골 입조
  5   일본이 고려를 구략한다는 정보에 따라 삼별초를 파견하여 해변을
    지키게 함
    진주 창선현에 소장된 국사國史를 진도로 옮김
  6   집정자 임연이 원종을 폐하고 왕의 동생 안경공 창을 왕으로 세움
  8   몽골이 사신을 보내 원종의 복위를 명함

참고문헌

사료

『가정집』   『강화부지』
『고려사』   『고려사절요』
『대동지지』   『동국이상국집』
『동문선』   『동안거사집』
『류암총서』   『몽골비사』
『보한집』   『신속삼강행실도』
『삼국유사』   『속수증보 강도지』
『서애집』   『세종실록』
『신증동국여지승람』 『신원사』
『여유당전서』   『역옹패설』
『원사』   『원고려기사』
『중봉집』   『증보문헌비고』
『지포집』   『탐라기년』
『탐라지』   『택리지』
『八幡愚童訓』

단행본

강영규 역, 『칭기즈칸』, 현실과 미래, 1998.
강재광, 『몽고침입에 대한 최씨정권의 외교적 대응』, 경인문화사, 2011.
강창화 외, 『옹포천 주변 마을의 자연과 생활문화』, 제주고고학연구소, 2011.
강화군, 『강화 옛지도』, 2003.
강화군, 『고려대장경과 강화도』, 2011.
강화군삼별초연구회, 『삼별초 연구자료집』, 2000.
고광민, 『제주도 포구 연구』, 각, 2003.

고병익,『동아교섭사의 연구』, 서울대출판부, 1970.

국립해양문화재연구소,『고려 뱃길로 세금을 걷다』, 2009.

국방군사연구소,『한국무기발달사』, 1994.

국방부 군사편찬연구소,『고려시대 군사전략』, 2006.

국방부 전사편찬위원회,『대몽항쟁사』, 1988.

권태효,『한국 구전신화의 세계』, 지식산업사, 2005.

김광식,『고려 무인정권과 불교계』, 민족사, 1995.

김당택,『고려의 무인정권』, 국학자료원, 1999.

김상기,『동방문화교류사 논고』, 을유문화사, 1948.

김상기,『고려시대사』, 동국문화사, 1961.

김성준,『배와 항해의 역사』, 혜안, 2010.

김성환,『고려시대의 단군전승과 인식』, 경인문화사, 2002.

김순기 편역,『몽골군의 전략·전술』, 국방군사연구소, 1997.

김일우,『고려시대 탐라사 연구』, 신서원, 2000.

김일우,『고려시대 제주사회의 변화』, 서귀포문화원, 2005.

김 종,『삼별초, 그 황홀한 왕국을 찾아서』 상·하권, 비들산, 1994.

김종래,『결단의 리더 쿠빌라이 칸』, 꿈엔들, 2009.

김중규,『군산역사 이야기』, 안과밖, 2001.

김태능,『제주도사논고』, 세기문화사, 1982.

김호동 역,『몽고초원의 영웅 칭기스한』, 지식산업사, 1992.

김호동 역주,『마르코폴로의 동방견문록』, 사계절, 2000.

김호동,『몽골제국과 고려』, 서울대학교 출판부, 2007.

김호준,『고려 대몽항쟁기의 축성과 입보』, 충북대 박사학위논문, 2012.

남해문화원,『南海 徐市過此』, 2013.

노명호,『고려국가와 집단의식』, 서울대학교출판문화원, 2009.

동북아역사재단 편,『몽골의 고려·일본 침공과 한일관계』, 경인문화사, 2009.

리창언,『고려유적 연구』, 사회과학원 출판사, 2002.

목포대학교 박물관,『13세기 동아시아 세계와 진도 삼별초』, 2011.

문경호,『고려시대 조운제도의 연구와 교재화』, 공주대 박사학위논문, 2012.

민승기,『조선의 무기와 갑옷』, 가람기획, 2004.

박병술,『역사 속의 진도와 진도사람』, 학연문화사, 1999.

박원길,『몽골 고대사 연구』, 혜안, 1994.

박원길,『배반의 땅 서약의 호수』, 민속원, 2008.

박진호,『황룡사, 세계의 중심을 꿈꾸다』, 수막새, 2006.

배석규, 『칭기스칸, 천년의 제국』, 굿모닝미디어, 2004.

보르지기다이 에르데니 바타르, 『팍스몽골리카와 고려』, 혜안, 2009.

상주문화원, 『백화산』, 2001.

송기중 역, 『유목민족제국사』, 민음사, 1984.

신안식, 『고려 무인정권과 지방사회』, 경인문화사, 2002.

신형식 외, 『중국 동남연해의 신라유적 조사』, 해상왕장보고기념사업회, 2004.

심정보, 『한국읍성의 연구』, 학연문화사, 1995.

유재성, 『대몽항쟁사』, 국방부 전사편찬위원회, 1988.

유재성 외, 『한민족 역대 전쟁사』, 행림출판, 1992.

육군군사연구소, 『한국 군사사』 4·14, 2012.

육군사관학교 육군박물관, 『한국의 활과 화살』, 1994.

육군본부 군사연구실, 『고려군제사』, 육군본부, 1983.

윤명철, 『한민족의 해양활동과 동아지중해』, 학연문화사, 2002.

윤용혁, 『고려 대몽항쟁사 연구』, 일지사, 1991.

윤용혁, 『고려 삼별초의 대몽항쟁』, 일지사, 2000.

윤용혁, 『충청 역사문화 연구』, 서경문화사, 2009.

윤용혁, 『여몽전쟁과 강화도성 연구』, 혜안, 2011.

윤은숙, 『몽골제국의 만주 지배사』, 소나무, 2010.

이개석, 『고려-대원관계 연구』, 지식산업사, 2013.

이경수, 『역사의 섬 강화도』, 신서원, 2002.

이병도, 진단학회편 『한국사(중세편)』, 을유문화사, 1961.

이승한, 『쿠빌라이 칸의 일본원정과 충렬왕』, 푸른역사, 2009.

이이화, 『몽골의 침략과 30년 항쟁』(한국사 이야기 7), 한길사, 1999.

이정신, 『고려무인정권기 농민천민항쟁 연구』, 고려대 출판부, 1991.

이정주, 『옛 성을 찾아가다』, 일진사, 2004.

이형구, 『강화도』, 대원사, 1994.

이형구·김진국, 『고려왕조의 꿈 강화 눈뜨다』, 이너스, 2011.

이희인, 『고려 강도 연구』, 성균관대학교 박사학위논문, 2012.

임대희 등 역(杉山正明 저), 『몽골세계제국』, 신서원, 1999.

임용한, 『전쟁과 역사 2(거란·여진과의 전쟁)』, 혜안, 2004.

임용한, 『전란의 시대』(전쟁과 역사 3), 혜안, 2008.

임형택, 『이조시대 서사시』, 창작과비평사, 1992.

장동익, 『일본 고중세 고려자료 연구』, 서울대출판부, 2004.

전라남도 교육연구원, 『용장산성의 충절』, 1979.

주강현, 『관해기』 2, 웅진 지식하우스, 2006.

조강환, 『역사의 고전장』, 삼조사, 1978.

(주) 지.에프, 『징기스칸·대몽고전』, 1996.

주채혁, 『몽·려전쟁기의 살리타이와 홍복원』, 혜안, 2009.

진도군, 『진도군지』, 1976.

진도군, 『신비의 땅 진도』, 1993.

진영일, 『고대 중세 제주역사 탐색』, 보고사, 2008.

최성락 외, 『목포권 다도해와 류큐열도의 도서해양문화』, 민속원, 2012.

최연주, 『고려대장경 연구』, 경인문화사, 2006.

최영준, 『국토와 민족생활사』, 한길사, 1997.

한국해양재단, 『한국해양사』Ⅲ(고려시대), 2013.

한영우교수 정년기념논총간행위원회, 『한국사인물열전』, 2003.

한정훈, 『고려시대 교통운수사 연구』, 혜안, 2013.

해상왕장보고기념사업회, 『장보고대사의 활동과 그 시대에 관한 문화사적 연
    구』 1, 2007.

현용준, 『제주도전설』, 서문당, 1976.

홍승기 편, 『고려 무인정권 연구』, 서강대 출판부, 1995.

홍재현, 『강도 지명고』, 강화문화원, 1992.

홍재현, 『강도의 발자취』, 강화문화원, 1990.

旗田 巍, 『元寇』, 中央公論社, 1965.

近藤成一 編, 『モンゴルの襲來』, 吉川弘文舘、2003.

南基鶴, 『蒙古襲來と鎌倉幕府』, 臨川書店, 1996.

白石典之, 『チンギス·カーンの考古學』, 同成社, 2001.

山本達郎, 『ベトナム·中國關係史』, 山川出版社, 1975.

杉山正明, 『疾驅する草原の征服者』, 講談社, 2005.

杉山正明, 『モンゴル帝國と長いその後』, 講談社, 2008.

三田史學會, 『ドーソン蒙古史』, 1933.

森平雅彦, 『モンゴル帝國の覇權と朝鮮半島』, 山川出版社, 2011.

森平雅彦, 『モンゴル覇權下の高麗－帝國秩序と王國の對應』, 名古屋大學出版會, 2013.

日本放送出版協會, 『日本と朝鮮半島2000年(下)』, 2010.

池內 宏, 『元寇の新研究』, 東洋文庫, 1931.

川添昭二, 『蒙古襲來研究史論』, 雄山閣, 1977.

村上正二, 『モンゴル帝國史研究』, 風間書房, 1993.

坪井良平, 『朝鮮鐘』, 角川書店, 1974.

學習研究社,『チンギス·ハーン(上)-草原の英雄 '蒼き狼'の覇業』, 1991.
學習研究社,『チンギス·ハーン(下)-狼たちの戰いと元朝の成立』, 1991.

보고서

강원고고문화재연구소,『춘천 봉의산성 발굴조사보고서』, 2005.
강원대학교 박물관,『한계산성-지표조사보고서』, 1986.
강진군,『청자보물선 뱃길 재현 기념 국제학술심포지엄』, 2009.
강화고려역사재단,『강화지역 유물·유적의 보존과 활용』, 2013.
강화고려역사재단,『강화 역사유적의 세계문화유산으로서의 가치』, 2013.
강화문화원,『강화 강도시기의 고려궁지 복원을 위한 제검토』(강화천도 777주년
　　　기념 강화 고려궁지 학술발표회 자료집), 2009.
강화문화원,『선원사지와 신니동 가궐지』, 1999.
겨레문화유산연구원,『강화 조선 궁전지 Ⅱ』, 2011.
경남문화재연구원,『남해군고현면 정밀지표조사보고』, 2000.
경남발전연구원 역사문화센터,『남해 관당성지-추정 고려국분사남해대장도
　　　감유지』, 2006.
국립문화재연구소,『완도 법화사지』, 1992.
국립문화재연구소,『장도 청해진유적 발굴조사보고서』Ⅱ, 2002.
국립문화재연구소,『개성 고려궁성』, 2009.
국립해양유물전시관,『보령 원산도-수중발굴조사보고서』, 2007.
국립해양문화재연구소,『고려청자보물선』, 2009.
국립해양문화재연구소,『태안 마도해역 탐사보고서』, 2011.
국립해양문화재연구소,『태안 마도1호선 수중발굴 조사보고서』, 2010.
국립해양문화재연구소,『태안 마도2호선 수중발굴 조사보고서』, 2012.
국립해양문화재연구소,『태안 마도3호선 수중발굴 조사보고서』, 2012.
국립해양문화재연구소,『마도1호선 구조설계 및 조선공학적 분석』, 2013.
경남문화재연구원,『남해군고현면 정밀지표조사보고』, 2000.
경남발전연구원 역사문화센터,『남해군 서면 문화유적 지표조사보고서』, 2002.
경상북도문화재연구원,『백화산 문화유적 지표조사보고서』, 1998.
경상북도문화재연구원,『상주 금돌성 지표조사보고서』, 2001.
단국대 매장문화연구소,『안성 죽주산성 지표 및 발굴조사 보고서』, 안성시,
　　　2002.
단국대 매장문화재연구소,『파주 혜음원지 발굴조사보고서(1차~4차)』, 2006.

동국대학교 박물관,『사적 259호 강화 선원사지 발굴조사 보고서』, 2003.

동양고고학연구소,『인천 강화외성 지표조사 보고서 – 초지구간』, 2001.

명지대 한국건축문화연구소,『강화산성 동문지 유구조사 보고서』, 2003.

명지대 한국건축문화연구소,『장성입암산성 종합정비 기본계획』, 장성군, 2004.

목포대 박물관,『진도 용장성』, 1990.

목포대 박물관,『신안 신용리 건물지』, 2005.

목포대 박물관,『진도 남도석성』, 2011.

목포해양유물보존처리소,『진도 벽파리통나무배 발굴조사보고서』, 1993.

상명대학교 박물관,『충주 대림산성 – 정밀지표조사 보고서』, 충주시, 1997.

상주시 지역혁신협의회,『상주백화산 개발방안 모색을 위한 세미나』(세미나
        자료집), 2008.

상주항몽대첩탑 건립추진위원회,『항몽대첩과 백화산』, 2013.

서정석,『아산 읍내동·성안말산성』, 한얼문화유산연구원,, 2009.

선문대 고고연구소,『강화전성 지표조사보고서』, 2002.

심봉근 외,『진해 제포 수중유적』, 동아대 박물관, 1999.

육군박물관,『강화도의 국방유적』, 2000.

육군박물관,『강원도 화천군·춘천시 군사유적 – 지표조사보고서』, 2001.

육군박물관,『강원도 양구군·인제군 군사유적 – 지표조사보고서』, 2002.

이형구,『고려 가궐지와 조선 정족진지』, 동양고고학연구소, 2000.

인천광역시립박물관,『강화 정밀지표조사 보고서(Ⅱ) – 삼산·서도면』, 2005.

인하대학교 박물관,『강화 중성유적』, 2011.

은하건축설계사무소·진도군,『진도 용장성 지표조사보고서』, 1985.

제주고고학연구소,『제주 항파두리 항몽유적지 토성복원구간 시굴조사 간략보
        고서』, 2011.

제주고고학연구소,『사적 396호 제주 항파두리 항몽유적지 문화재시굴조사(2
        차) 간략보고서』, 2011.

제주고고학연구소,『제주 항파두리 항몽유적 토성복원구간 내 표본조사 간략보
        고서』, 2013.

제주고고학연구소,『제주 항파두리 항몽유적 내성지 문화재 발굴조사 간략
        보고서』, 2013.

제주대 박물관,『수정사·원당사 지표조사보고』, 1988.

제주대 박물관,『제주시의 문화유적』, 1992.

제주대 박물관,『수정사지』, 2000.

제주대 박물관,『애월 – 신창간 국도 12호선 확장 및 포장공사구간내 문화재발굴

조사보고서(곽지리·금성리)』, 2006.

제주도, 『제주의 방어유적』, 1996.

제주도, 『제주항파두리 항몽 유적지』, 1998.

제주문화예술재단, 『제주 항파두리 항몽유적지 학술조사 및 종합기본정비계획』, 2002.

제주문화예술재단, 『제주시 문화유적 발굴조사 보고서』, 2007.

제주문화유산연구원, 『제주 회천동 유적』, 2012.

제주발전연구원, 『탐라사의 재해석』, 2013.

조계종 문화유산발굴조사단, 『강화의 문화유적-강화문화유적 지표조사보고서』, 2002.

조계종 문화유산발굴조사단, 『문화유적분포지도(강화군)』, 2003.

조계종 문화유산발굴조사단, 『강화 용흥궁주변 공원화사업 문화재시굴조사보고서』, 2007.

중원문화재연구원, 『강화 옥림리 유적』, 2012.

춘천시, 『춘천 봉의산성-지표조사보고서-』, 1993.

충북대 중원문화연구소, 『용인 처인성-시굴조사보고서』, 2002.

충북대 중원문화연구소, 『용인의 옛성터-처인성·할미산성·보개산성 지표조사 보고서』, 1999.

충북대 중원문화연구소, 『안성 낙원공원, 죽산공원, 죽주산성 입구 석물 및 역사 조사보고서』, 2005.

한국문화재보호재단, 『강화외성 지표조사보고서』, 2006.

한국성곽학회, 『인제 한계산성의 역사문화적 가치와 정비 활용방안』(세미나자료집), 2012.

한림대 박물관, 『강화 조선궁전지(외규장각지)』, 2003.

한백문화재연구원, 『안성 죽주산성 동벽 정비구간 문화재발굴조사 보고서』, 2008.

한양대 박물관, 『안산 대부도 육곡 고려고분군 발굴조사 보고서』, 2002.

호남문화재연구원, 『제주 대림리 유적』, 2008.

朝鮮總督府, 『朝鮮金石總覽』, 1915.

朝鮮總督府, 『大正五年度 古蹟調査報告』, 1917.

논문

강봉룡, 「한국 해양사의 전환 ; '해양의 시대'에서 '해금의 시대'로」, 『도서문화』

20, 2004.

강봉룡, 「진도 벽파진의 고·중세 '해양도시'적 면모」, 『지방사와 지방문화』 8-1, 2005.

강봉룡, 「몽골의 침략과 고려 무인정권 및 삼별초의 '도서해양전략'」, 『동양사학연구』 115, 2011.

강성원, 「원종대의 권력구조와 정국의 변화」, 『역사와 현실』 17, 1995.

강옥엽, 「고려의 강화천도와 그 배경」, 『인천문화연구』 2, 2004.

강재광, 「1250~1270년대 신의군의 대몽항전과 정치활동」, 『한국중세사연구』 23, 2007.

강재광, 「대몽전쟁기 최씨정권의 해도입보책과 전략 해도」, 『군사』 66, 2008.

강재광, 「고려 대몽항쟁기 逃還人의 유형과 강도조정의 도환인 활용」, 『역사와 현실』 83, 2012.

강재광, 「대몽항쟁기 서·남해안 주현민의 해도입보책과 해상교통로」, 『지역과 역사』 30, 2012.

강재광, 「김준세력의 형성과 김준정권의 삼별초 개편」, 『한국중세사연구』 36, 2013.

강재광, 「마도3호선 목간을 통해 본 김준정권의 지지기반」, 『동방학』 29, 2013.

강창언, 「제주도의 환해장성 연구」, 『탐라문화』 11. 1991.

강창화, 「제주 고고학 발굴의 시발점이자 선사시대 편년의 기초자료를 제공한 제주 서북부 곽지패총」, 『제주학산책』, 제주학연구자모임, 2012.

강형태·조남철·정광용, 「완도 법화사지 동종의 과학적 분석 및 산지 연구」, 『호남고고학보』 25, 2007.

고용규, 「진도 용장산성의 재검토」, 『전남문화재』 13, 2006.

고창석, 「여원과 탐라와의 관계」, 『제주대 논문집』 17, 1984..

고창석·강창언, 「화북동 유적의 사적 고찰」, 『탐라문화』 8, 1988.

곽장근, 「고고학으로 본 새만금해역」, 『서해안의 전통문화와 교류』(한국대학박물관협회 제63회 추계학술발표회 자료집), 군산대 박물관, 2010.

곽호제, 「고려·조선시대 태안반도 조운의 실태와 운하 굴착」, 『지방사와 지방문화』 12-1, 2004.

권도경, 「송징 전설의 형성과정과 계열분화에 관한 연구」, 『퇴계학과 한국문화』 40, 2007.

권영국, 「무신집권기의 중앙군제」, 『숭실사학』 10, 1997.

권영국, 「무신집권기 지방군제의 변화」, 『국사관논총』 31, 1992.

김기덕, 「고려시대 강화도읍사 연구의 쟁점」, 『사학연구』 61, 2003.

김기덕, 「고려시대 강도 궁궐의 풍수지리적 고찰」, 『한국중세사연구』 31, 2011.

김당택, 「임연정권과 고려의 개경환도」, 『이기백선생 고희기념 한국사학논총』 (상), 1994.

김병곤, 「강화 선원사와 신니동 가궐의 위치 비정을 위한 기초자료의 분석」, 『진단학보』 104, 2007.

김병곤, 「사적 제259호 강화 선원사와 신니동 가궐의 위치 비정」, 『불교학보』 48, 동국대 불교문화연구원, 2008.

김성범, 「중국 봉래수성 출토 고려선」, 『한국중세사연구』 27, 2009.

김성식, 「연자도 유적을 통해서 본 고려 중·후기 울산지역 취락의 이해」, 『유적과 유물로 보는 고려시대 경상도 지역문화』(한국중세사학회 학술발표대회 자료집), 2012.

김용덕, 「제주 항파두리성의 고고학적 연구 성과」, 『한국성곽학회 춘계학술대회 자료집』, 2004.

김위현, 「여원 일본정벌군의 출정과 여원관계」, 『국사관논총』 9, 1989.

김윤곤, 「강화천도의 배경에 관해서」, 『대구사학』 15·16합집, 1978.

김윤곤, 「삼별초의 대몽항전과 지방군현민」, 『동양문화』 20·21합집, 영남대, 1981.

김윤곤, 「'고려대장경' 조성의 참여계층과 조성처」, 『인문과학』 12, 1998.

김윤곤, 「삼별초정부의 대몽항전과 국내의 정세변화」, 『한국중세사연구』 17, 2004.

김일우·이정란, 「삼별초 대몽항쟁의 주도층과 그 의미」, 『제주도사연구』 11, 2002.

김일우, 「고려후기 제주 법화사의 중창과 그 위상」, 『한국사연구』 119, 2002.

김일우, 「고려후기 제주·몽골의 만남과 제주사회의 변화」, 『한국사학보』 15, 2003.

김창현, 「고려의 탐라에 대한 정책과 탐라의 동향」, 『한국사학보』 5, 1998.

김창현, 「고려시대 강화의 궁궐과 관부」, 『국사관논총』 106, 국사편찬위원회, 2005.

김창현, 「고려 강도의 신앙과 종교의례」, 『인천학 연구』 4, 인천대 인천학연구원, 2005.

김호동, 「몽골제국의 세계정복과 지배 : 거시적 시론」, 『역사학보』 217, 2013.

나경수, 「완도읍 장좌리 당제의 제의구조」, 『호남문화연구』 19, 1990.

나종우, 「고려 무인정권의 몰락과 삼별초의 천도항몽」, 『원광사학』 4, 1986.

남권희·여은영, 「충렬왕대 무신 정인경의 정안과 공신녹권 연구」, 『고문서연구』

7, 1995.

문경호,「태안 마도 1호선을 통해본 고려의 조운선」,『한국중세사연구』31, 2011.

문경호,「안흥량과 굴포운하 유적 관련 지명 검토」,『도서문화』43, 2014.

민현구,「이장용소고」,『한국학논총』3, 국민대 한국학 연구소, 1980.

민현구,「몽고군·김방경·삼별초」,『한국사시민강좌』8, 1991.

박상국,「대장도감의 판각성격과 선원사 문제」,『가산이지관스님 화갑기념논 총』, 1983.

박성우,「강도시대 성곽의 현황과 성격」,『역사와 실학』42, 2010.

박순발,「공주 계룡산성」,『백제연구』40, 충남대 백제연구소, 2003.

배상현,「삼별초의 남해 항쟁」,『역사와 경계』57, 2005.

박종기,「고려시대 묘지명 신례」,『한국학논총』20, 국민대, 1998.

백종오,「경기지역 고려성곽 연구」,『사학지』35, 2002.

서영대,「최석항의 '참성단 개축기'에 대하여」,『박물관기요』1, 인하대 박물관, 1995.

서영대,「강화도의 참성단에 대하여」,『한국사론』41·42, 서울대 국사학과, 1999.

서치상,「숙종년간의 구성읍성 축조공사에 관한 연구」,『대한건축학회논문집』 21·12(206호), 2005.

성형미,「울주 연자도 유적에 대한 고고지자기학적 연구」, 동양대 문화재발굴보 존학과, 2011.

송정남,「쩐(陳)조의 대몽항쟁에 관한 연구」,『부산사학』34, 1998.

송정남,「占城의 대몽항쟁에 관한 연구」,『베트남연구』5, 2004.

송정남,「중세 베트남의 외교-대몽항쟁을 소재로」,『국제지역연구』10-1, 서울 대 국제학연구소, 2006.

신안식,「고려 최씨무인정권의 대몽강화교섭에 대한 일고찰」,『국사관논총』 48·49, 1993.

신안식,「고려시대 양계의 성곽과 그 특징」,『군사』66, 2008.

신안식,「고려 강도시기 도성 성곽의 축조와 그 성격」,『군사』76, 2010.

안병우,「중세고고학의 발전과 고려사 연구」,『역사비평』64.

안성현,「남해 대국산성 성격」,『석당논총』41, 2008.

양태부,「삼별초 강화도출발지 추정에 대한 고찰」,『삼별초 연구자료집』, 강화군 삼별초연구회, 2000.

오대혁,「김통정 관련 서사물에 투영된 역사인식」,『설화와 역사』(최래옥박사 화갑기념논문집), 집문당, 2000.

윤경진, 「고려후기 북계 주진의 해도입보와 출륙교우」, 『진단학보』 109, 2009.
윤용혁, 「최씨무신정권의 대몽항전 자세」, 『사총』 21·22합, 1977.
윤용혁, 「고려시대 사료량의 시기별 대비」, 『논문집』 24, 공주사범대학, 1986.
윤용혁, 「서산·태안지역의 조운관련 유적과 고려 영풍조창」, 『백제연구』 22, 1991.
윤용혁, 「고려 강화도성의 성곽연구」, 『국사관논총』 106, 2005.
윤용혁, 「여원군의 일본침입을 둘러싼 몇 문제」, 『도서문화』 25, 2005.
윤용혁, 「정인경가의 고려 정착과 서산」, 『호서사학』 48, 2007.
윤용혁, 「오키나와의 고려기와와 삼별초」, 『한국사연구』 147, 2009.
윤용혁, 「고려시대 서해 연안해로의 객관과 안흥정」, 『역사와 경계』 74호, 2010.
윤용혁, 「고려 삼별초의 항전과 진도」, 『도서문화』 37, 2011.
윤용혁, 「고려의 대몽항쟁과 아산」, 『순천향인문과학논총』 28, 순천향대학 인문과학연구소, 2011.
윤용혁, 「우라소에성과 고려·류큐의 교류사」, 『사학연구』 105, 2012.
윤용혁, 「지포 김구의 외교활동과 대몽인식」, 『전북사학』 40, 2012.
윤용혁, 「오키나와 불교 전래문제와 고려」, 『삼별초』(제2회 국제학술대회 자료집), 삼별초역사문화연구회, 2013.
윤용혁, 「일본에 있어서 '원구' 연구의 현황(1976~2011)」, 『도서문화』 41, 2013.
윤용혁, 「고려의 뱃길과 섬, 최근의 연구동향」, 『도서문화』 42, 2013.
윤용혁, 「흥해 고려종에 대한 역사적 연구－한 '천년 종'(956~1944)의 流轉」, 『한국중세사연구』 38, 2014.
이개석, 「여몽 형제맹약과 초기 여몽관계의 성격」, 『대구사학』 101, 2010.
이남옥, 「김통정 설화연구」, 『탐라문화』 29, 2006.
이명미, 「몽골 복속기 권력구조의 성립」, 『한국사연구』 162, 2013.
이미지, 「1231·1232년 대몽표문을 통해본 고려의 몽고에 대한 외교적 대응」, 『한국사학보』 36, 2009.
이익주, 「고려후기 몽골침입과 민중항쟁의 성격」, 『역사비평』 24, 1994.
이익주, 「고려 대몽 강화론의 연구」, 『역사학보』 151, 1996.
이재범, 「대몽항전의 성격에 대하여」, 『백산학보』 70, 2004.
이정란, 「강화의 삼별초 남행 시발지에 대한 고찰」, 『인천학연구』 4, 인천대 인천학연구원, 2005.
이종영, 「안흥량 대책으로서의 泰安漕渠 및 安民倉 문제」, 『동방학지』 7, 1963.
이종철·조경철·김영태, 「강화 선원사의 위치 비정」, 『한국선학』 3, 2001.
이형구, 「고대 조선과 유구와의 문화교류」, 『두산김택규박사 화갑기념 문화인류학논총』, 1989.

이형구, 「강화도 삼랑성 실측조사 연구」, 『백제논총』 5, 백제개발연구원, 1995.

이희관, 「완도군 장도유적출토 월요청자의 제작시기 문제」, 『해양문화재』 5, 2012.

이희인, 「고려 강도 해안 외성에 대한 검토」, 『사림』 49, 2014.

임경희, 「태안선 목간의 새로운 판독－발굴보고서를 보완하며」, 『해양문화재』 4, 2011.

임경희, 「마도 3호선과 여수」, 『제3회 전국 해양문화학자 회의(자료집 2)』, 목포대 도서문화연구원, 2012.

임경희, 「마도3호선 목간의 현황과 판독」, 『목간과 문자』 8, 2011.

임병태, 「도탄에 대하여」, 『최영희선생 화갑기념 사학논총』, 1987.

임석규, 「강화의 사지」, 『인천학 연구』 2, 인천대 인천학연구원, 2004.

임영진, 「오키나와 구스쿠의 축조 배경－삼별초 세력의 이주 관련성」, 『호남문화연구』 52, 2012.

전영준, 「고려 복속기 제주지역의 직촌 설치와 포구 운용」, 『제5회 전국해양문화학자대회－해양실크로드와 항구, 그리고 섬』 발표자료집 4, 2014.

조성열, 「계룡산 성터와 출토 문자기와」, 『웅진문화』 26, 공주향토문화연구회, 2013.

주강현, 「신화·제의·민중영웅의 제관계－민중영웅 송징과 장보고 변증」, 『역사민속학』 20, 2005.

정수아, 「김준세력의 형성과 그 향배」, 『동아연구』 6, 1985.

차용걸, 「충주지역의 항몽과 그 위치」, 『대몽항쟁 승전비 건립을 위한 학술세미나』 (발표자료집), 1993.

채상식, 「강화 선원사의 위치에 대한 재검토」, 『한국민족문화』 34, 부산대 한국민족문화연구소, 2009.

채웅석, 「11세기 후반~12세기 전반 동북아시아 국제정세와 고려」, 『전쟁과 동북아의 국제질서』, 일조각, 2006.

최규성, 「고려기와 제작기술의 유구전래」, 『고문화』 52, 한국대학박물관협회, 1998.

최명지, 「태안 대섬 해저출수 고려청자의 양상과 제작시기 연구」, 『미술사학연구』 279·280, 2013.

최연주, 「강화경판 '고려대장경' 각성인과 도감의 운영형태」, 『역사와 경계』 57, 2005.

최연주, 「분사남해대장도감과 『고려대장경』의 조성공간」, 『한국중세사연구』

37, 2013.

최영호, 「남해지역의 강화경판 '고려대장경' 각성사업 참여」, 『석당논총』 25, 1997.

최영호, 「13세기 중엽 경주지역 분사동경대장도감의 설치와 운영 형태」, 『신라문화』 27, 2006.

최영호, 「강화경판 '고려대장경' 각성사업의 주도층」, 『한국중세사회의 제문제』, 2001.

최종석, 「고려시기 치소성의 분포와 공간적 특징」, 『역사교육』 95, 2005.

최윤정, 「몽골의 요동·고려 경략 재검토(1211~1259)」, 『역사학보』 209, 2011.

한성주, 「고려시대 박항의 생애와 활동에 대하여」, 『전북사학』 37, 2010.

한정훈, 「고려시대 조운제와 마산 석두창」, 『한국중세사연구』 17, 2004.

홍순재, 「진도선의 구조와 성격」, 목포대 대학원 석사논문, 2009.

關野 雄, 「濟州島に於ける遺蹟」, 『考古學雜誌』 28-10, 1928.

山本光朗, 「元使趙良弼について」, 『史流』 40, 北海道敎育大學 史學會, 2001.

森平雅彦, 「高麗群山亭考」, 『年報 朝鮮學』 11, 九州大學 朝鮮學硏究會, 2008.

森平雅彦, 「高麗における宋使船の寄港地 '馬島'の位置をめぐって－文獻と現地の照合による麗宋間航路硏究序說」, 『朝鮮學報』 207, 2008.

所莊吉, 「元寇の'鐵砲'について」, 『軍事史學』 11-1, 1975.

池田榮史, 「沖繩における高麗瓦硏究と今後の展望」, 『13세기 동아시아세계와 진도 삼별초』, 목포대 박물관, 2010.

村井章介, 「高麗の元寇, アジアの元寇」, 『週刊朝日百科 日本の歷史』 9(蒙古襲來), 1986.

太田彌一郞, 「石刻史料 '贊皇復縣記'にみえる南宋密使瓊林について－元使趙良弼との邂逅」, 『東北大學 東洋史論集』 6, 1995.

和田雄治, 「江華島の塹城壇」, 『考古學雜誌』 1-6, 1911.

Gari Ledyard, *The Molgol Campaigns in Korea and the Dating of the Secret History of Mongols*, Central Asiatic Journal 9-1, 1964.

찾아보기